中國學術思想研究輯刊

十九編

林慶彰 主編

第6冊

兩漢三家《老子》注養生思想研究（上）

陳慧娟 著

花木蘭文化出版社

國家圖書館出版品預行編目資料

兩漢三家《老子》注養生思想研究（上）／陳慧娟 著 -- 初版
-- 新北市：花木蘭文化出版社，2014〔民103〕
目 6+220 面；19×26 公分
（中國學術思想研究輯刊 十九編：第 6 冊）
ISBN 978-986-322-926-1（精裝）
1.老子 2.養生 3.研究考訂
030.8   103014773

ISBN-978-986-322-926-1

9 789863 229261

中國學術思想研究輯刊
十九編　第六冊　　　　　　　　ISBN：978-986-322-926-1

兩漢三家《老子》注養生思想研究（上）

作　　者　陳慧娟
主　　編　林慶彰
總 編 輯　杜潔祥
副總編輯　楊嘉樂
編　　輯　許郁翎
出　　版　花木蘭文化出版社
社　　長　高小娟
聯絡地址　235 新北市中和區中安街七二號十三樓
　　　　　電話：02-2923-1455／傳眞：02-2923-1452
網　　址　http://www.huamulan.tw 信箱 hml 810518@gmail.com
印　　刷　普羅文化出版廣告事業
封面設計　劉開工作室
初　　版　2014 年 9 月
定　　價　十九編 25 冊（精裝）新台幣 42,000 元　　版權所有·請勿翻印

作者簡介

陳慧娟，臺灣台南人。習業於台灣師大國文系、高雄師大國文研究系所，獲文學博士學位，今為高雄師大國文系兼任助理教授。專長《老子》、兩漢道家思想、兩漢道教思想，著有碩士論文《《老子河上公注》氣論研究》、博士論文《兩漢三家《老子》注養生思想研究》以及單篇論文〈《老子河上公注》成書時間考察——以思想為考察面向〉、〈羅隱之花鳥詩探析〉、〈《莊子‧秋水》之時空美學〉、〈論《老子河上公注》「存神」之道〉、〈論《老子河上公注》氣化生成說〉、〈《老子想爾注》「人身神授」之身體觀析論〉等。

提　要

　　從兩漢《老子》注養生思想之淵源，乃至兩漢《老子》注之養生思想觀之，不難看出黃老一派養生思想的發展與特色，黃老一派的養生思想大抵有講求養精氣，重時變，貴因循，重中和，講儉嗇，求柔弱的共同特色，並將養生之術「宛轉合道」以用作治國或致仙。

　　就兩漢《老子》注養生思想之轉變而言，在道觀念上：1. 道體由虛無的形上本體衍化為至上神。就道、一的概念範疇來說，從「道」、「一」分，至「道」、「一」渾，又至「道」、「一」同。就道氣關係而言，從「道」、「氣」分，至「道」、「氣」渾，又至「道」、「氣」同。2. 從道性觀之：道由絕對之虛無，而漸具實質。道由絕對之無為，而宰制萬物。道由因自然，至性自然，轉至道與自然同號異體。3. 從道用觀之，由治國之術，轉向治身，終至致仙。從生命觀上：由「重神」，至「重神不忘形」，終至「形神皆重」。在生死觀上：由「生死一如」，至「貴生惡死」，終至「賤死貴仙」。在養生方法上，由「養神」，至「養氣」，終至積善「養精」。在養生境界上：理想人格由「聖人」至「真人」，終至「仙人」。就形神於時間的超越來看，由「留神住世」至「形神住世」。就形神於空間上的超越，由「神遊」至「形神俱游」。就生死的超越來說，由與道同在，置生死於度外，轉而精神之不死，肉身之成道，終至《想爾注》則在形神上已達至不死之境地。就空間的超越來說，由神遊太虛、太素、玄冥之道境中，至「志意於神域」，終至徜徉神仙世界。在學術方向的轉變上：一是由「道」到「術」，二是由「哲學」到「宗教」，三是由黃老道學至黃老道，又至道教。

　　就兩漢《老子》注之養生思想特色而言，蓋有五點：其一，氣化流通的生命共同體。其二，儉約節嗇以保生命能量。其三，去除情欲以涵養精神。其四，柔弱處下的辯證思維。其五，對天與道的契合與回歸。

　　養生的過程，就是一個修道的過程，養生的方法看似繁瑣，但當人養生至極而得道的同時，這些謙卑、虛靜、素樸、無為、處下、不爭、柔弱等養生方法，就聖人而言，只是發乎自然的尋常生活。

兩漢三家《老子》注養生思想研究（上）

陳慧娟　著

第一章 緒 論

第一節 研究動機與目的

一、研究動機

　　《老子》一書是先秦道家一部重要經典，其自然無為、返樸歸真等素樸思想，堪為中國文化偉大的瑰寶。《老子》辭義精蘊，自來詮注，每隨時代風尚，敷暢一家言，而衍成不同之注本，於是造成老學詮釋分化的趨向。關於老學詮釋分化的問題，宋人杜道堅《玄經原旨發揮》言：

> 道與世降，時有不同，注者多隨時代所尚，各自成心而師之。故漢人注者為「漢老子」，晉人注者為「晉老子」，唐人、宋人注者為「唐老子」、「宋老子」。〔註1〕

又唐君毅先生論老學詮釋之分化問題也說：

> 韓非以理說道……；王弼以體無與自然之義說道……；道教則以精氣神之實質說道……；而一般中國社會所傳之道家，則大皆由老子修德之道、及其他生活之道而形成人生態度、處世態度。〔註2〕

而袁保新先生又歸納近代哲學家馮友蘭、方東美、徐復觀、勞思光、唐君毅、

〔註1〕〔元〕杜道堅：《玄經原旨發揮》，轉引自王德有 點校：《老子指歸》（北京：中華書局 1994.3 初版一刷）之附錄三，頁 167。
〔註2〕唐君毅：《中國哲學原論：原道篇》《卷一》（香港：新亞研究所 1978.4 三刷），頁 290～292。

车宗三等六家之說爲：「客觀實有」的詮釋型態與「主觀境界」的詮釋型態二類。〔註3〕從這些分類觀之，則依附於《老子》，而發展出來的老子學術已成一門龐大之學術，而這一門學術也堪稱中國學術之重要之分支。

自先秦《老子》原著出現後，兩漢爲重新詮釋《老子》的第一個時期。自漢初開始，人們重視《老子》，讀《老子》，注《老子》，好《老子》之術，包括政治、學術、養生和宗教等諸多領域發揮和利用《老子》，使老學氣象更新。如果把「漢老子」放在整個老學的學術演變歷程中來看，「漢老子」是最具變化和靈活性的一個階段。〔註4〕

關於《老子》在漢代的流傳，可以試從幾個方面去探索：

（一）漢代流傳之《老子》版本

細究二十世紀出土之帛書《老子》〔註5〕和竹簡《老子》〔註6〕，則學術界普遍認爲帛書甲本大約抄寫在秦漢之際（漢高祖之前），乙本抄寫在漢文帝時期。至於簡本的抄寫時代和流傳版本，一直眾說紛紜。不過，對照簡本《老子》與帛本《老子》，則簡本 300 餘句中有 60 餘處異於帛書本；〔註7〕又今本《老子》〔註8〕和簡帛《老子》又存在很多差異。

以仁義觀念而言，今本十九章，帛書甲乙本和河上公本〔註9〕、王弼本〔註10〕、傅弈本均作「絕聖棄智，民利百倍；絕仁棄義，民復孝慈；絕巧棄利，盜賊無有」。《淮南子·道應訓》引《老子》亦云：「故老子曰：『絕聖棄智，民利百倍』」，但是簡本《老子》卻作「絕智棄辯，民利百倍；絕巧棄利，盜

〔註3〕 袁保新：《老子哲學的詮釋與重建》上編第三、四章（台北：文津出版社 1991.9 初版），頁 42～52。

〔註4〕 熊鐵基、劉玲娣：〈論漢《老子》〉，《哲學研究》（第四期 2004），頁 52。

〔註5〕 本書所引《帛書老子》，所採用版本爲高明校注：《帛書老子校注》（北京：中華書局 1996 第一版）。

〔註6〕 本書所引竹簡老子，所採用版本爲廖名春校釋：《郭店楚簡校釋》（北京：清華大學出版社 2003.6 初版第一刷）。

〔註7〕 熊鐵基、劉玲娣：〈論漢《老子》〉，《哲學研究》（第四期 2004），頁 52。

〔註8〕 本書所引《老子》，所採用版本爲高亨：《老子正詁》（台北：新文豐 1981）。

〔註9〕 本論文所徵引之《河上公注》原文，主要以王卡 點校之《老子道德經河上公章句》（北京：中華書局 1993.3 初版）爲主，另參考呂祖謙 重校之《音注河上公注老子道德經》（宋本麻沙本）（廣文書局 1990.9 四版），及其他相關注本。下文有徵引原文之處，蓋略與此同，因此不另外一一作注。

〔註10〕 本書所引王弼《老子》注本，所採用版本爲〔魏〕王弼等注：《老子》，《四部要籍注疏叢刊》（北京：中華書局 1998）。

賊亡有；絕僞棄詐，民復孝慈」，並無「絕聖棄智」、「絕仁棄義」之語。而且，簡本無「失道而後德，失德而後仁，失仁而後義，失義而後禮，禮者，道之體，而亂之首也」等句，看來簡本並無反對仁義的觀念。是以《文子》和《淮南子》引用的《老子》版本，應該是漢代較爲流行的版本，這種摒棄仁義的觀念可能是繼承戰國的思想而來，如戰國時的《莊子・在宥》中已有：「故曰：『絕聖棄知而天下大治。』」〔註11〕《莊子・胠篋》亦云：「故曰：『絕聖去知，大盜乃止。』」《莊子》行文凡引《老子》之語多以「故曰」開頭，所以其引文應該直接來自《老子》。或許莊子在引用時有意改變了《老子》經文，賦予《老子》反對仁義之觀念；又或許在《莊子》之前，已經形成「絕仁棄義」的《老子》，而爲帛書《老子》所繼承。

　　以無爲觀念而言，凡今本所見「無爲而無不爲」者，在帛書中均無蹤跡。據高明先生統計，帛書有 11 處講「無爲」，但無一處講「無爲而無不爲」。他據此推論，「無爲而無不爲」的思想不出於《老子》，它是戰國末年出現的一種新概念，可以說是對《老子》無爲思想的改造。〔註12〕但是簡本既有「道恒亡爲也」也有「亡爲而亡不爲」之語，足證在戰國末期之前就已產生「無爲而無不爲」的思想。〔註13〕《莊子・則陽》也說：「無名故無爲，無爲而無不爲。」《莊子・知北遊》：「故曰：『爲道者日損，損之又損，以至於無爲，無爲而無不爲也。』」由此可見，從戰國開始，《老子》抄本就很多，彼此之間存在一些大大小小的差異。漢代的抄本既有講「無爲而無不爲」的《老子》，如嚴遵本、河上公本、想爾本，也有只講「無爲」的，如帛書《老子》。再者，帛書《老子》與漢武帝時期的《淮南子》所引《老子》原文有很多不同，又與晉代王弼《老子》注有很多不同等現象，如此可以看出《老子》在漢代流行的景況。

　　另外，從《老子》的編次問題，也可看出漢代《老子》傳本之多樣。河上公本、王弼本以降，都分《老子》爲道經和德經，按照道上德下的順序編排。但帛書甲乙本無任何篇名，也沒有明顯的分章，只是乙本篇末題有「德」和「道」的字樣。從帛書甲乙本的文字排列順序來看，顯然都是德經在前，

〔註11〕本書所引《莊子》，所採用版本爲〔清〕郭慶藩編；王孝魚 整理：《莊子集釋》（台北：萬卷樓 1993.3 初版二刷）。
〔註12〕高明校注：《帛書老子校注》（北京：中華書局 1996 第一版），頁 425。
〔註13〕丁原植：《郭店竹簡《老子》試析研究》（台北：萬卷樓圖書 1998 初版），頁83。

道經在後。仔細對比一下，可以發現漢代和漢代以前的注老著作大多是德前道後，如韓非《解老》、《喻老》，帛書本、嚴遵本等。《老子》後來演變為道上德下，應該在史遷之前，最早可溯於劉向編書之時，之後僅河上公本、王弼本承此編排，此外還有過三篇、十九篇形式。〔註14〕至於分章形式，劉歆《七略》云，劉向定《老子》兩篇八十一章，上經三十四章，下經四十七章。嚴遵《道德指歸》則分七十二章，上經四十章，下經三十二章。《河上公注》又分作八十一章，上經三十七章，下經四十四章，與劉向編次略有不同，後世通行本多取河上公編次。所以，《老子》的基本編次是在漢代形成的。

（二）漢代流傳之《老子》注本

據《漢書‧藝文志》記載，西漢為《老子》作注者有《老子鄰氏經傳》四篇，《老子傅氏經說》三十七篇，《老子徐氏經說》六篇，劉向《說老子》四篇。由此可以觀察出幾個現象：一、《老子》在當時是被視為「經」；二是漢代已經出現不少《老子》傳注；三、這些《老子》「經」、「傳」的祖本可能不是完全相同的。〔註15〕此外，尚有嚴遵之《老子指歸》。至於《老子河上公注》，據筆者《《老子河上公注》氣論研究》之碩論所考證，則其成書時間大抵介於西漢末之東漢中之兩漢之交。〔註16〕及至東漢又有張道陵所著《老子想爾注》。總此以知，漢代《老子》流傳很廣，抄本也很多，注本很多，影響很大，可見老學於當代興盛之情形。又兩漢老學注作雖則頗多，然大部分皆已亡佚，今只餘《老子指歸》、《老子河上公注》、《老子想爾注》三家注，關於三家注之梗概，論述如下：

1.《老子指歸》

《老子指歸》，一名《道德真經指歸》，又名《道德指歸論》，作者為嚴遵。依谷神子注《老子指歸》中所言：「嚴君平者，蜀郡成都人也，姓莊氏，故稱莊子。因避漢明帝明帝（58～88AD 在位）劉莊諱，改為嚴，名遵，字君平。」〔註17〕又君平生元、成間，與揚子雲同時〔註18〕，「揚雄少時從遊學，以而仕

〔註14〕 譚寶剛：〈《老子》書名出現時間、異稱、分篇和分章考〉，《鄂州大學學報》（第14卷第4期 2007.7），頁34。

〔註15〕 熊鐵基、劉玲娣：〈論漢《老子》〉，《哲學研究》（第四期 2004），頁52。

〔註16〕 參見拙作《《老子河上公注》氣論研究》之第二章《河上公注》之成書時間及思想背景。高師大國文系碩論（2005.11），頁8～37。

〔註17〕 谷神子之《指歸序》，〔唐〕谷神子、〔清〕唐鴻學 注：《道德真經指歸校注》（台北：藝文 1970），頁3。

京師顯名，數爲朝廷在位賢者稱君平德。」〔註19〕依此，嚴遵，字君平，原姓莊，後避漢明帝劉莊諱，改名爲嚴遵，字君平。嚴遵約當西漢中葉之蜀人。明·曹學佺《蜀中廣記》據嚴真觀碑文記載：嚴遵生於漢武帝後元元年，九十歲卒。根據此段記載，推算嚴遵卒於平帝元始年間，亦即西元1～5年間。〔註20〕又《漢書·王貢兩龔鮑傳》云：

> 君平以爲卜筮者賤業，而可以惠眾人。有邪惡非正之問，則依筮龜爲言利害。與人子言依於孝，與人弟言依於順，與人臣言依於忠，各因勢導之以善，從吾言者，已過半矣。裁日閱數人，得百錢足自養，則閉肆下簾而授《老子》。〔註21〕

蓋其終身以卜筮爲業，教人忠孝順善之理，既可自養，又以勸善，然從其終身不仕，讀書講學之舉以觀之，又嚴遵當代杜陵李強爲益州牧（治所成都），慕君平之爲人，欲以爲從事，雖致禮與相見，但終不可得。君平壽至九十餘，推論君平大抵爲逸民隱士之流。〔註22〕因此晉·陳壽:《三國志·秦宓傳》

〔註18〕〔明〕劉鳳〈嚴君平道德指歸序〉，轉引自王德有 點校:《老子指歸》（北京：新華書店 1997.10 初版第二刷），頁 154。

〔註19〕《漢書·王貢兩龔鮑傳》，〔唐〕顏師古 注:《漢書》（新校本廿五史）（台北：史學出版社 1974.5 台北影印一版），頁 3056。

〔註20〕見陳儷文:《《老子指歸》一書「道」涵義之探索》（輔大中文研究所碩論 1996），轉引自陳麗桂:《《老子河上公章句》所顯現的黃老養生之理》，收錄於《中國學術年刊》（第二十一期 2000.3），頁 180。

〔註21〕《漢書·王貢兩龔鮑傳》，〔唐〕顏師古 注:《漢書》（新校本廿五史）（台北：史學出版社 1974.5 台北影印一版），頁 3056。

〔註22〕關於嚴遵的生平與學術，另補充如下：

嚴君平才高八斗，文冠天下，其著作除《道德真經指歸》外，還有《蜀本紀》、《周易骨髓決》、《老子》注，另有遺文兩篇，張澍《蜀典》卷十《著作類》和嚴可均《全後漢文》卷四十二，都依據《道德真經指歸·君平說二經目》收入其文，分別標爲《老子注序》和《道德指歸說目》。其《座右銘》一首，也被分別收入上述兩書之中，但沒有註明出處。

綜觀嚴遵生平，嚴遵不僅注《老》，好《老》，甚至把老子之道作爲他的座右銘，曰：「夫疾行不能遁影，大音不能掩響。默然託蔭，則影響無因。常體卑弱，則禍患無萌。」〔晉〕常璩的《華陽國志·蜀郡士女》中還記載了這樣的一件事：杜陵李強爲益州刺史，謂雄（即揚雄）曰：「吾真得君平矣。」雄曰：「君但可見，不能屈也。」強以爲不然，至州修禮交遵。遵見之，強服其清高而不敢屈也。歎曰：「揚子雲真知人也。」……可見老子之「道」已與他合而爲一渾沌周密了。因此他的說話行事，無不合於老子之「道」。揚雄在《法言·問明》中嘗讚嚴遵之才德「雖隨、和，何以加諸？舉茲以斨，不亦寶乎！」又三國·蜀國王商曾爲嚴遵立祠，蜀人亦謂「仲尼、嚴平會聚眾書，以成《春秋》、《指歸》之文，故海以合流爲大，君子以博識爲弘」，可見嚴遵於漢魏之際極受景仰與愛戴。

對嚴遵讚譽有加,云:「觀嚴文章,冠冒天下,由、夷逸操,山嶽不移,使揚子不嘆,固自昭明。」〔註23〕皇甫謐之《高士傳》亦贊曰:「眞人淡泊,寔哉匪虛。」〔註24〕班固《漢書》亦稱「其風足以激貪厲俗,近古之逸民也。」〔註25〕

　　《老子指歸》原書凡有十三卷,據今存《老子指歸》序文〈君平說二經目〉言:

> 昔者老子之作也,變化所由,道德爲母,效經列首,天地爲象,下經配地。陰道八,陽道九,以陰行陽,故七十有二首。以陽行陰,故分爲上、下,以五行八故上經四十而更始。以四行八,故下經三十有二而終矣。陽道奇,陰道偶,故上經先而下經後,陽道大,陰道小,故上經眾而下經寡。(《指歸・君平說二經目》)

由此可知,《指歸》篇章數目是按照《周易》天地之數的理論來安排。《易傳》中天屬陽,地屬陰。天數爲一、三、五、七、九,爲陽數;地數爲二、四、六、八,爲陰數。天數中最大之數爲「九」,爲老陽。地數中最大之數爲「八」,爲少陰。因此〈經目〉中說:「陰道八,陽道九」,以天地(少)陰(老)陽之數相配,八九爲七十二,故云:「以陰行陽,故七十有二首。」又以上下經的篇數而言,《指歸》一書分上下經,「上經配天,下經配地。」天數爲陽,「以五行八,故上經四十而更始。」地數爲陰,「以四行八,故下經三十有二而終矣」。乍看之下,嚴遵這種比附似乎合理,然而顏國明先生指出其中的矛盾謬誤,在於既然天數爲奇,那麼爲何上經之總章數四十爲偶數,因此其所謂奇偶之數,只是選擇性的解釋,而非整體的關照考量。〔註26〕其次,《指歸》之編排次序,德經在前,道經在後,這種排序與馬王堆漢墓帛書《老子》,韓非子的《解老》次序是一致的。縱然如此,《指歸》許多句子和用字卻與帛書《老子》互有差異。

　　《指歸》一書傳至宋代,已漸有缺,至今只餘德經七卷。現存之版本,

〔註23〕轉引自王德有 點校:《老子指歸》(北京:新華書店 1997.10 初版第二刷),頁148。

〔註24〕轉引自王德有 點校:《老子指歸》(北京:新華書店 1997.10 初版第二刷),頁150。

〔註25〕〔唐〕顏師古 注:《漢書》(新校本廿五史)(台北:史學出版社 1974.5 台北影印一版),頁3056。

〔註26〕顏國明:《易傳與儒道關係論衡》(台北:里仁 2006.3.30 初版),頁316。

有兩種版本，一種是七卷本，從卷七至卷十三，題目爲《道德眞經指歸》，有經文，之後是注文，但不列篇名。〔註27〕明《正統道藏》本、怡蘭堂本即是。其中，道藏本收錄在《道德・洞神部・玉訣類》第365冊到第367冊，然而有人認爲道藏本並非《指歸》原本，而爲兩《唐志》所載馮廓（即穀神子）注本。因爲《道藏》本屬於八十一章系統，而《指歸》卻爲七十二章。〔註28〕《指歸》的另一種版本是六卷本，得自明胡震亨依趙元度手抄本之《秘冊彙函》的嘉興刻本，從卷一至卷六，題目爲《老子指歸論》，收於《秘冊匯函》、《津逮秘書》、《學津討原》、《叢書集成初編》中。此刻本無經文，每篇都以《老子》每章的開頭一句爲題，另起一行，單列出來。文前有「穀神子序」、「嚴君平道德指歸序」。胡震亨題《道德指歸》和《說目》。其後汲古閣本毛晉《津逮秘書》、張海鵬《學津討原》與《四庫全書》中，各版本均於篇題後直接抄錄《指歸》原文。此外，《指歸》中，還包括有嚴遵的另一部著作《老子》注的佚文，據王利器先生考證，《道藏》本中《道德指歸》正文的卷七到卷九，卷十一到卷十三，對老子本文的注釋都爲四字，卷十注釋爲三字，這些三字的注釋就是《老子》嚴遵注二卷的原文書。〔註29〕學者嚴靈峰根據《道德眞經藏室纂微篇》、李霖《道德眞經取善集》、劉惟永《道德眞經集義》、范應元《道德古本集注》等書中有關嚴注文字，輯有《輯嚴遵老子注》一書。〔註30〕

就思想內容觀之，班固《漢書・王貢兩龔鮑傳》載嚴君平：「依老子、莊周之言，著書十餘萬言。」明人劉鳳在《嚴君平道德指歸序》中亦指出：嚴君平爲使「其爲旨與老氏無間，故因其篇章以發歸趣。」〔註31〕此外嚴遵又援《易》解老，《華陽國志》中記載：君平「專精大《易》，耽於《老》、《莊》，……

〔註27〕林俊宏先生參考學者金春峰之說，言依漢人寫作的習慣來看，「序」常置於書末，道藏本與怡蘭堂本可能因此將今存的上經七卷的卷次列爲七至十三卷，而非一至七卷。見林俊宏：〈《老子指歸》之政治思想試論〉，《政治科學論叢》（第二十二期 2004.12），頁92。

〔註28〕王利器：〈道藏本《道德眞經指歸》提要〉，中國哲學編輯部編：《中國哲學》第四輯（北京：三聯書店 1980）。

〔註29〕王利器：〈道藏本《道德眞經指歸》提要〉，中國哲學編輯部編：《中國哲學》第四輯（北京：三聯書店 1980）。

〔註30〕嚴靈峰 輯校：《輯嚴遵老子注》二卷（台北：藝文書局 1965）。

〔註31〕見王德有 點校：《老子指歸》（北京：中華書局 1994.3 初版一刷）之附錄三，頁155。

著《指歸》。」〔註32〕又三國時秦宓嘗言:「道非虛無自然,嚴平不演。」總此以知,嚴遵之《老子指歸》乃延續先秦道家之思想,融通《易》、《老》、《莊》,而歸本於「虛無自然」之旨。《指歸》在詮釋《老子》思想的同時,一方面隨漢代講宇宙演化論的潮流,〔註33〕發揮《老子》「天下萬物生於有,有生於無」、「道生一,一生二,三生三,三生萬物」之旨,將老子原本虛無抽象的宇宙生成論,落實為道生一,一生神明,神明生太和,太和生氣,氣化分離而有天地萬物。其次,又強調了「無」之本體,暢言「無為自然」之用,以為「無為自然」,則萬物「自生」、「自化」、「自治」、「自平」、「自歸」。再者,《指歸》又將「無為自然」之義貫穿人生哲學與政治思想之中,以為修身養生、治國平天下,皆須順乎自然,無為而治。

《老子指歸》於唐宋之前頗有影響,明清開始被疑為偽作,如《四庫全書總目》說「此必遵書散佚」,「能文之士所贋托」〔註34〕。但張岱年先生從《漢書》、《隋書》、新舊《唐書》以及唐代《老子》注解中所徵引的《指歸》文字,以及《指歸》中指斥秦楚,讚頌神漢,以及《指歸》中多徵引《周易》的種種情形,認為此書大體為君平所作,〔註35〕然摻雜了一些附益部分,〔註36〕或為後人讀書心得之延伸。〔註37〕過去因為懷疑為後人偽託,所以很少有學者論及,近年人們逐漸關注它的學術價值,金春峰先生的《漢代思想史》〔註38〕、那薇女士的《漢代道家的政治思想和直覺體悟》〔註39〕等書均闢專章討論嚴君平及其《指歸》。另有王德有先生點校的《老子指歸》,提供研讀《指歸》的人諸多方便。

以《指歸》之思想價值觀之,嚴遵不作單句個別的詮釋,而是以漢賦鋪敘的筆法,作通章微言大義的闡述,它鮮明地體現了黃老思想的特點。秦宓

〔註32〕〔晉〕常璩:《華陽國志》(台灣:中華書局1966.3台一版),頁2。

〔註33〕王德有論證:「探究宇宙演化過程,是漢代哲學的重要特點,許多哲學家即把宇宙演化論作為自己哲學思想基礎。」見王德有 點校:《老子指歸》(北京:中華書局1994.3初版一刷)之序,頁5。

〔註34〕王德有 點校:《老子指歸》(北京:中華書局1994.3初版一刷)之序,p1。

〔註35〕張岱年為王德有 點校之《老子指歸》之前序,見王德有 點校:《老子指歸》(北京:中華書局1994.3初版一刷)之序,頁1。

〔註36〕張岱年:《中國哲學史史料學》(北京:三聯書店1982),頁112。

〔註37〕林俊宏:〈《老子指歸》之政治思想試論〉,《政治科學論叢》(第二十二期2004.12),頁92。

〔註38〕金春峰:《漢代思想史》(北京:中國社會科學出版社1997.12第二版第一刷)。

〔註39〕那薇:《漢代道家的政治思想和直覺體悟》(齊魯書社1992.1第一版第一刷)。

嘗評爲：「書非史記、周圖，仲尼不采；道非虛無自然，嚴平不演。」〔註40〕
是將《指歸》與《春秋》相提並論，可見該書在當時評價頗高，對當代道家
思想的成熟化與理論的體系化，作出了重要的貢獻。〔註41〕又明人劉鳳在《嚴
君平道德指歸序》評價它：「盤旋垤中，塵不出軌，馭不逸範而踐無遺地，騁
有餘巧。」〔註42〕也就是說它發揮了《老子》的微言大義，但又沒有超出老
氏的理論框架。此外，嚴遵融通《易》、《老》、《莊》，影響稍後魏伯陽之《周
易參同契》，乃至魏晉三玄之融通，從中可看出學術循序漸進之軌跡，爲漢代
道家思想轉變爲魏晉玄學的重要中間環節。〔註43〕又張岱年先生說：「此書思
想確有特點，是值得研究的。」〔註44〕的確，研究嚴遵及其《指歸》，對於研
究漢代思想史、道家發展史、老子思想都有著重要意義。

　　2.《老子河上公注》

　　相傳《河上公注》之作者爲「河上公」，但「河上公」究爲何人？是否眞
著有《河上公注》也眾說紛紜，總結清代以前學者之說法，可以得到幾個結
論：其一，河上丈人即河上公。其二，河上公是黃老學者。其三，河上公的
身分不明，或云隱士之流，或云神仙之輩，總之是一個無法確認身份的人，
然無論是隱士，或神仙，皆爲避世之人，故其生平不可考。除了這些論點以
外，舉凡河上公是否確切著有《河上公注》一書，並沒有一致的說法，以及
河上公究竟爲什麼時候的人？大抵從《史記》說者，多以爲河上公是戰國時
人，其他說法復有西漢、漢文帝時人，然究竟爲何？莫衷一是。因此，王明
先生以《河上公注》是東漢黃老學者託名黃老初祖河上公之著作，〔註45〕此
說恐怕較爲可信。

　　《老子河上注》一書形式乃依老子原著逐句衍成章句，故又稱《老子河

〔註40〕 轉引自王德有 點校：《老子指歸》（北京：新華書店 1997.10 初版第二刷）前
　　　　 序，頁 3。
〔註41〕 林俊宏：〈《老子指歸》之政治思想試論〉，《政治科學論叢》（第二十二期
　　　　 2004.12），頁 92。
〔註42〕 轉引自王德有 點校：《老子指歸》（北京：中華書局 1994.3 初版一刷）之附錄
　　　　 三，p3。
〔註43〕 顏國明：《易傳與儒道關係論衡》（台北：里仁 2006.3.30 初版），頁 291。
〔註44〕 可見點校本中張岱年先生的《序》，王德有 點校：《老子指歸》（北京：中華
　　　　 書局 1994.3 初版一刷）之序，頁 2。
〔註45〕 王明：〈老子河上公章句考〉，見《道家和道教思想研究》（重慶：中國社會科
　　　　 學出版社 1990.8 三刷），頁 293～304。

上公章句》、《老君道德經河上公章句》。從《河上公注》之編纂形式觀之，是書分為道德上下兩篇，然而，以道經、德經之編纂順序觀之，則《老子指歸》〔註46〕近於帛書《老子》，以德經在前，道經在後；而《老子河上公注》則與《老子想爾注》、王弼《老子》注相同，以道經在前，德經在後，高華平先生認為道經、德經的安排順序，表現了對「道」、「德」議題的重視先後，蓋先秦儒家重德，因此若將德經擺放在前，代表的是對儒家仁義觀念的推崇，然就帛書以及《指歸》的內容加以考察，二者並無崇尚儒家仁義的內容，因此二者之內容與形式安排出現了矛盾。反過來，《河上公注》將道經、德經順序作一調整，使其內容與形式達到觀念的一致性，因此在歷史文獻上具有貢獻，此舉並影響了後起的王弼《老子》注。〔註47〕其次，《河上公注》全書分作八十一章，「八十一」之數具「神秘數字信仰」的特殊意義。其三，《河上公注》之形式採取「就經為注」之「章句體」，「章句體」為泛行於兩漢之注經形式。

　　《河上公注》之「《老子》文本」在後代之流傳形成兩種傳本，一種為世俗本，另一種則流行於道教界。世俗本為繁字本，即敦煌寫卷成玄英《老子開題》所稱：「河上公本長五百四十餘字，多是分乎者也，蓋逗機應物，故文飾其辭耳！」之傳本。道教界流行者有二，一為減字本，另一為五千字本（實際上為 4999 字），所謂「繁字本」或「減字本」，可以一般傳抄本視之，然「五千字本」則大不相同。所謂「五千字本」，實則 4999 字，蓋因第十一章經文「三十輻」作「卅輻」，所以少一字，而成 4999 字。道教強調《道德經》傳本當為「五千字」，是因為「尋青牛發軔，紫氣浮關，真人尹氏親承聖旨，當爾之日，止授五千文，故《序訣》云：『於是作道德二篇五千文上下經焉。』是知五千之文先有定數，後人流傳亟生改易。」道教徒認為老子當年傳授尹喜《道德經》，本來就僅五千字，超過五千字之傳本乃後人妄生改易者。〔註

〔註46〕〔明〕曹學佺《蜀中廣記》據嚴真觀碑文記載：嚴遵生於漢武帝後元元年，九十歲卒。根據此段記載，推算嚴遵卒於平帝元始年間，亦即西元 1～5 年間。見陳儷文：《《老子指歸》一書「道」涵義之探索》（輔大中文研究所碩論1996），轉引自陳麗桂：〈《老子河上公章句》所顯現的黃老養生之理〉，收錄於《中國學術年刊》（第二十一期 2000.3），頁 180。

〔註47〕高華平：〈楚簡本、帛書書、河上公注本三種《老子》仁義觀念之比較〉，見《中國歷史文物》（2003.1），頁 28～29。

〔註48〕上述《河上公注》之《老子》文本之說法，參考自鄭燦山：〈《河上公注》成書時間及其思想史、道教史之意義〉，收錄於《漢學研究》第八卷第二期（2000.12），頁 102。

48）《河上公注》上承黃老思想，在時代思想背景之撮合下，與神仙長生思想合流，乃成爲道教系統之原始祖本。〔註49〕

今存《老子河上公注》版本，凡有常熟瞿氏藏宋本《老子河上公注》、明萬曆己卯（七年）朱氏中都刊本《老子河上公章句》、宋麻沙本刊本《河上公老子道德經》、宋建安虞氏刊本景印《河上公注》、顧春氏德堂刊本六子本《河上公注》、斯坦因四七七號寫本《老子河上公註》等。《河上公注》是今存最早最完整的《老子》注本，其可能的成書時間，約在西漢末至東漢中之間，最早不早於《老子指歸》，至晚也不晚於《老子想爾注》。〔註50〕

三國時人薛綜著《二京解》，即漢張衡《二京賦》之注解，曾引用河上公注《老子》第四十六章「天下有道，卻走馬以糞」句之注文。梁元帝《金樓子‧立言篇》、北周釋甄鸞《笑道論》並引河上公序。又梁‧皇侃《論語義疏》、隋蕭吉《五行大義》、陸德明《經典釋文》、唐‧魏徵編《群書治要》、李善《文選注》、釋法琳《辨正論》、《後漢書‧翟酺傳》李賢等注、賈公彥《周禮疏》、《地官‧師氏》、《考工記‧輪人》疏、馬總《意林》等書均稱引河上公注《老子》。據上可知，自漢至唐已有河上本《老子》廣泛流傳。〔註51〕

其次，敦煌地區所流傳河上本《老子》數量亦有十餘件。而敦煌寫卷中有關河上本《老子》材料主要包括以下幾方面：一是白文本五件及注疏本四件。二是敦煌類書中所稱引的河上本《老子》相關文字。三是敦煌寫卷中所見其他相關材料。從以上可知河上本《老子》在敦煌地區是相當流行的。那麼，它是以何種方式流傳的呢？撮其要者，可分以下幾端。首先，道徒因求福弭災的需要，而傳抄道教經典。其次，道徒因傳授修習的需要而傳抄河上本《老子》。再者，河上本《老子》也曾作爲學校教材廣泛流布。事實上，河上本《老子》不單是敦煌學校所用的基本教材，也是唐代官定的教科書。另外，寫經由中原地區流入敦煌地區而得以傳播，可能也是河上本《老子》流傳的一個管道。這又可以分爲兩種情形：一是以政府頒賜道經的形式傳入，

〔註49〕即有「太極左仙公序係師定河上眞人章句」（如 S6453、S798、S2267）尾題之敦煌無注本《道德經》寫卷。這個「五千字本」，即成玄英《老子開題》所稱之「葛本」，而與敦煌寫本 S6825 之《想爾注》所採用之《道德經》版本上幾乎一致。因此，陳世驤便認爲《想爾》本是「五千文本」之祖本。

〔註50〕關於《老子河上公注》成書時間之探討，詳見拙作《《老子河上公注》氣論研究》（高雄：高師國文研究所碩論 2005.11）之第二章。

〔註51〕朱大星：〈論河上公《老子》在敦煌的流傳——以敦煌文獻爲中心〉《道教論壇》（2004.4），頁 19～20。

另一種可能就是由道徒、商人或使者由中原攜至敦煌地區。〔註52〕此外，在域外，河上本《老子》也曾風行一時。單日本就藏有眾多舊鈔河上本《老子》，如大阪圖書館藏天文鈔本、瀧川君山翁得於仙台書肆之瀧川本、內藤湖南所藏寶左盦本、京都帝國大學所藏近衛公爵本、久原文庫本、奈良聖語藏尊藏本參武內義雄《老子原始》及狩野直喜《舊鈔本老子河上公注跋》。

就《河上公注》的思想而言，唐人司馬貞在懇請朝廷並立王、河二注時曾指出：

> 古往今來，注家雖多，罕窮厥旨……然其注以養神爲宗，以無爲體。
> 其詞近，其理宏，小足以修身潔誡，大足以寧人安國。……至若近
> 人立教，修身宏道，則河上爲得。〔註53〕

由此可知，從老學史的角度看，《河上公注》無論是養生觀，或是政治觀，都反映了鮮明的漢代黃老思想的特點，體現了老學發展的時代特徵。落實到實踐面上，則體現在其作品以君主爲宣教對象，提出治身治國之道以及清靜無爲的主張。

以治身之道言，晁公武《郡齋讀書志》云：「其書頗言吐故納新、按摩導引之術，近神仙家。」〔註54〕《河上公注》的修養工夫主要有養性、養命兩方面，而這兩種面向的修養工夫，對於後代道教養生是具有啓發性的，諸如宋代以後所盛行的內丹修練法，不論北宗或是南宗，皆極重視所謂的性命雙修的功法。雖然後代的性命雙修未必等同於《老子河上公注》所言之養性與養命，但是《河上公注》所開啓的修養法門對後代具有示範意義，這是無庸置疑的。因此，《河上公注》所透顯出的老子思想與長生方術融合之傾向，可見道教神仙方術與《道德經》的初步融通，因此無論在神學體系，或是氣論思想、養生思想等創造性的詮釋，皆爲日後道教的發展奠下了基礎，在中國道教史的研究上，《河上公注》實值得學者從各個角度深入地去分析探討。

《老子河上公注》自成書以來，即在官方民間知識份子之間流傳，直至唐朝學術界仍爲盛行，而與王弼本並行於世。至唐劉知幾貶抑《河上公注》，

〔註52〕朱大星：〈論河上公《老子》在敦煌的流傳──以敦煌文獻爲中心〉《道教論壇》（2004.4），頁 21。

〔註53〕〔唐〕司馬貞：〈議孝經老子注易傳奏〉，〔清〕董誥等纂修：《全唐文》（上海：上海古籍出版社 1993.11 第一版第一刷），頁 1817～1818。

〔註54〕〔清〕晁公武：《郡齋讀書志》（第一冊）（台灣：商務印書館 1978.1 台一版），頁 204～205。

曰：「其說不經，全類市井小說，略不知今古，辱老子之書又甚矣。」《河上公注》於學術上的地位方受到動搖。此外，在道教早期發展的過程中，除了《太平經》、《老子想爾注》外，《河上公注》亦是當時道教傳承者必讀的一部經典，而從敦煌資料中之無注本《道德經》寫卷（P6453、P2417）的跋「太極左仙公序，係師定，河上眞人章句」看來，系師一派之五斗米道也相當重視是書，況且是書在道教內部之傳授亦佔有極重要的地位，《正統道藏》正乙部《傳授經戒儀注訣》論及所傳授「三洞四輔」之「太玄部」經典共 10 卷，〔註55〕其中《老子河上公注》之次序僅次於老子《道德經》而居第二順位，〔註56〕可見其在道教界中之地位。此外，六朝以後特別是隋唐時期，《河上公注》在道教內外都影響巨大。唐玄宗曾認爲「道德隱奧之文，上下玄妙之趣，未有了達解釋之人」，但卻充分肯定了《河注》正確闡發「聖意」的長處，說「自蜀嚴、河公之後，注疏者去聖越遠。」〔註57〕如此可見，《河上公注》在老學史中亦有舉足輕重地位，其注解之功也深受肯定。

3.《老子想爾注》

　　《老子想爾注》之作者，歷來有不同說法，一說是張陵〔註58〕，唐玄宗

〔註55〕鄭燦山：〈《河上公注》成書時代及其思想史、道教史之意義〉《漢學研究》第 18 卷第 2 期（2000.12），頁 85～112。

〔註56〕《道藏》所收《傳授經戒儀注訣》載道教《太玄部》授經序次如下：
《太玄部》卷第一：《老君大字本道經》上；
《太玄部》卷第二：《老君大字本德經》下；
《太玄部》卷第三：《老君道經上道經下河上公章句》；
《太玄部》卷第四：《老君德經上德經下河上公章句》；
《太玄部》卷第五：《老君道經上想爾訓》；
《太玄部》卷第六：《老君德經下想爾訓》；
《太玄部》卷第七：《老君思神圖注訣》；
《太玄部》卷第八：《老君傳授經戒儀注訣》；
《太玄部》卷第九：《老君自然朝儀注訣》；
《太玄部》卷第十：《老君自然齋儀》。

〔註57〕劉玲娣：〈漢代《老子》政治觀的黃老色彩（二）──以《老子河上公注》爲中心〉，《唐都學刊》（第 23 卷第 3 期 2007.5），頁 12。

〔註58〕張陵里籍，一般以爲是沛國豐（今江蘇豐縣）。如《三國志‧張魯傳》云：「張魯字公祺，沛國豐人也。祖父陵，客蜀，學道鵠鳴山中。」范曄《後漢書‧劉焉傳》載張陵在漢順帝時期「客於蜀」。晉‧葛洪《神仙傳》稱其爲沛國人。至於天師張陵出生地在杭州之說，《天師家傳》最早稱「道陵本居餘杭天目山」。《漢天師世家》則稱張陵生於杭州天目山。今杭州天目山尚存張公舍，據說與張陵有關。舊《郡志》錄有杜光庭游天目山時所作二首詩。閬中天目

制《道德眞經疏外傳》與杜光庭《道德眞經廣聖義》列古今箋注《道德經》幾十家，於《想爾注》下皆云：「三天法師張道陵所注。」〔註59〕〔唐〕釋法琳《辯證論》說：「漢安元年（142 年），道士張陵分別《黃書》，故注《五千文》。」〔註60〕其後。〔宋〕董思靖《道德經集解·序說第二》，引杜光庭云：「註者有尹喜《內解》、漢張道陵《想爾》、河上公《章句》……」〔註61〕《想爾注》之作者一說是張陵之孫張魯〔註62〕所作。〔唐〕陸德明《經典釋文·序錄》記載《老子想餘注》二卷，「想餘」當爲「想爾」之誤，蓋形近而訛所致，注云：「不詳何人，一云張魯，或云劉表。魯字公祺，沛國豐人，漢鎮南將軍、關內侯。」〔註63〕而明代《正統道藏》中《傳授經戒儀注訣》中，《想爾注》作《想爾訓》，列於大字本《道德經》、《河上公章句》之後，並說：「系師得道，化道西蜀，蜀風淺末，末曉深言，托構想爾，以訓初回。初回之倫，多同蜀淺。辭說切近，因物賦通。三品要戒，濟眾大航。故次於《河上》。」〔註64〕系師即張陵之孫張魯，這裏明確認爲《想爾注》爲張魯依託於「想爾」所

山亦屬張陵傳道的主要活動區域。杭州之所以被誤作張陵的出生地，蓋南宋道教徒爲迎合朝廷定都臨安而將闖中的天柱山、天目山牽強附會爲杭州的天柱山、天目山。此後元人《搜神記》卷二、張天雨《玄品錄》卷二、《仙鑒》等競相襲用，訛傳至今。

〔註59〕顧寶田、張忠利：《新譯老子想爾注》（台北：三民書局股份有限公司 1997.1 初版）導讀，頁 3。
〔註60〕同上註。
〔註61〕〔宋〕董思靖：《道德經集解·序說第二》，《正統道藏》（21）（台北：藝文印書館 1977 初版），頁 16878。
〔註62〕關於張魯生平，張魯字公祺，生年不詳。祖父張陵，傳道於其子張衡，張衡又傳道其子張魯，張魯自號師君。據《後漢書·劉焉傳》記載，張魯之母貌美，常與劉焉家來往，張魯透過其母與益州牧劉焉家的關係，受到重用。又據《三國志·張魯傳》記載，劉焉去世後，其子劉璋即位，因魯不順從其意，殺死張魯之母、弟弟諸人。於是張魯割據漢中，以五斗米道教化百姓，建立起政教合一的政權和從鬼卒、祭酒、治頭大祭酒直到師君的等級教階制。在漢末群雄割據的形勢下，張魯所治漢中相對穩定，且張魯寬惠待民，故四方百姓紛紛擁入漢中。張魯統治漢中前後近三十年，東漢朝廷無力征討他，即封他爲鎮民中郎將，領漢甯太守。建守二十年（西元215年），待曹操率十萬大軍西征張魯。張魯於是投降，官拜爲鎮南將軍，封閬中侯，邑萬戶。第二年，張魯去世，諡原侯，葬在鄴城（今河北臨漳）東。
〔註63〕見〔唐〕陸德明：《經典釋文》，收錄於《叢書集成（初編）》據抱經堂本影印）（上海：商務印書館 1936）卷一〈敘錄〉，頁 54。
〔註64〕顧寶田、張忠利：《新譯老子想爾注》（台北：三民書局股份有限公司 1997.1 初版）導讀，頁 4。

作。元代劉大彬《茅山志》卷六《道山冊》引用陶弘景《登眞隱訣》云：「老子《道德經》，有玄師楊眞人手書張鎭南古本，鎭南即漢天師第三代系師魯，魏武表爲鎭南將軍者也，其所謂五千文者，有五千字也。數系師內經有四千九百九十九字，由來闕一，⋯⋯」〔註65〕指出《想爾注》乃張魯所作。又據饒宗頤《老子想爾注校箋》，敦煌天寶十載寫本卷末記有「道經卅七章」、「五千文上下二（卷）」、「系師定」等語。饒宗頤據此推論，《想爾注》應是「當是張陵之說而魯述之，或魯作所而托始於陵，要爲天師道一家之說。」〔註66〕此說當爲較圓融之說法。

　　《老子想爾注》，全名《老君道德經想爾訓》。自饒宗頤先生校箋敦煌本《老子想爾注》以後，該書引起了學術界廣泛的注意，成爲研究早期道教的寶貴資料。然該書何以取名「想爾」呢？關於「想爾」之釋名，蓋有二說，其一，以爲「想爾」二字乃仙人之名。據孫思邈《攝養枕中方・自愼》曾引《想爾》的話，注稱：「想爾蓋仙人名」。〔註67〕其二，以爲「想」是「存想」、「存思」之意，陳世驤先生謂：「張魯托言入靜室『存想』見神，以注《老子》，而名其注曰『想爾』也。」〔註68〕此外，饒宗頤先生在《老子想爾注續論》中，將《想爾》「九行」與《老君存想圖》結合研究，指出《想爾》命名，即本於「存想」，《想爾》之想，亦即「存想」之「想」，「朝夕行戒，存想內視，須與不離，修道正軌，端在乎此。」〔註69〕至於《想爾》之「爾」，「爾」即「汝」，第二人稱代詞。其三，據學者研究，乃源出佛經《四十二章經》，饒宗頤先生箋證《想爾》「道誡」時指出：「道教立戒之方，取資沙門，自無疑義」。〔註70〕湯用彤先生也指出「于吉、襄楷蓋皆用《四十二章經》之故事」。〔註71〕

〔註65〕　〔元〕劉大彬《茅山志》卷九《道山冊》，續修四庫全書編纂委員會編：《續修四庫全書.史部.地理類》（上海市：古籍1995），頁42。

〔註66〕　以上本饒宗頤：《老子想爾注校證》（上海：上海古籍1991.11初版一刷）之〈解題〉，頁1～5。

〔註67〕　《雲笈七籤・卷三十三》，〔宋〕張君房著：蔣力生等校注：《雲笈七籤》（北京：華夏出版社1996.8第一版第一刷），頁186。

〔註68〕　陳世驤：〈想爾老子道經敦煌殘卷論證〉，《清華學報》（新一卷第二期1957），頁50。

〔註69〕　饒宗頤：《老子想爾注校證》（上海：上海古籍出版社1991.11初版一刷），頁79～82。

〔註70〕　饒宗頤：《老子想爾注校證》（上海：上海古籍出版社1991.11初版一刷），頁61。

〔註71〕　湯用彤：〈讀《太平經》所見〉，《湯用彤選集》（天津：天津人民出版社1995），頁205。

馬承玉先生考察《四十二章經》與《想爾注》，亦發現二者確有密切關係，他從以「語彙」與「思想」各方面論證其間關係，細言之，「想爾」一詞《想爾》一詞出於《四十二章經》：「欲，吾知爾本，意以思想生，吾不思想爾，即爾而不生。」主張斷欲守空，方能得道。以思想而言，《想爾注》與《四十二章經》在道、道戒、中和、去欲的思想亦復相同。〔註72〕綜言之，馬承玉先生以為「想爾」或為當時佛教習語，三張取以為名，蓋以博取民眾之心。〔註73〕

清末敦煌莫高窟發現的古本典籍中，有《老子道經想爾注》殘本，此殘卷在一九○五年失竊，現收藏在大不列顛博物館，編號為斯坦因六八二五。全本共五百八十行。注與經文連寫，字體不分大小，章次不分，過章不另起一行。該殘卷始自《老子》道經第三章「不見可欲，使心不亂」，終至第三十章「無欲以靜，天地自止（正）」，大致反映了《想爾注》的基本思想內容。今人饒宗頤將敦煌殘卷連寫的經文與注釋分別錄出，按《河上公注》的次第，分別章次，並作考證，著《老子想爾注校證》，收入選堂叢書之二。

《想爾注》在唐代以前流傳甚廣，但唐以後《想爾注》在道教中不顯，自元代後更是亡佚不傳。推其原因，張養正先生認為原因有五：一、《想爾注》是五斗米道授道演教的秘典，只在教內傳授，未在社會流傳，知者甚少。正如《魏書·釋老志》中所說：「張陵受道於鵠鳴，其書多有禁秘，非其徒不得輒觀。」〔註74〕只在少數人中秘傳，當然易於散失。二、由於《想爾注》是以神仙煉養之說詮釋《老子》，雜以巫術，故多隱秘，特別是多處談及「實髓受精」之方術，造成反對者加以抨擊、禁阻，於是知者更加秘而藏匿。三、《想爾注》中有詆毀儒學、貶抑孔丘的內容，認為「其五經半入邪，五經以外眾書傳記，尸人所作悉邪耳」（〈第十八章〉），「道甚大，教孔丘。為知後世不通道文，但上孔書，以為無上，道故明之告後賢」（〈第二十一章〉）。這種與儒家相抵觸的著述，當然也會被社會所排斥。四、北魏道士寇謙之改革道教，認為「租米錢稅及男女合氣之術」系三張偽法，「大道清虛，豈有斯事」，他提倡道教「專以禮度為首，而加之以服食閉煉」。經寇謙之「清整道教」，道

〔註72〕馬承玉：〈「想爾」釋義——《老子想爾注》與四十二章經之關係〉，《世界宗教研究》（第四期 1998），頁 136。

〔註73〕馬承玉：〈「想爾」釋義——《老子想爾注》與四十二章經之關係〉，《世界宗教研究》（第四期 1998），頁 135～137。

〔註74〕〔齊〕魏收：《魏書》，收於《二十五史》（台北：藝文印書館 1972），頁 1451。

教發生了變化，《想爾注》在北天師道中被排斥，漸被揚棄。〔註75〕五、唐玄宗御制《道德眞經疏》，目的既在抬高《老子道德經》的地位，也在於統一經文的解釋，排除異見，所以唐以後《想爾注》漸被忽略，而終至寂然無聞了，再加上「注語頗淺鄙，複多異解，輒與老子本旨乖韋」，以致長期失傳。〔註76〕《隋書·經籍志》、《舊唐書·經籍志》及《新唐書·藝文志》均未著錄，《道藏》中也沒收進去。〔註77〕

　　相較於兩漢其他《老子》注，《想爾注》是其中更改幅度最大的一本，以篇章形式來說，近於《河上公注》，是採用短句的章句形式，就《老子》原文以作闡釋。此外，《想爾注》刪減《老子》經文以成五千之數，以達《老子》神性化之目的，爲減字本流傳之始。〔註78〕而今《想爾本》所刪減之《老子》經文，最常見者，便是減省虛詞，如「乎」、「兮」、「焉」、「者」等字，〔註79〕刪減虛詞以達到句式的統一，是古典文獻流傳的一種趨勢，劉笑敢稱之爲「語言形式的趨同現象」，從竹簡本、帛書本到河上本、王弼本，四字句明顯變多。〔註80〕另外，也有刪減「以」、「是以」等連接詞者。總之，經此減省，道教的減字本系統於是形成，從中可以窺見《想爾注》在宗教之學上的努力。

　　就其注解方向來說，也近於《河上公注》，偏向於以神仙煉養之術，與宗教之學的討論，而且比之於《河上公注》，《想爾注》在不死之術的討論，融合更多民間方術，奠定後世道教養生學的基礎；在宗教之學的討論，《想爾注》對《老子》的宗教化注釋表現出兩個顯著特點，一是對「道」的宗教解釋，

〔註75〕卿希泰主編的《中國道教史》中則認爲「《想爾注》的長期埋沒，大概與其夾染房中術，易爲世人詬病有一定關係。」見卿希泰：《中國道教史》（卷一）（台北：中國道統出版社 1997.12.12），頁 192。

〔註76〕饒宗頤認爲其「注語頗淺鄙，復多異解，輒與《老子》本旨乖違。」故淪佚久矣。饒宗頤：《老子想爾注校證》（上海：上海古籍 1991.11 初版一刷），頁 5。

〔註77〕李養正：〈老子想爾注與五斗米道〉，《道協會刊》（第十二期 1983）。

〔註78〕相關討論可參見嚴靈峰：〈《老子想爾注》校箋與五千文的來源〉、〈再論老子的《想爾注》與「五千文」〉，《老莊研究》（臺灣：台灣中華書局 1966），頁 403～432。

〔註79〕河上本第五章：「其猶橐籥乎」，想爾本刪減「乎」字。河上本第十七章：「信不足焉，有不信焉，猶兮其貴言」，想爾本刪減「焉」、「兮」字。想爾本減省「勝人者有力」及「強行者有志」兩句的「者」字。

〔註80〕劉笑敢：〈從竹簡本與帛書本看《老子》的演變——兼論古文獻流傳中的聚焦與趨同現象〉，武漢大學中國文化研究院編：《郭店楚簡國際學術研討會論文集》（武漢：湖北人民，2000 第一版第一刷），頁 467～469。

二是通過注釋建立起「道誡」的權威。〔註81〕將「道」的性質往宗教方向改造，將「道」由形而上虛無的本體，改造成至高無上的神祇，不得違背的誡律，信仰崇拜的依歸。此外，也不忘一面提高「道」的尊崇性，一面貶抑其他邪說等。經此改造下，《想爾注》與原著已相去甚遠，《老子》儼然已成為道教立說的聖典。為道教創立之初之重要經典，具有傳教的具體功能，考察《想爾注》能如此大幅度的將《老子》改易為宗教聖典，除卻其注解《老子》背後強烈的宗教性意圖之外，其在注解形式上也下了一番功夫，尤其透過原文文字的增刪改易，《想爾注》能以迅速的方式達到目的，關於這方面的討論，饒宗頤與李宗定兩位學者，都有非常詳實的考證，無論是在版本的比對上、音韻的變化上、思維的探討上，都相當精采。〔註82〕

關於《想爾注》的價值，其一，它是研究早期道教思想的珍貴資料。據《後漢書·皇甫嵩傳》注引《典略》及《三國志·張魯傳》等史書記載，初創時期的五斗米道奉《老子五千文》為主要經典，使弟子都習誦咒念，後張陵為《五千文》作注解，據唐玄宗《道德真經疏·外傳》和五代杜光庭《道德真經廣義》都說「三天法師張道陵注」《老子》，這就是《想爾注》。隋唐以前，《想爾注》在道教中頗受重視。《傳授經戒儀注訣》列舉道士當誦習十卷經，第五、第六即是《想爾注》。唐張萬福《傳授三洞經戒法籙略說》列有「想爾二十戒」，存錄《想爾注》上下卷。《太上老君經律》也有「道德真經想爾戒」。其次，它具有文學方面的價值，《老子想爾注》追求早期道教在傳道語體上的質樸自然文風，嚴肅批判漢儒五經章句之學的奢麗華靡，對道教自身存在的邪道偽技也敢於「操戈」批判，構成其「邪文」觀的獨特內容，是早期道教文學思想的重要成果，對六朝文學理論影響頗大。〔註83〕

總結上文諸多討論，可得出幾個結論：其一，從兩漢《老子》版本、注本之多的情形，可知老學於兩漢蓬勃發展的情形。其二，從今存兩漢《老子》三家注的內容梗概觀之，三家注在注解上各有創造性的詮釋，而這些創造性

〔註81〕劉玲娣：〈《老子想爾注》中的「道誡」〉，《湖北師範學院學報》（哲學社會科學版）（第二十七卷第二期 2006.7.16），頁 45。
〔註82〕見饒宗頤：《老子想爾注校證》（上海：上海古籍 1991.11 初版一刷）。與李宗定：〈《老子想爾注》詮釋老子方法析論〉，《台北大學學報》（創刊號 2006）。
〔註83〕蔣振華：〈早期道教「文」的闡釋的多維視角——《老子想爾注》的邪文觀〉，《中州學刊》（第六期 2005.11）之摘要，頁 153。

的詮釋，在不斷的轉變中，逐漸由道家而轉向道教的發展。其三，從兩漢《老子》三家注的價值來說，無論從老學學術上，或者道教宗教發展史上都有重要地位，實在值得探究。然欲觀兩漢思潮影響下的兩漢老學面貌，實為一極為龐大之問題，且基於筆者對「致用」之學的興趣，因此筆者欲將範圍縮小至「養生」一議題，蓋「養生」為一綜合諸多層面之學術，如以「養生」為焦點，勢必牽涉至宇宙本體、宇宙生成、生命觀等其他諸層面，只是在比重上仍有詳略之分，因此如以「養生」為範疇，仍可觀諸其整體之梗概。因此，本論文試以兩漢《老子》注之養生思想為論。

二、研究目的

基於以上所論，本論文所欲解決的問題主要有幾：

（一）以時代背景問題而言，兩漢老學極為興盛，又兩漢思想龐雜，自成一格。舉凡天人思想、黃老思想、養生思想、神仙思想、道教思想、陰陽五行思想等一起鎔鑄成兩漢思想的特色，因此在兩漢特殊思潮的影響下，勢必對《老子》的詮釋產生相當程度的影響，而在這樣的思潮影響下，《老子》又轉變成怎樣的面貌，這是筆者極感興趣的問題。因此本論文所欲解決的第一個基本面的問題為：兩漢《老子》注所在的時代，其社會、政治以及學術背景為何？這些因素對兩漢《老子》注之思想趨向產生怎樣的影響？

（二）以養生問題而言，本論文所欲解決的問題為：

1. 以養生之體系為基礎，探討兩漢《老子》注養生思想之淵源為何？
2. 以養生之體系為基礎，探討兩漢《老子》注養生之思想為何？
3. 以養生思想為焦點，探討兩漢《老子》注養生思想的特色為何？
4. 以養生思想為焦點，探討兩漢《老子》注思想變遷之軌跡為何？

第二節　研究方法與限制

一、研究方法

針對本文所欲解決的「時代背景」問題，本文擬採「歷史研究法」來解決，所謂「歷史研究法」，李雄輝先生曰：

> 歷史研究法在發現哲學家的思想根源和結果，而不是獲得他的思想

　　　自身，是發現「為什麼有這種思想」，「這種思想造成什麼結果」，而

　　　不是「這種思想是什麼」。〔註84〕

細言之，即從時代背景中，找出兩漢《老子》注養生思想發展的原因？以及
成仙思想發展的原因？

　　關於養生問題，其所牽涉之層面極為廣泛，席春生先生嘗言：

　　　中國傳統養生學，可以說是一部大百科全書，在中國歷史上，大凡

　　　哲學、中醫學、心理學、文學、史學、軍事、宗教、建築、術數學、

　　　自然科學、民俗學、藝術、武術等諸多學科，無不與養生學理論有

　　　著千絲萬縷的聯繫。〔註85〕

席先生之說法道盡中國養生問題之盤根錯節，因此欲研究養生問題，實有必
要確立一個研究的體系，體系確立之後，無論是研究本論文養生思想之淵源，
抑或是本論文本身之養生思想，以及養生思想之沿革等，皆能在繁雜的內容
中有其條理性的研究脈絡，而不致模糊了焦點。此外，對於諸多養生思想也
都能以相同的標準去檢視，而給予合理的評價。

　　欲確立養生之體系，首先必須了解「養生」二字之涵意。「養生」又名「攝
生」，「養生」一詞屢現於各種書籍，如《莊子‧養生主》云：「吾聞庖丁之言，
得養生焉」；《呂氏春秋‧節喪》篇亦云：「知生也者，不以害生，養生之謂也。」
〔註86〕其中的「養生」就指「保養身體，延年益壽」，在漫長的歷史發展過程
中，人們為了達到延年益壽的目的，通過不斷實踐，促使養生文化豐富發展，
形成了具有中華民族特色的完整理論和觀念。中國的養生理論以古代哲學和
傳統中醫理論為基礎，廣泛採用各種健身手段，汲取儒、道、佛及諸子百家
的思想精華及人民的智慧，成為世界醫學保健史上一朵奇葩，探尋養生思想，
挖掘養生文化，對於醫學保健的發展具有推動作用。〔註87〕

　　其次，「養生」之「生」，依據中國文化對「生命」的認知，則此「生」
乃包含物質之生命以及精神之生命，二者相輔相成，缺一不可。甚者，中國
傳統的養生學認為精神之生命具有主宰物質生命之作用，因此精神生命一旦

〔註84〕李雄輝：《哲學概論》（台北：五南 1989.2 初版），頁 14～16。

〔註85〕席春生編：《中國傳統道家養生文化經典》（北京：宗教文化 2004.10 初版第一
　　　刷）之總序，頁 1。

〔註86〕《呂氏春秋‧節喪》，〔漢〕高誘 注：《呂氏春秋》（台北：藝文印書館 1974.1
　　　三版），頁 224。

〔註87〕趙汝芬：〈試論老子的養生觀〉，《管子學刊》（第 2 期 2007），頁 90。

淪喪，物質之生命亦將隨之。是以養生之實踐，物質生命之養護只是基礎功夫，中國傳統養生學的終極目標，絕不會只是停留於物質生命而已，其最終的目標是要朝向精神生命的昇華，這也就是中國傳統養生問題離不開道德修養的原因，這種爲求物質形軀的延長，而注重道德涵養之作法，是東方哲學所特有的。關於「以德養生」的方法，學者蕭天石即嘗從儒釋道三家的養生法作過論述，蕭天石先生以爲從人生和養生的角度來看，三家的出發點都是從學做人開始。曰：

> 學道首在學爲人，學爲好人，學爲君子賢人。盡人所以爲人之道，使不與禽獸同生死，不與草木同朽腐，此即爲學道之起步，進而方可學仙學佛學聖人。修仙修佛修聖人，三者其名雖異而其旨則同，其文雖異而其道則同。本天道以立人道，盡人道以合天道，此爲三家人生修養之二大綱宗。〔註88〕
>
> 談到三家旨要，就人生和養生的觀點看，莫不是在教人「眞實本分做人」。……「眞實本分做人」，是儒釋道三家養生的頭腦所在。〔註89〕

儘管三家都以人生修養爲首要任務，但在內容、境界等方面的不同，也是顯而易見的。歸納「養生」二字的涵義，得出中國傳統對生命的認知，乃是身心合一、形神合一、性命合一。據此而延伸出來的養生方法，即是講求性命雙修，並通過調身、調氣、調心等手段，修煉人的精、氣、神，使之強身健體、袪疾防病、延年益壽、開發人的生命潛能的養生方法。〔註90〕

　　再者，談到關於養生問題，中西文化於此問題的思考方向，一開始即呈現極大的分歧，如果說西方哲學對養生的思考從一開始即在於有限的、可見的形軀；那麼中國哲學對養生問題的思考，在一開始即從有限的形軀跳躍至整個宇宙，也就是說，把人的問題納入整個宇宙來思考。因爲中國哲學家認爲人是宇宙的一部份，所以人的問題永遠不會只是人「個體」自己的問題，人的問題與整個宇宙的秩序息息相關，因此要解決人的養生問題就必須把整個宇宙都納入通盤的考量。於是基於這樣的思維，可知養生之問題勢必牽涉

〔註88〕蕭天石：《道家養生學概要》（台北：自由出版社 1975.6 三版），頁 361。

〔註89〕蕭天石：《道海玄微》（台北：自由出版社 1981.6 再版），頁 61～62。

〔註90〕席春生先生亦言：「中國傳統養生學，正是以性命之學爲靈魂的。」見席春生編：《中國傳統道家養生文化經典》（北京：宗教文化 2004.10 初版第一刷）之總序，頁 1。

到宇宙論，宇宙論的根源性思考，於是成為養生思想體系之重要基礎。具言之，以兩漢的老子學而言，所謂的宇宙論即指道論、氣論一類的理論。再進一步說，宇宙論的闡釋，除了有助於釐清人產生之由來、人身所構成的質素等，使人之養生有了根源性與基礎性的改善。再者，道家的宇宙本體，往往是集根源與目標於一身，所以宇宙論的提出，除了提供養生的方法論外，同時也揭示了養生的階段性目標，乃至於終極之目標。

此外，養生是中國哲學的一大特點，這個特點西方少見。其次，中西方在認知判斷上不同。西方以「感性、知性、理性」為其認知判斷；而中國則以「陰陽變化，合而成章」為其認知判斷，前者所得結果單一、精確、死板，後者所得結果綜合、鮮活、生機勃勃。三是老子「為學日益，為道日損」提出了世俗經驗知識和修道知識的兩種不同方向，佛家稱俗諦與真諦，〔註91〕這些都影響中國哲學養生議題的思維，與養生方法的提出大不相同。

透過以上的論析，大致擬出養生之體系有幾：

甲、在養生思想的「基礎」上，須從宇宙論開始說起。具言之，就研究體系來說，則包含宇宙本根〔註92〕、宇宙生成〔註93〕等；就研究範疇來說，則包含道論、氣論一類的理論。

乙、在養生思想的「生命觀」上，一方面須順著其宇宙論談人身之形成，人與萬物之別，以及人在宇宙中的位置；另一方面則須談人身之物質與精神，即形與神（性與命）的雙重結構，以及形神之間的關係。

丙、在養生的「方法」上，則依人身之形神（性命）雙重結構，談形神（性命）之雙修。

丁、在養生的「境界」上，則先從其理想人格談起，之後再從宇宙論中，談人與宇宙之契合關係，而由人回歸於宇宙秩序中，而完成宇宙人生的圓滿。

〔註91〕 游建西：〈論老莊養生哲學〉，《宗教學研究》（第 1 期 2006），頁 17。

〔註92〕 余雄：「宇宙中之最究竟者，古代哲學中謂之『本根』。」《中國哲學概論》（台北：源成文化 1977.12.15 初版），頁 41。

〔註93〕 生成論，或云宇宙論，或云大化論。余雄先生解釋「大化論」云：「關於宇宙歷程之內容之研究，亦即關於變化與其規律之研究。……大化即宇宙之整個的變易歷程之義。」余雄：《中國哲學概論》（台北：源成文化 1977.12.15 初版），頁 115。

二、研究限制

　　承前所論，養生思想爲一綜合性質的學科，其牽涉極廣。如前文所擬定養生思想之體系中之宇宙論，本身即是一龐大而難解的問題，即便用一本論文也難道盡其全幅意義，更遑論本論文只用一個章節來談，因此疏漏的狀況也在所難免。

　　再者，某一學術之發展，必有其源流。中國養生思想源遠流長，《路史》中即記載：

> 陰康氏時，水瀆不疏，江不行其原，陰凝而亦閟，人既鬱於内，媵理滯著而多重膇，得所以利其關節者，乃制爲舞，教人引舞以利導之，是謂大舞。〔註94〕

所謂「教人引舞以利導之」之意，是說教人藉著舞動身體來導引關節中鬱積之陰氣。又《尚書》時代亦有以「氣」運功養生的說法，此外戰國時出現的〈行氣玉佩銘〉中

> 行气深則蓄。蓄則伸，伸則下，下則定，定則固，固則萌，萌則長。長則退，退則天。天幾春在上，地己春在下，順則生，逆則死。〔註95〕

〈行氣玉佩銘〉此段，也在談行氣導引的養生之術。再者，先秦下至兩漢道家、黃老家對養生思想多有闡發，綜言之，前代關乎養生之說法不勝枚舉，欲含括所有養生思想作源流上的梳理，在實際作法上有其困難，且將導致論文重心的偏頗，故本論文僅就部分關係較爲密切之道家養生思想作思想上之繫連。再者，即便是擇選某些養生思想作爲思論上的繫連，也因爲礙於篇幅的限制，只能舉其大要，而未能盡其全貌。

　　其三，中國哲學的特殊性在於其並非純粹的思辨，而是一門講求理論與實踐並重的哲學，而養生思想亦是如此，它必須透過理論的認知以及實踐的體會，方能迫近其思想的精髓奧妙。筆者在養生理論上恐怕已無法善盡其妙，更遑論在實踐上養生思想那種天人密契、宇宙人生和諧圓滿的境界，恐怕更是可望而不可即。

〔註94〕張榮明：《中國古代氣功與先秦哲學》（台北：桂冠 1992 初版），頁 30～33。
〔註95〕以上此段資料轉引自日人前川捷三：〈甲骨文、金文中所見的氣〉一文，該文收錄於小野澤精一等所編：《氣的思想》（上海：人民 1970 年 7 月初版），頁 15～16。

　　其四，兩漢《老子》注中，除《河上公注》是完整本子外，其餘如《指歸》與《想爾注》皆是殘本，其中《指歸》只餘「德經」，而《想爾注》只餘「道經」第三章至第三十三章，因此在許多章節上，無法將三家注一體攤開作比較，這自然也會使研究受到文本的限制。

第三節　文獻探討

　　關於兩漢《老子》注養生思想之研究，其相關之資料大約有幾：其一為兩漢《老子》注本身的相關資料。其二為「養生論」、「養生思想」的相關資料。其三為兩漢所處之時代之相關史料、思想。其四則為「宇宙論」、「生成論」、「生命觀」之相關資料。其五為《老子》之相關資料。其六為道教之相關資料。其七為道家之相關資料。

　　關於第一類的資料，在專書方面，《老子指歸》有王德有點校之《老子指歸》〔註96〕王德有先生利用現存版本對該書進行了全面整理，又從歷代 50 餘種《老子》注本中鉤稽出引《指歸》文者 200 餘處，並加上詳細注釋和白話翻譯，著成《老子指歸譯注》，實是老莊愛好者的福音。《老子河上公注》有王卡點校之《老子道德經河上公章句》〔註97〕，宋・呂祖謙重校：《音注河上公老子道德經》〔註98〕鄭成海的《老子河上公觀理》〔註99〕、《老子河上公注疏證》；〔註100〕在《老子想爾注》則有饒宗頤的《老子想爾注校證》〔註101〕、顧寶田、張忠利的《新譯老子想爾注》〔註102〕。這些專書對於原典之注釋、校疏，有樹立兩漢老子學基礎之功。至於論文方面，台灣師大劉為博之《嚴遵之《老子指歸》研究》，對《老子指歸》之道論與人論有概要的說明。輔大王清祥所著之《老子河上公注研究》，該論文闡述了《河上公注》之天道、地

〔註96〕王德有點校：《老子指歸》（北京：中華書局 1994.3 初版一刷）。

〔註97〕王卡所點校之《老子道德經河上公章句》（北京：中華書局 1993.3 初版），主要以四部叢刊影印鐵琴銅劍樓藏建安虞氏刊本為底本，並以敦煌唐寫本、道藏諸本、天祿琳琅叢書影宋本、唐宋典籍中引述為校本，本論文所引用之《老子河上公注》原文，主要引自該書。

〔註98〕〔宋〕呂祖謙 重校：《音注河上公老子道德經》（台北：廣文 1990.9 四版）。

〔註99〕鄭成海：《老子河上公注觀理》（台北：台灣中華 1970.3 初版）。

〔註100〕鄭成海：《老子河上公注疏證》（台北：華正書局 1978.7 初版）。

〔註101〕饒宗頤：《老子想爾注校證》（上海：上海古籍 1991.11 初版一刷）。

〔註102〕顧寶田、張忠利：《新譯老子想爾注》（台北：三民書局股份有限公司 1997.1 初版）。

道、人道、神道思想，其說頗能彰顯《河上公注》之宗教神祕之內涵。而台大江佳倩所著：《老子河上公注思想考察》，該論文以老學史的角度切入，分作氣本論、養生論、治國論，剖析《河上公注》之思想，間及當代陰陽五行及黃老思想。此後又有華梵東方人文思想所莊曉蓉之《身國一理的《老子河上公章句》》，其於《河上公注》之形軀，如五臟之神、九竅四關、鼻口之門，以及精氣神，如氣、精氣、精、神、精神、神明等生命觀別有深述。輔大哲學所林宣佑之《兩漢《老子》注中之「道論」研究——以《河上公注》、《指歸》、《想爾注》為論》，於漢代老學之沿革與發展，有歷史性的說明。另外，東海大學劉榮賢之《《老子河上公注》思想探究》也闢有專章探討《老子河上公注》之養生觀。

　　關於養生與生命觀方面的專書，在養生方面，筆者注意到前新培金之《嚴新氣功》〔註103〕以實踐的角度去試著闡述道家、道教養生之祕法，頗能彌補一般書籍在理論之餘的不足。而戈國龍之《道教內丹溯源》〔註104〕對於中國古代傳統的養生法有追本溯源之功。至於楊玉輝先生以其醫學之深厚背景，所著之《道教人學研究》〔註105〕，也提供了思考養生問題的另一個觀點。在生命觀方面，蔡璧名之《身體與自然——以《黃帝內經素問》為中心，論古代思想傳統中的生命觀》〔註106〕與楊儒賓：《中國古代思想中的氣論及身體觀》〔註107〕也是極具代表性的書籍。至於其他類別之學位論文、期刊論文等，極為豐富，不一而足，故此略而不論。

〔註103〕前新　培金：《嚴新氣功》（人民體育 1995.2 初版第五刷）。

〔註104〕戈國龍：《道教內丹溯源》（北京：宗教文化 2004.6 初版一刷）。

〔註105〕楊玉輝：《道教人學研究》（北京：人民 2004.12 初版一刷）。

〔註106〕蔡璧名：《身體與自然——以《黃帝內經素問》為中心，論古代思想傳統中的生命觀》（台北：台大文學院 1997 初版）。

〔註107〕楊儒賓：《中國古代思想中的氣論及身體觀》（台北：巨流 1997.2 初版）。

第二章　兩漢《老子》注之時代背景

　　蓋影響思想的因素大抵分作兩方面，一是外因，二是內緣。外因所指爲社會政治生態；內緣所指爲思想風潮。

　　道家思想在漢代儒術獨尊的政策下，遭受重大打擊，但它並未被取代，也未曾消絕，一直以頑強的學術活力，作爲一股強勁的暗流，與儒家對峙，不少人仍研習《老子》，從《老子》中汲取靈感和智慧。至西漢末，由於社會亂象的急劇深化，政治危機的日益深重，外戚逐漸執掌政權，權力傾軋慘烈，致使政局動盪，朝政腐敗。在此情況下，諸多有識之士，即以《老子》爲歸宿，從中尋找精神寄託和理論武器，以發揮《老子》義理爲手段，表達自己對現實的看法，寄託自己的人生情懷。嚴君平的《老子指歸》就是產生於這一時期並流傳至今的代表作。從西漢末以至東漢，隨著道家思想在朝廷的失勢，於是轉而向民間發展，並汲取民間養生方術，以及宇宙氣化、神仙等思想，面貌丕變，如《河上公注》即是。時至東漢末，朝廷中外戚與宦官在權力上的爭軋不休，民間也因爲各種天災人禍頻繁，而使民生陷入困境，在此情形下，人們在心靈上亟需撫慰，於是長期在民間發展的道家思想，結合宗教數術，轉型爲宗教，《想爾注》即是揭示道教形成的重要典籍。

第一節　政治社會背景

　　道家思想隨著漢朝政治形勢和社會思潮的變化而呈現出不同的面貌。因此，欲深入了解兩漢《老子》注深刻內涵，有必要就蘊育兩漢《老子》注的時空背景，作一簡述。茲將兩漢政治社會背景，分作西漢初期、西漢後期、東漢時期三個時期作簡述。

一、西漢初期：休養生息，國力大增

　　漢初朝廷大抵採取休養生息，清靜無為，以及「形名相實」的基本統治方針。探究西漢初年國君普遍採取黃老治術的原因有幾：一、就經濟面來說，經秦末戰亂，社會一片瘡痍，民生凋弊，《漢書・食貨志》即載：

> 漢興，接秦之敝，諸侯並起，民失作業，而大饑饉。凡米石五千，
> 人相食，死者過半。高祖乃令民得賣子，就食蜀漢。天下既定，民
> 亡蓋藏，自天子不能具醇駟，而將相或乘牛車。上於是約法省禁，
> 輕田租，什五而稅一，量吏祿，度官用，以賦於民。〔註1〕

社會經濟的貧弱狀況使統治者必須放寬刑罰，減少租稅，發展農業生產。二、就政策面來說，人們深刻反省秦亡的原因，在於施行苛法酷政，刻薄寡恩。而黃老治術是法家政治思想與道家思想的合流，剛柔相濟，〔註2〕正是最適宜的治術。其三，就精神面來說，東周自春秋以來，戰爭不斷，《左傳・昭公二十八年》即云：「昔武王克商，光有天下，其兄弟之國者，十有五人；姬姓之國者，四十人。」〔註3〕時至戰國，七雄仍征戰不息。經過五六百年的動亂之後，緊接著又是長達四年的楚漢相爭，將過長期的爭戰，人心思定，亟須休養生息，以恢復生機活力。

　　基於這樣的社會政治背景，從西漢初年開始，帝王皆從黃老治術以治民。漢高祖實行「與民休息」的政策，在經濟上採取了一系列措施，如壓抑商賈，課以重稅，建立制度，提倡儉樸等。在法制上，因襲秦制，而刪其苛法。《漢書・刑法志》說：

> 漢興，高祖初入關，約法三章曰：「殺人者死，傷人及盜抵罪。」蠲
> 削煩苛，兆民大說。其後四夷未附，兵革未息，三章之法不足以禦
> 姦。於是，相國蕭何捃摭秦法，取其宜於時者，作律九章。〔註4〕

蕭何死後，曹參擔任宰相，無為而治，不再有所增添。《史記・曹相國世家》說：

〔註1〕〔唐〕顏師古 注：《漢書》（新校本廿五史）（台北：史學出版社 1974.5 台北影印一版），頁 1127。

〔註2〕關於黃老學說的性質，學界有不同意見。有的學者認為，「漢初黃老思想的政治實質是法家思想」，「其特點可歸結為刑德並用」見金春峰：《漢代思想史》（北京：中國社會科學出版社 1997.12 第二版第一刷），頁 49。

〔註3〕〔清〕陸費逵 總勘：《春秋左傳正義》（四部備要本）（台灣：中華 1966.3 台一版）。

〔註4〕〔唐〕顏師古 注：《漢書》（新校本廿五史）（台北：史學出版社 1974.5 台北影印一版），頁 1096。

參之相齊，齊七十城。天下初定，悼惠王富於春秋，參盡召長老諸
生，問所以安集百姓，如齊故諸儒以百數，言人人殊，參未知所定。
聞膠西有蓋公，善治黃老言，使人厚幣請之。既見蓋公，蓋公爲言
治道貴清淨而民自定，推此類具言之。參於是避正堂，舍蓋公焉。
其治要用黃老術，故相齊九年，齊國安集，大稱賢相。〔註5〕

曹參聽從蓋公之言，以黃老治術安集齊國，後來更將黃老之學推而廣之，
用於全國。其治國之道據《史記·曹相國世家》中曹參自言爲：「且高帝與
蕭何定天下，法令既明，今陛下垂拱，參等守職，遵而勿失，不亦可乎？」
〔註6〕如此看來，曹參的治國之道其實就本於「清靜無爲」，因襲前制，蕭
規曹隨。

到了漢文帝，《史記·儒林列傳》說：「孝文帝本好刑名之言。」〔註7〕於
是文帝在政治上內施「刑名」以削弱諸呂以及劉氏諸侯權力，以鞏固政權。
又外行「黃老」，「清虛守靜」，以退爲進，以靜制動。在經濟上，採取重農抑
商策略，認爲：「農，天下之大本也，民所恃以生也，而民或不務本而事末，
故生不遂。」〔註8〕果然，經文、景二帝的「談臥三年」，政經皆有長足進步，
而在西元前154年，平定「七國之亂」。

經漢初至文帝二十餘年休養生息，漢朝政權得以鞏固，經濟得以恢復，
國家漸趨太平，並締造漢初繁榮富庶、國庫充足的盛世——「文景之治」。

二、西漢後期：外戚專政，盛極而衰

繼文景之後，武帝即位，因竇太后，喜黃老之術，因此武帝初亦奉行黃老，
待竇太后辭世後，武帝採納董仲舒之建議，大舉的改弦易轍，創立年號，詔舉
賢良，罷黜百家，獨尊儒術，立五經博士，儒家思想在政治庇蔭下，取得獨尊
地位。武帝的改革使漢代經濟發展進入顛峰，又外征匈奴，文治武功，盛極一
時。但武帝後期卻由盛而衰，危機四伏。漢昭帝和漢元帝之間，社會危機已由
隱而顯。當時正值氣候進入由暖而寒的劇烈變遷時期，有關氣候異常的記載屢

〔註5〕瀧川龜太郎編：《史記會注考證》（台北：宏業1990.10.15再版），頁782。
〔註6〕瀧川龜太郎編：《史記會注考證》（台北：宏業1990.10.15再版），頁783。
〔註7〕瀧川龜太郎編：《史記會注考證》（台北：宏業1990.10.15再版），頁1254。
〔註8〕《漢書·文帝紀》，〔唐〕顏師古 注：《漢書》（新校本廿五史）（台北：史學
　　　出版社1974.5台北影印一版），頁118。

屢出現。〔註9〕由於氣候異常導致自然災害接連不斷，也使得天人感應、陰陽災異之說愈發流行。人民認為「帝王之將興也，其美祥亦先見；其將亡也，妖孽亦先見，物固以類相召也。」〔註10〕氣候和節氣的正常與否對當時之人有著更多社會政治的意味，它們是社會秩序正常、和諧與否的指標。〔註11〕

其次，元帝之時，豪族勢力急劇擴張，在經濟上兼併土地，在社會上造成貧富不均，豪族更挾著經濟上的優勢，左右政局。如兩漢之際的河北地區豪族，表現出強力、財富、宗族、權力的結合，宗族性、強力性、世官性、大地產性的特徵。〔註12〕王莽新朝的建立與敗亡，與河北豪族有著極其密切的關係，〔註13〕劉秀在群雄相競中奪得天下，也是得到了河北豪族的支持。

此外，西漢後期，外戚問題愈形嚴重。宣帝在民間時，本倚賴許廣漢兄弟和祖母家史氏，即位之後，霍光秉政，與宣帝頗有衝突，待宣帝親政，遂大量任用許史兩家，於是任用外戚，成為政治上的習慣。元帝即位，權力即落入皇后王政君手中，此後的幾位皇帝或年幼，或懦弱無能，根本無法處理政事，《漢書·王商史丹傅喜傳》贊云：

> 自宣、元、成、哀，外戚興者許、史、三王、丁、傅之家，皆重侯累將，窮貴極富，見其位矣，未見其人也。陽平之王多有材能（元帝后父王禁封陽平侯，好事慕名，其事尤盛，曠貴最久，然至於莽，亦以覆國。王商有剛毅節，廢黜以憂死，非其罪也。史丹父子相繼，高（史高）以厚重，位至三公，丹之輔導副主，掩惡揚美，傅會善意，雖宿儒士，無以加焉。及其歷房闥，入臥內，推至誠，犯顏色，動悟萬眾，轉移大謀，卒成太子，安母后之位，無言不讎，終獲忠貞之報。傅喜守節不傾，亦蒙後凋之賞，哀平際會，禍福速哉。〔註14〕

〔註9〕 史懷剛、南金花：〈京房易學的目的——以漢代的政治經濟、自然、科學為背景〉，《蘭州學刊》（第10期，總第169期2007），頁163。

〔註10〕 董仲舒：《春秋繁露·同類相動》，蘇輿 撰·鍾哲 點校：《春秋繁露義證》（北京：中華書局1992.12第一版第一刷），頁358～359。

〔註11〕 史懷剛、南金花：〈京房易學的目的——以漢代的政治經濟、自然、科學為背景〉，《蘭州學刊》（第10期，總第169期2007），頁163。

〔註12〕 崔向東：〈河北豪族與兩漢之際的社會政治〉，《河北學刊》（第二十二卷第一期2002.1）之摘要，頁127。

〔註13〕 余英時：〈東漢政權之建立與士族大姓之關係〉，《士與中國文化》（上海：上海人民出版社1987.6第一版第一刷），頁232～236。

〔註14〕 《漢書·王商史丹傅喜傳》，〔漢〕班固：《前漢書》（四部備要本）（台灣：中華書局據武英殿本校刊1984.8台三版）。

上述史家、許家、三王、丁家、傅家等，是西漢晚期宣帝、元帝、成帝、哀帝的外戚，從上文可知，這些外戚因爲攀附后妃的裙帶關係，享受安富尊榮，握有權柄。外戚中那些具有材能，潔身自愛，以氣節自屬者，或許可以輔佐朝政，對王朝的安定提供安定力量；然而另一些不學無術者，或生活豪華奢侈，或玩弄權柄，不免造成人民的反感，而遭來禍患。而有心之士甚至覬覦王位，篡位爲王。以王莽爲例，王政君在西漢先後憑藉太后和太皇太后身份掌控政權近五十年，當政期間，大肆提拔外戚，成帝即位後，王莽即挾王政君權勢，先後封大司馬、安漢公、宰衡、居攝。當時王氏子弟「分據勢官，滿朝廷……郡國守相刺史皆出其門」。〔註15〕平帝即位後，政局由王莽一手控制，史稱「政自莽出」，平帝崩殂，王莽「惡其（嗣皇位者）長大」，改立宣帝年僅二歲的玄孫劉嬰爲帝，實際仍由王莽行使實權。王莽後來甚至起了取漢家天下而有之的野心，終於在西元 8 年，自立爲帝。

三、東漢時期：外戚干政，宦官亂政

　　東漢建立後，由於光武帝早年曾於太學修習儒學，深知經學於封建政教的重要，因此重視儒術，《後漢書・儒林列傳》即記載：「及光武中興，愛好經術，未及下車，而先訪儒雅，採求闕文，補綴漏逸。」〔註16〕光武帝還招攬名儒到朝廷任職，於是因躲避戰亂而散居林間的儒士「莫不抱負墳策，雲會京師，范升、陳元、鄭興、杜林、衛宏、劉昆、桓榮之徒繼踵而集。」〔註17〕光武帝以儒術爲治國的方針，使東漢士人格外重視「氣節」，但同時也埋下東漢末「清議」、「黨錮」之悲劇。

　　東漢外戚之禍是西漢外戚之禍的延續，外戚問題至東漢更形嚴重，《後漢書・后紀上・序》即云：「東京皇統屢絕，權歸女主，外立者四帝，臨朝者六后，莫不定策惟簾，委事父兄，貪孩童以久其政。」〔註18〕且東漢政治自和帝始，直至靈帝止，宦官、外戚間的鬥爭不斷。靈帝死後，宦官殺了外戚何進，豪族袁紹起來把宦官一網打盡，鬥爭才告結束，但東漢政權已搖搖欲墜。東漢宦官外戚鬥爭，大體可以分兩個階段。從和帝到桓帝初是第一個階段。

〔註15〕《漢書・元后傳》，〔漢〕班固：《前漢書》（四部備要本）（台灣：中華書局據武英殿本校刊 1984.8 台三版）。
〔註16〕〔南朝宋〕范曄：《後漢書》（台北：新陸 1964.元），頁 933。
〔註17〕〔南朝宋〕范曄：《後漢書》（台北：新陸 1964.元），頁 944。
〔註18〕〔南朝宋〕范曄：《後漢書》（台北：新陸 1964.元），頁 114。

在這一階段，外戚佔盡優勢。桓帝到靈帝死，是第二階段，這一階段，宦官先佔優勢，但最後卻是徹底失敗。在第一階段中，宦官外戚有四次顯著的大鬥爭。第一次是宦官協助和帝同外戚竇憲的鬥爭。這是宦官外戚鬥爭的第一個回合，最後宦官勝利，宦官自此開始在政治上弄權。第二次是安帝和宦官同外戚鄧氏的鬥爭。這一回合，宦官李閏等告鄧氏曾謀廢立，於是鄧氏宗族皆免官，鄧騭自殺。第三次是順帝和宦官孫程等同外戚閻顯的鬥爭。這一回合，閻顯等皆下獄被殺。孫程等十九人皆封侯。宦官的勢力，自此大盛。第四次是桓帝和宦官單超等同外戚梁冀的鬥爭。這一回合，在桓帝親政之後，桓帝使宦官單超，徐璜等合謀誅殺梁冀。沒收梁冀財為，合三十餘萬萬。單超、徐璜五人同日封侯。〔註 19〕

桓帝以後，是宦官在政治上佔盡優勢。桓帝、靈帝時，儒生、士人根據儒家經學的政治理想和價值標準，品評人物，議論國事，刮起了一股波濤洶湧的「清議」之風。他們攻擊宦官弄權，要求改革。他們得到了朝臣和外戚的支援。宦官也不甘示弱，發動反擊，誣衊他們，圖謀不軌，意圖推翻朝廷，將他們逮捕、打殺、下獄，或禁錮終身永不得作官，此事發生於桓帝延熹九年（西元 166 年），史稱黨錮之禍。〔註 20〕三年之後，靈帝時的第二次黨錮又漫延十六年之久，期間被誅殺的官僚士族、郡國生徒數以千計。對此，何茲全即評述道：皇帝採取殘酷手段來迫害那些忠實於正統的經學家，此舉完全背叛自己所標舉的經學，也使社會政治危機日益失控，加速了自己的滅亡。〔註21〕此番評論，雖道盡事實，但也諷刺意味十足。待東漢末黃巾亂起，王室已毫無招架之力，後來雖然由地方世家豪族把黃巾起義鎮壓下去，東漢政權也已瀕臨墜亡了。

分析東漢宦官、外戚亂政的原因有幾：一是皇帝的年幼。東漢的皇帝，自章帝以下，都是年幼即位。和帝即位時十歲，安帝十三歲，順帝十一歲，沖帝二歲，質帝八歲，桓帝十五歲，靈帝十二歲，獻帝九歲。因為皇帝年幼，故多女后臨朝。女后臨朝，故多依靠外戚。待皇帝年歲稍長，便欲奪回政權，於是聯合宦官，一起對抗外戚，遂演變成宦官和外戚的爭鬥。原因之二是皇權和豪族間的政治鬥爭。自秦始皇，終西漢一代，皇帝為打壓豪族，一般都

〔註 19〕何茲全：〈東漢宦官和外戚的鬥爭〉，《文史知識》（第 4 期 1983）。
〔註 20〕何茲全：〈東漢宦官和外戚的鬥爭〉，《文史知識》（第 4 期 1983）。
〔註 21〕余敦康：《易學今昔》（桂林：廣西師範大學出版社 2005），頁 189。

執行列管豪族的政策。武帝時，主父偃的一段話最足以說明西漢皇帝徙豪富于關中的用意。他說：「天下豪桀兼併之家，亂眾民，皆可徙茂陵，內實京師，外銷姦猾，此所謂不誅而害除。」〔註22〕（《漢書·主父偃傳》）然而，皇權對豪族的打擊，並未使世家豪族勢力衰歇。相反地，由於社會制度，土地兼併，使得世家豪族勢力更加滋長。更何況東漢外戚多出於世家豪族，如章帝竇皇后和竇憲出自河西竇氏，和帝鄧皇后和鄧騭出自光武時開國元勳鄧禹，官大司徒；順帝梁皇后和梁冀出自河西世家豪族梁統。因此宦官、外戚之爭，反映出皇權和世家豪族的鬥爭。宦官是皇權的代表，世家豪族則是外戚的代表。

　　隨著政治上宦官、外戚的亂政，社會民生又呈現出怎樣的景況呢？羅彤華以流民為焦點，探討兩漢的社會問題，他以為流民問題一直以不同層度困擾著兩漢，歸其原因有：脆弱的小農經濟、賦稅繁重、盜寇侵擾、徭役擾民、吏治不良、豪強欺壓，以及災荒頻仍等因素，〔註23〕輔以正史的記載，情況確實如此，《漢書》即載兩漢之際，中原動亂，「百姓困乏，流離道路」〔註24〕，小民流移，往往避亂江南。〔註25〕雖然政府也採取若干解決措施，諸如振興農業、減免賦稅與徭役、稟貸與救荒措施、強化吏治、移徙政策，〔註26〕加以興修水利，使社會秩序漸趨穩定，長期逃亡的人口多回到故鄉，重整家園，到漢明帝時為東漢時期最富庶、最安定的時期。東漢後期，連年水旱災異，郡國多被饑困，饑荒之餘，人庶流迸，家戶且盡。永初初年實行「尤困乏者，徙置荊、揚孰郡，既省轉運之費，且令百姓各安其所」〔註27〕的政策，即說明民間流徙的大致方向，正是荊、揚孰郡。東漢末年劇烈的社會動亂，使得「民人流亡，百無一在」〔註28〕，再一次激起以江南為方向的流民運動。《三

〔註22〕〔唐〕顏師古 注：《漢書》（新校本廿五史）（台北：史學出版社 1974.5 台北影印一版），頁 2082。
〔註23〕羅彤華：《漢代的流民問題》（台北：台灣學生 1989.12 初版），頁 71～175。
〔註24〕《漢書·王莽傳下》，〔漢〕班固：《前漢書》（四部備要本）（台灣：中華書局據武英殿本校 刊 1984.8 台三版），頁 16。
〔註25〕王子今：〈漢代「亡人」、「流民」動向江南地區的經濟文化進步〉，《湖南大學學報》（社科版）（2007.5），頁 30～35。
〔註26〕羅彤華：《漢代的流民問題》（台北：台灣學生 1989.12 初版），頁 177～228。
〔註27〕《後漢書·樊宏列傳》，〔南朝宋〕范曄：《後漢書》（台北：新陸 1964.元），頁 503。
〔註28〕《三國志·董卓傳》，〔晉〕陳壽：《三國誌》（武英殿版）（台北：新陸 1964.元），頁 78。

國志・吳書・張昭傳》:「漢末大亂,徐方士民多避難揚土。」〔註 29〕《三國志・魏書・華歆傳》注引華嶠《譜敘》:「是時四方賢大夫避地江南者甚眾。」〔註 30〕《三國志・魏書・衛覬傳》也說:「關中膏腴之地,頃遭荒亂,人民流入荊州者十萬餘家。」〔註 31〕《三國志・吳書・全琮傳》也有「是時中州士人避亂而南」〔註 32〕的記載。《三國志・魏書・劉馥傳》也說,士民南流,多「避難揚土」,「避亂揚州」〔註 33〕。東漢時樂府,收集了一部分民間歌謠,在〈戰城南〉一篇中,有這樣詩句:「戰城南,死郭北,野死不葬鳥可食。」〔註 34〕在〈悲歌〉一篇中,也有這樣幾句:「欲歸家無人,欲渡河無船,心思不能言,腸中車輪轉。」〔註 35〕王粲的〈七哀詩〉:「西京亂無象,豺虎方遘患。復棄中國去,委身適荊蠻。親戚對我悲,朋友相追攀。出門無所見,白骨蔽平原。路有饑婦人,抱子棄草間。顧聞號泣聲,揮涕獨不還。未知身死處,何能兩相完?驅馬棄之去,不忍聽此言。南登霸陵岸,回首望長安。悟彼下泉人,喟然傷心肝。」〔註 36〕可見當時大眾,普遍生活都處在水深火熱之中,這些詩句正是東漢末人民痛苦生活的最佳寫照,也由於社會政治的動亂,人民生活極度苦,極需要精神上的安慰,這為東漢道教的興起,提供有利的背景因素。

第二節　學術思想背景

　　每一時代都有其獨特之時代風尚,影響所趨,使得當代作品都有共同之呼聲。以兩漢學術思想背景而言,承襲先秦思想之餘緒,仍以儒道兩家思想

〔註 29〕　《三國志・吳書・張昭傳》,〔晉〕陳壽:《三國誌》(武英殿版)(台北:新陸
　　　　　1964.元),頁 520。
〔註 30〕　《三國志・魏書・華歆傳》,〔晉〕陳壽:《三國誌》(武英殿版)(台北:新陸
　　　　　1964.元),頁 172。
〔註 31〕　《三國志・魏書・衛覬傳》,〔晉〕陳壽:《三國誌》(武英殿版)(台北:新陸
　　　　　1964.元),頁 259。
〔註 32〕　《三國志・吳書・全琮傳》,〔晉〕陳壽:《三國誌》(武英殿版)(台北:新陸
　　　　　1964.元),頁 591。
〔註 33〕　《三國志・魏書・劉馥傳》,〔晉〕陳壽:《三國誌》(武英殿版)(台北:新陸
　　　　　1964.元),頁 198。
〔註 34〕　〔清〕沈德潛:《古詩源》(台北:時代書局 1975.1 台一版),頁 71。
〔註 35〕　黃節:《漢魏樂府詩風箋》(台北:學海出版社 1990.9 三版),頁 168。
〔註 36〕　〔清〕沈德潛:《古詩源》(台北:時代書局 1975.1 台一版),頁 133。

為學術主流。然而，自戰國末以來，學術由分走向合，各家皆有融合的趨向，如韓非子，《史記》稱其：「喜刑名法術之學，而歸其本於黃老。」〔註 37〕再者，戰國末呂不韋集門下食客所著之《呂氏春秋》，內容龐雜，無法以任一家概括，《漢書·藝文志》歸之於雜家之作。此種學術融合之風至西漢初仍方興未艾，西漢初如《淮南子》、《春秋繁露》亦皆融合多家思想。因此，從漢代開始所見儒道面貌已與先秦有所不同，以道家而言，漢人所謂道家其實已是融合法、名家思維的「黃老道家」，即便是《史記》中司馬談所認知的道家，也非先秦道家，而是黃老道家，勞思光先生即說：「漢代人心目中之『道家』之學，並非『以超離之靜觀為歸宿』之哲學，……蓋取老子形上觀念與韓非以下之『黃老之術』雜揉而成。」〔註 38〕鄭燦山也認為漢人所認知的道家，實與先秦道家有極大的差距，應屬合治身、治國於一的黃老道家。〔註 39〕此外，儒道融合的情形，亦時有所見，如從《老子指歸》中，我們可以看到道儒的進一步融合，這是漢代道家思想發展的一種趨向。〔註 40〕以儒家而言，漢代儒家思想融入陰陽、讖緯、災異、天人感應等思維，富有宗教性的神秘氣息。因此，此處論兩漢之學術思想背景，仍以儒道兩家為核心，並兼論時代風氣影響下之相異面貌。

一、黃老思想

「黃老」之並稱雖始於《史記》，然早在戰國末，已有齊稷下先生學「黃老道德之術」，《史記·孟子荀卿列傳》說：「慎到，趙人。田駢、接子，齊人。環淵，楚人。皆學黃老道德之術。」〔註 41〕郭沫若就說黃老之學，「事實上是培植於齊，發育於齊，而昌盛於齊。」〔註 42〕戰國時的齊國，認為自己的高祖是黃帝。因此在齊國稷下學宮，形成了一個以標榜黃帝、老子之術的稷下

〔註 37〕 《史記·老子韓非列傳》，瀧川龜太郎：《史記會注考證》（台北：宏業 1990.10.15 再版），頁 835。

〔註 38〕 勞思光：《新編中國哲學史》（台北：三民書局 1996.3 增訂八版），頁 106。

〔註 39〕 鄭燦山：〈老子河上公注長生思想析論〉，收錄於《孔孟學報》（第七十七期 1999.9），頁 177。

〔註 40〕 張運華：〈《老子河上公章句》與道家思想的世俗化〉，《江西社會科學》（第 8 期 1997），頁 13。

〔註 41〕 《史記·孟子荀卿列傳》，瀧川龜太郎：《史記會注考證》（台北：宏業 1990.10.15 再版），頁 921。

〔註 42〕 郭沫若：《沫若文集》（北京：人民文學出版社 1963）卷十五，頁 159～160。

學派。黃老之學的學說內容，過去不甚清楚。郭沫若在其《宋尹文遺著考》中，從《管子》一書，考證出〈心術〉、〈內業〉是宋榮子的著述，而〈白心〉出於尹文子，他們的著述，既見「黃老意」，也有「名家言」。〔註43〕總之，這些稷下先生結合黃帝、老子，完成以黃帝為思想號召，並轉化老子思想以為治國之用，原則上是將老子學說轉化為控制臣下的權謀之用。

關於黃老思想的特色，學者對此各有不同說法，若據司馬談說法，黃老思想乃是「因陰陽之大順，采儒、墨之善，撮名、法之要」〔註44〕，此言黃老思想擷取陰陽、儒、墨、名、法各家的優點於其中。馮友蘭則說黃老思想特點為：一是治身，一是治國，而治國治身是一個道理。〔註45〕金春峰認為黃老思想的特點為：一、「道、天、理的思想」；二「辯證法思想」；三、「刑德思想」；四、「刑名法術思想」。〔註46〕陳麗桂認為戰國、秦漢時代的黃老思想，或「因道全法」，強調尊君，或由養生之道以論治國之理，都用「精氣」去詮釋「道」，而大談形神修養問題。〔註47〕丁原明《黃老學概論》概括的說「黃老學」的特點有三：一是「道論」（氣化論或規律論）；二是「虛無為本，因循為用」的「無為」論；三是在對待百家之學上「采儒墨之善，撮名法之要」，並且認為黃老學究是圍繞著「道」與治國、治身為中心的問題而展開的，說：「『黃老學』就是在老莊原始道家之外所興起的以『道』為究竟，而兼取百家之學的治國、治身學說。」〔註48〕曾春海也說：黃老之術是關於修身、養生和治政方術。〔註49〕總結上述說法，在體用上，則黃老以形上之道為「體」，並將它闡發為治國、治身之「用」。在學術上，兼容各家之長以為已用。在具體內容上，以虛無、因循為根本，重法度、時變、順勢、形名、尊卑、節儉等，又不排斥仁、義、禮、智的具體內容；再培養出重人貴生，調攝形神的思想。由此看來黃老思想兼具多個面相，難怪司馬談要說它是「無所不宜」了。

〔註43〕於東新：〈略論漢初的黃老之學與儒學〉，收錄於《廊坊師範學院學報》（第23卷第6期 2007.12），頁 16。

〔註44〕瀧川龜太郎編：《史記會注考證》（台北：宏業 1990.10.15 再版），頁 1334。

〔註45〕馮友蘭：《中國哲學史新編》（台北：藍燈 1991 初版），頁 210～215。

〔註46〕金春峰：《漢代思想史》（北京：中國社會科學出版社 1997.12 第二版第一刷），頁 16～66。

〔註47〕陳麗桂：《戰國時期的黃老思想》（台北：聯經 1991 初版），頁 235～236。

〔註48〕丁原明：《黃老學論綱》（山東：山東大學出版社 1997.12 第一版第一刷）導言，頁 3～4。

〔註49〕曾春海：《兩漢魏晉哲學史》（台北：五南 2003 二版），頁 3。

　　黃老之學歷經兩漢，隨著時代之更迭又有不同的面貌。關於黃老思想在兩漢的變遷，可以分作數階段，王明先生以爲，老學在西漢初期重經世治國，是黃老與刑名法術結合的道德法術家，著重於解黃老學爲君人南面之術，至東漢中後期重治身養生，〔註50〕最後階段是尙黃老與神仙的兩股思潮，在歷史進程中逐漸合流，使黃帝、老子逐漸被神仙化。最顯著的例子，即是漢桓帝時邊韶奉命所撰《老子銘》中，已把歷史人物老子，神化爲宗教上的神祇。

（一）治國之用

　　戰國末以至西漢初，黃老之學，主要是以老子思想運用於治國之上，作爲政治上的權術之用，譬如司馬談於《史記》中所談之道家，曰：「道家使人精神專一，……其爲術也，因陰陽之大順，采儒、墨之善，撮名、法之要。……形神離則死。……不先定其形神，而曰『我有以治天下』何由哉？」〔註51〕司馬談所見之道家，正爲漢代道家——黃老之風貌，乃以道家老子之學爲主，而兼採陰陽、儒、墨、名、法各家，以爲治道之用。王叔岷先生也以爲：「此所謂道家，實乃雜家，如呂氏春秋、淮南子之類。非所以上論黃老也。」〔註52〕

　　除卻《史記》的記載外，長沙馬王堆三號漢墓出土大批帛書，其中有《老子》的兩種版本即甲乙寫本。這些寫本，約寫定于漢文帝初年。〔註53〕其中，《老子》乙本前有〈十大經〉、〈經法〉、〈稱〉、〈道原〉四篇，這四篇即是《黃帝四經》。這四篇大體是託名黃帝之言，而發揮《老子》之說，屬於黃老道德之言，考察《黃帝四經》的思想內容，即可一窺文景時期黃老思想之梗概。〔註54〕

　　《黃帝四經》四篇之大要爲：《十大經》專講黃帝的神話，內容是黃帝如何以義兵統一天下。細言之，談論黃帝「上於博望之山，談臥三年以自求也」，

〔註50〕王明：〈老子河上公章句考〉，見《道家和道教思想研究》（重慶：中國社會科學出版社1990.8三刷），頁293～304。

〔註51〕《史記・太史公自序》，瀧川龜太郎：《史記會注考證》（台北：宏業1990.10.15再版），頁1334～1335。

〔註52〕王叔岷先生：〈司馬遷與黃老〉，收錄於《台大文史哲學報》（三十期1979.6）。

〔註53〕於東新：〈略論漢初的黃老之學與儒學〉，收錄於《廊坊師範學院學報》（第23卷第6期2007.12），頁16。

〔註54〕於東新：〈略論漢初的黃老之學與儒學〉，收錄於《廊坊師範學院學報》（第23卷第6期2007.12），頁16。

〔註 55〕（《十大經・五正》）而黃帝所以「自求」之道在於「正名修刑」，「毋亂民功，毋逆天時」，〔註 56〕（《十大經・觀》）經過休養生息，兼有天下的「道」，最後出義兵，才一舉戰勝蚩尤，統一天下，到了這時黃帝才「唯余一人，兼有天下」〔註 57〕（《十大經・成法》）。而「所謂爲義者，伐亂禁暴，起賢廢不肖，所謂義也」。〔註 58〕（《十大經・本伐》）這些在思想層面上，宣揚爲人主者爲政應當「循名守一」，以靜制動，因時順勢。在社會層面上，則反映著戰國到西漢，動亂頻繁，民心思定的願望。

　　《經法》講道與法的關係。《經法・道法》說：「道生法。法者，引得失以繩，而明曲直者也。故執道者生法而弗敢犯也，法立而弗敢廢也。」〔註 59〕此言「法」由「道」所生，此說一則肯定「道」凌駕於「法」的地位；二則使「法」的施行，在「道」的認可下，獲得合理性；三則名曰道，實爲法。故西漢初期的黃老之學，有人認爲是「道表法裏」。〔註 60〕進一步剖析，就「道」的層面來說，西漢初曹參、陳平、竇太后等人所施行之黃老之道，畢竟與老子的「清靜無爲」有極大的差距，所謂「蕭規曹隨」式的「清靜無爲」，乃是在法治的基礎上行清靜無爲，也就是「以法爲本」的「清靜無爲」。就「法」的層面來說，黃老學派所遵循的法，也有別於秦代韓非、商鞅之法，一般稱爲「刑名」之學，漢文帝所好的就是這種刑名之學。因此《經法・論約》指出：

> 故執道者之觀於天下也，必審觀事之所始起，審其刑（形）名。刑名已定，逆順有立（位），死生有分，存亡興壞有處。然後參之於天地之恒道，乃定禍福死生存亡興壞之所在。是故萬舉不失理，論天

〔註 55〕《十大經・五正》，陳鼓應註譯：《黃帝四經今註今譯》（台北：台灣商務印書館 1995 初版），頁 295。

〔註 56〕《十大經・觀》，陳鼓應註譯：《黃帝四經今註今譯》（台北：台灣商務印書館 1995 初版），頁 282。

〔註 57〕《十大經・成法》，陳鼓應註譯：《黃帝四經今註今譯》（台北：台灣商務印書館 1995 初版），頁 347。

〔註 58〕《十大經・本伐》，陳鼓應註譯：《黃帝四經今註今譯》（台北：台灣商務印書館 1995 初版），頁 367。

〔註 59〕《經法・道法》，陳鼓應註譯：《黃帝四經今註今譯》（台北：台灣商務印書館 1995 初版），頁 48。

〔註 60〕於東新：〈略論漢初的黃老之學與儒學〉，收錄於《廊坊師範學院學報》（第 23 卷第 6 期 2007.12），頁 16。

下而無遺策。故能立天子，置三公，而天下化之，之胃（謂）有道。
〔註61〕

此段指出「刑名」之學，在於依「事」（形）而定「名」，且認爲隨著「刑名」已定，整個社會秩序、政治體制也因此建立，社會秩序、政治體制一旦確立，爲政者即可「循名責實」，如此天下則可治平。可見，《黃帝四經》所表現出來的思想內容，恰恰是西漢統治者所需要的。其次，在經濟思想上，《經法・君正》提出：

> 人之本在地，地之本在宜，宜之生在時，時之用在民，民之用在力，
> 力之用在節。知地宜，須時而樹，節民力以使，則財生。賦斂有度
> 則民富。民富則有恥，有恥則號令成俗而刑伐不犯，號令成俗而刑
> 伐不犯則守固戰勝之道也。〔註62〕

其經濟思想的特色在於以農爲本，講究耕作以時，賦斂有度，在精神上體現了《老子》：「我無爲而民自富」的清靜儉約精神，這正適應了西漢的經濟形勢，果然在這種經濟思想指導下，文景締造國富民安的太平盛世。

《稱》講事物變化的規律。《稱》言：「有物將來，其刑（形）先之。建以其刑（形），名以其名。」〔註63〕認爲物與形先於名。又強調「刑名出聲，聲實調合」〔註64〕（《經法・名理》），如果「聲溢於實，是謂滅名」、「名進實退，是爲失道」〔註65〕（《經法・四度》）。黃老之學如此重視「形名相實」的理論，是因爲漢已奪天下，君臣之名實已定，因此統治者對《黃帝四經》中說的「名刑（形）已定，物自爲正」〔註66〕極感興趣。《道原》篇則談「道」的本體及其功用。

〔註61〕《經法・論約》，陳鼓應註譯：《黃帝四經今註今譯》（台北：台灣商務印書館 1995 初版），頁 229。

〔註62〕《經法・君正》，陳鼓應註譯：《黃帝四經今註今譯》（台北：台灣商務印書館 1995 初版），頁 119。

〔註63〕《稱》，陳鼓應註譯：《黃帝四經今註今譯》（台北：台灣商務印書館 1995 初版），頁 410。

〔註64〕《經法・名理》，陳鼓應註譯：《黃帝四經今註今譯》（台北：台灣商務印書館 1995 初版），頁 245。

〔註65〕《經法・四度》，陳鼓應註譯：《黃帝四經今註今譯》（台北：台灣商務印書館 1995 初版），頁 163、頁 172。

〔註66〕《經法・道法》，陳鼓應註譯：《黃帝四經今註今譯》（台北：台灣商務印書館 1995 初版），頁 74。

（二）治身之用

　　繼文景之後，武帝即位，罷黜百家，獨尊儒術，使黃老學在政治上失去舞臺，逐漸轉向民間，由民間隱士與方士繼續傳承，於是黃老思想逐漸轉型，由早期的宛轉合道以為治國之用，逐漸轉為宛轉合道以為治身之用，至東漢時，以黃老學治身之趨勢已然顯明。

　　黃老治身思想，在西漢《淮南子‧齊俗訓》有王喬、赤松呼故而吸新的記載，此外該書亦暢言精、氣、神之道。王襃〈聖主得賢臣頌〉亦記載：「傴仰詘信若彭祖，呴噓呼吸如喬、松」〔註67〕之語。《後漢書‧仲長統傳》：「安神閨房，思老氏之玄虛，呼吸精和，求至人之彷彿。」〔註68〕這些文獻資料皆言武帝時，或者東漢時導引行氣以求長生養生的思想之流傳。東漢帝王修黃老治身之術者，文獻亦有記載。《後漢書‧光武帝紀》嘗引太子劉莊勸諫光武帝云：「陛下有禹湯之明，而失黃老養性之福。願頤愛精神，優游自寧。」〔註69〕所謂「養性」，此即黃老治身養生之術，意在除去人為之煩亂，歸返生之本性；而「頤愛精神」，則是無為、無事以養神。如此可見東漢初即有以黃老養性、養身、養神之學風。至東漢末桓帝時邊韶的《老子銘》序文亦有記載，曰：

> 延熹八年八月甲子，皇上尚德弘道，含閎光大，存神養性，意在淩雲。是以潛心黃軒，同符高宗，夢見老子，尊而祀之。於是陳相邊韶，典國之禮，材薄思淺，不能測度至人，辨是與非……。〔註70〕

這句話透露了桓帝祭祀老子的動機，即「存神養性，意在淩雲」。其實桓帝喜好黃老長生之術，其潛在目的有二：一是長生不死；二是求得子嗣。方士之流見機可乘，紛紛進言「興國廣嗣」等長生之術。之後襄楷給桓帝上疏說：

> 又聞宮中立黃老、浮屠之祠。此道清虛，貴尚無為，好生惡殺，省慾去奢。今陛下嗜慾不去，殺罰過理，既乖其道，豈獲其祚哉！……今陛下淫女豔婦，極天下之麗，甘肥飲美，單天下之味，奈何欲如黃老乎？〔註71〕（《後漢書‧襄楷傳》）

〔註67〕〔唐〕李善 注《文選》（台北：漢京文化事業 1983.9.28），頁 660。

〔註68〕《後漢書‧仲長統傳》，〔南朝宋〕范曄：《後漢書》（台北：新陸 1964.元），頁 662。

〔註69〕《後漢書‧光武帝紀》，〔南朝宋〕范曄：《後漢書》（台北：新陸 1964.元），頁 40。

〔註70〕〔清〕嚴可均校輯：《全後漢文》（北京：中華書局 1958）卷 62，頁 813。

〔註71〕〔南朝宋〕范曄：《後漢書》（台北：新陸 1964.元），頁 490。

襄楷以黃老思想的清靜無爲、省奢去欲、存神養性來規勸桓帝，向桓帝說明僅有存神養性的願望是不行的，還必須在行動中嚴守禁規。皇帝如此，一般文人學士更是競相效尤。據楊樹達先生《老子古義》所附《漢代老學者考》，東漢時期許多士人都運用除情卻欲，超凡脫俗的修養功夫來達到道家所主張的清靜恬淡的精神狀態。如淳于恭，「善說老子，清靜不慕榮名」〔註72〕（《後漢書‧淳于恭傳》）；「（樊淮）父瑞，好黃老言，清靜少欲」〔註73〕（《後漢書‧樊淮傳》）；周勰，「常隱處竄身，慕老聃清靜，杜絕人事」〔註74〕（《後漢書‧周勰傳》）。可見東漢老子學者多清虛以自養，黃老術已用作治身之用。此代表的意義一則爲老子思想之運用於養生，即前文所謂老學之「宛轉合道」於養生；二則可窺探出養生學於東漢之盛行。這樣，漢初道家的政治術就變成了一種養生說，正是在這樣的時代氛圍中，出現了以修道長生理論來解說《老子》的道家著作──《老子河上公注》。

　　《河上公注》之黃老思想趨向從首章即可看出端倪，其注《老子‧第一章》：「道可道，非常道。」云：

　　　　經術政教之道，非自然長生之道。常道當以無爲養神，無事安民。

　　（〈體道‧第一〉）

《河上公注》將「道」大別爲「經術政教之道」與「自然長生之道」。經術政教之道爲「可道」之道，即治國之道；自然長生之道爲「不可道」之道，即治身之道。治國與治身應當「無爲」，方符合道之「常」。無爲者，道性也，將無爲之道性廣用於治國與治身，也就是用宛轉合道的方式來治國、治身，這的確是黃老學的特色。〔註75〕再進一步統計，《河上公注》通書「治身」一

〔註72〕〔南朝宋〕范曄：《後漢書》（台北：新陸 1964.元），頁 557。

〔註73〕《後漢書‧樊淮傳》，〔南朝宋〕范曄：《後漢書》（台北：新陸 1964.元），頁 502。

〔註74〕〔南朝宋〕范曄：《後漢書》（台北：新陸 1964.元），頁 775。

〔註75〕陳麗桂：《河上公注》經常兼而並論治國與治身，以一理而並寓治身、治國之道，而治身、治國一理，即爲黃老思想之一大特色，亦是判斷黃老思想的標記之一。從戰國末以來，《管子》、帛書《老子》、《呂氏春秋》莫不揭示了這樣的觀點。陳麗桂：〈《老子河上公章句》所顯示的黃老養生之理〉，見《中國學術年刊》（第二十一期 2000.3），頁 183。

或者，湖北師範學院歷史系副教授，劉玲娣博士的「漢代《老子》政治觀的黃老色彩（二）──以《老子河上公注》爲中心」（唐都學刊第 23 卷第 3 期）一文，從《河上公注》「以君主爲說教對象」，加上《河上公注》章句的詮釋，以及一些數據統計，也提出「治身、治國同等重要」的說法。

詞出現二十九次,「治國」亦使用了二十一次之多,〔註76〕然二者之中仍側重於「治身」,因為在《河上公注》中,治身為治國之本,學者陳麗桂發現《河上公注》中,有許多《老子》原著明顯談治國之道的,《河上公注》卻將它強解為治身之道,且這樣的例子多達二十二條,〔註77〕可見,《河上公注》的作者有意將思想重心放在「治身」之上。

(三)融入仙說

神仙思想的發展源遠流長,然隨時代的遞嬗,或受帝王重視,而活躍於朝廷,或未受帝王青睞,而發展於民間。總之,這股思潮從先秦發展以來,不曾斷絕,到了漢代,神仙思想一方面與黃老思想結合,形成黃老道,之後,又經不斷宗教化於是形成道教。

1. 黃老道

就神仙思想的起源而言,春秋時期就有一派叫做神仙家。《漢書‧藝文志》論其思想宗旨說:「神僊者,所以保性命之真,而游求於其外者,聊以盪意平心,同生死之域,而無怵惕於胸中」。〔註78〕據周紹賢先生考察,屈原之《離騷》、《遠遊》以及《九江》之〈涉江〉諸篇,載有軒轅、赤松、王喬、韓泉等仙人仙事,已略顯神仙之思維,稍後《莊子》之〈逍遙遊〉中藐姑射山之神人,亦透露神仙思想之意蘊。〔註79〕他們所謂的「神人」、「真人」、「至德者」、「至人」,的確能歸反性命之本真,而又逍遙乎物外,並超越生死。雖然這兩部書隱約有神仙思想的意蘊,但於成仙之道並無積極的討論,與後世道教之神仙思想仍有極大的差距。

到了戰國,帝王為求不死之藥以及長生方術,接受方士鼓吹,展開求仙行動。燕齊因為地近海畔,多海市蜃樓景象,人們於是幻想海上有仙山,因此在齊威王、宣王和燕昭王時興起入海求仙,以求長生不死藥的熱潮,這些由方士尋求神仙方術以求長生的道術,謂為「方仙道」。秦始皇時任用徐福、盧生等人入海求仙,又掀起另一股風潮。

〔註76〕鄭燦山:〈老子河上公注長生思想析論〉,見《孔孟學報》(第七十七期 1999.9),頁 176。

〔註77〕陳麗桂:〈《老子河上公章句》所顯示的黃老養生之理〉,見《中國學術年刊》(第二十一期 2000.3),頁 186~188。

〔註78〕〔唐〕顏師古 注:《漢書》(新校本廿五史)(台北:史學出版社 1974.5 台北影印一版),頁 1780。

〔註79〕周紹賢:《道家與神仙》(台北:台灣中華書局 1987.3 四版),頁 21~22。

到了漢代，據《史記‧封禪書》載，由於武帝醉心於神仙不死之道，方士李少君、李少翁、欒大、公孫卿諸人往往投其所好，祠灶、求仙、煉藥……無所不用其極，且隨著上有好者，下必有甚焉者，當時「言神怪奇方者以萬數」〔註80〕，神仙之術一時蔚爲風潮。又史載漢武帝曾將自己的女兒衛長公主嫁給爲他求仙的欒大。又封欒大爲「五利將軍」、「樂通候」等官職，致使「海上燕齊之閒，莫不搤捥而自言有禁方，能神僊矣。」〔註81〕、「海上燕齊怪迂之方士，多更相效，言神事矣！」〔註82〕桓寬《鹽鐵論‧散不足第二十九》也載當時「燕齊之士釋鋤耒，爭言神仙」〔註83〕，《抱朴子‧內篇‧論仙》亦言，武帝晚年沉迷於神仙不死之道，曰：「武帝招求方士，寵待過厚。」〔註84〕由此可見神仙之說在漢時影響之大。此外，淮南王劉安集門下所著《淮南子》，其中〈道應訓〉篇即記載了海外仙山、仙人和不死之藥的情形，含有神仙之思想。又《漢書‧淮南王安傳》記載淮南王：「招致賓客方術之士數千人，作爲《內書》二十一篇，《外書》甚眾，又有《中篇》八卷，言神仙黃白之術，亦二十餘萬言。」〔註85〕據此以知，淮南王本身也是神仙長生思想之愛好者。至西漢末宣帝之時楚元王亦「復興神僊方術之事。」〔註86〕到了東漢王充時，神仙方術仍未稍歇，王充《論衡》批評當時神仙迷信之方術有：1.尸解 2.辟穀不食 3.導氣養性 4.服藥。東漢蔡邕《王子喬碑銘》亦云：「棄世俗，飛神形，翔雲霄，浮太清。」可見當時肉體飛升之神仙思想之流行。

如此可知，方仙道的興起，起因於統治者爲求永享既得利益，因此有了長生不死的需求，而方士爲滿足統治者的需求，於是發展一套求長生不死的方術。秦漢間「方仙道」思想內涵，雜以陰陽家、方技家、術數家思維，其

〔註80〕 《史記‧封禪書》，瀧川龜太郎編：《史記會注考證》（台北：宏業 1990.10.15 再版），頁 500。

〔註81〕 《史記‧封禪書》，瀧川龜太郎編：《史記會注考證》（台北：宏業 1990.10.15 再版），頁 496～497。

〔註82〕 《史記‧孝武本紀》，瀧川龜太郎編：《史記會注考證》（台北：宏業 1990.10.15 再版），頁 205。

〔註83〕 王利器校注：《鹽鐵論校注》（一）（北京：新華 1992.7 第一版第一刷），頁 355。

〔註84〕 《抱朴子‧內篇‧論仙》，葛洪著；王明校釋：《抱朴子內篇校釋》（增訂本）（北京：中華 1988.7 二版三刷），頁 19。

〔註85〕 《漢書‧淮南王安傳》，〔唐〕顏師古 注：《漢書》（新校本廿五史）（台北：史學出版社 1974.5 台北影印一版），頁 2145。

〔註86〕 《漢書‧楚元王傳》，〔唐〕顏師古 注：《漢書》（新校本廿五史）（台北：史學出版社 1974.5 台北影印一版），頁 1928。

方術譬如人主微行方、祠灶、穀道、卻老方、候神、望氣、求仙術、導引、重道延命之屬，〔註87〕或者《史記‧封禪書》所載謬忌的「太一方」，少翁的「鬼神方」，李少君的「卻老方」。

繼「方仙道」後，「黃老道」興起，歸其原因有幾：一是帝王為求仙而大肆揮霍，而方士又多為鑽營之徒，導致了神仙家的聲譽受損。為了提高聲譽，神仙家又效法儒家「論述堯舜，憲章文武，宗師仲尼，以重其言」的方式，攀附黃老之學，將神仙之說依托于黃帝和老子，並鼓吹黃帝和老子為已得道的神仙。二是方仙道被輿論指責為「左道」，「奸人」之術，如谷永就曾上書說：「世有仙人，服食不終之藥，遙興輕舉，……黃冶變化，堅冰淖溺，化色五倉之術者，皆姦人惑眾，挾左道，懷詐偽，以欺罔世主」。〔註88〕（《漢書‧郊祀志》）方仙道於是遭到朝廷的排斥和打擊，逐漸式微。三是漢武帝時因為獨尊儒術，沒落的黃老思想於是與民間的神仙思想結合，形成以老子思想為主軸，而把老子思想轉作追求長生成仙之道，這種以黃老之「清靜無為」為方法，而以長生成仙為目標之學術，謂之「黃老道」。

再者，就思想層面來說，黃老之學與神仙方士之合流，實有其內在契機，其契合點有二：一、黃老之學與方仙道有共同尊奉的人物——黃帝、老子，這為二者的合流埋下伏筆。二、黃老之學貴生重己的理論與神仙方士求長生的目的不期而合。〔註89〕於是在種種因素的配合之下，黃老道因運而生。之後，黃老道所信奉的黃帝、老子逐漸被神化，宗教色彩也日益濃厚。〔註90〕

2. 宗教化

到了東漢明帝時，據《後漢書》載，楚王英「晚節更喜黃老，學為浮屠，齋戒祭祀」〔註91〕，表示明帝時黃老學受到外來宗教的影響，已逐漸有宗教的儀節。又「桓帝即位十八年，好神僊事，延熹八年（165A.D.）初，使中常

〔註87〕冷天吉、徐儀明：《人仙之間——抱朴子與中國文化》（河南：河南大學出版社 1998.8 第一版第一刷），頁 189。

〔註88〕〔唐〕顏師古 注：《漢書》（新校本廿五史）（台北：史學出版社 1974.5 台北影印一版），頁 1260。

〔註89〕陳廣忠、梁宗華：《道家與中國哲學》（漢代卷）（北京：人民出版社 2004.6 第一版第一刷），頁 355～357。

〔註90〕卿希泰：《中國道教史》（卷一）（台北：中國道統出版社 1997.12.12），頁 87。

〔註91〕《後漢書‧楚王英傳》，〔南朝宋〕范曄：《後漢書》（台北：新陸 1964.元），頁 594。

侍之陳國苦縣祠老子。」〔註92〕邊韶〔註93〕奉命爲桓帝祀老而做的《老子銘》
〔註94〕，邊韶之《老子銘》碑，〔註95〕是現存最早對老子的祭祀活動和神化
歷程詳加記載的材料。邊韶在銘文中觸及老子被神化的原因及其神話事蹟
爲：「或有『浴神不死，是謂玄牝』之言，由是世之好道者，觸類而長之。」
〔註96〕「或有」是不確定之詞，乃邊韶推測後世好道者是托辭附會《老子》
二篇中有「浴神不死，是謂玄牝」等言，衍變出許多關於老子的虛幻之辭，
一步一步把老子變成了養生長壽的仙人。再者，邊韶敘述當時流傳有關老子
的神話傳說主要有：

> 以老子離合於混沌之氣，與三光爲終始，觀天作讖，（升）降斗星，
> 隨日九變，與時消息，規矩三光，四靈在旁，存想丹田，太一紫房，
> 道成身化，蟬蛻渡世。自羲農以來，爲聖者作師。〔註97〕

這段文字中最值得注意的要點有幾：其一，當時的人以爲老子自伏羲、神農
以來，可以蟬蛻度世，爲聖者作師。後世道書廣采漢代有關老子的神話傳說，
建立道教聖君師傳的說法。其次，當時的人融入盛行的讖緯之風，以爲老子
可以「觀天作讖」以作推測。其三，文中的「三光」、「四靈」、「丹田」、「紫
房」等說法，都與養生、方術有關。「三光」是指日、月、星，「四靈」是指
青龍、白虎、朱雀、玄武，都是後世道教靈物，而「丹田」、「紫房」也是典
型的丹道術語，而爲漢桓帝時，丹經之祖魏伯陽所作的《周易參同契》所吸

〔註92〕《後漢書‧祭祀志》，〔南朝宋〕范曄：《後漢書》（台北：新陸 1964.元），頁
188。

〔註93〕《後漢書‧文苑傳》記載：「邊韶，字孝先，陳留浚儀人，以文學知名。」〔南
朝宋〕范曄：《後漢書》（台北：新陸 1964.元），頁 958。依此，則邊韶爲東漢
著名文人和史學家，他在漢末曾歷任中央和地方官職，特別是他曾任老子故
里──苦縣所屬的陳國之相，邊韶理應比其他人更加瞭解有關老子的種種事
蹟。又由於他是史學家，對老子事蹟的記載也應該是比較可信的。

〔註94〕銘文並不長，由序文和正文兩部分組成，其中序文占了 70% 以上的篇幅，共
588 字，而正文卻只有 216 字。本處所論〈老子銘〉版本，取自〔清〕嚴可均
校輯：《全後漢文》（北京：中華書局 1958）卷 62，頁 813。

〔註95〕東漢有關老子的重要碑刻有兩種：一種是《水經注》記載的譙令長沙王阜于
永興元年（153 年）爲老子之母所立之碑，學界多據後世文獻稱其爲「老子聖
母碑」。目前，對第一種碑及其碑文還存在不小的爭議。老子聖母碑之碑文是
否可以作爲東漢老子觀的材料，尚需進一步的論證，故本文暫不採用。另一
種則是邊韶的《老子銘》。

〔註96〕〔清〕嚴可均校輯：《全後漢文》（北京：中華書局 1958）卷 62，頁 813。

〔註97〕〔清〕嚴可均校輯：《全後漢文》（北京：中華書局 1958）卷 62，頁 813。

收。此外，在銘文正文中，邊韶也讚頌了老子永生不死、變幻莫測的神仙氣質，如言老子：「大人之度，非凡所訂，九等之敘，何足累名，同光日月，合之五星。」〔註98〕又說老子「出入丹盧，上下黃庭，背棄流俗，含景匿形，苞元神化，呼吸至精，世不能原，卲其永生」〔註99〕。這幾乎和後世道教仙眞太上老君沒有區別了。〔註100〕

在延熹九年（166 A.D.），桓帝「親祠老子於濯龍。文罽爲壇，飾淳金扣器，設華蓋之座，用郊天樂也。」〔註101〕在「……宮中立黃老、浮屠之祠。」〔註102〕桓帝祭祀老子，規模宏大豪華，將祭祀老子等同於國家大典，所以《後漢書‧祭祀志》在北郊、明堂、辟雍、靈台、迎氣、增祀、六宗等國家祭典之後，專列「老子」一項予以記載，這在正史中是極爲少見的，從這些記錄可知，東漢時老子的確已被神格化，老子從學術上之人物搖身一變而成宗教上的神仙。

總結上文，可知兩漢黃老思想發展之大勢，西漢初期黃老清靜之術主要作治國之用。武帝後，隨著政治力量對學術所造成的巨變，而使神仙思想以及養生思想加速蓬勃。至東漢以後黃老思想、神仙思想、養生思想逐漸相融，至東漢時已經很難看到所謂純粹的老子思想、黃老思想、神仙思想或養生思想，這些思想已經在長期的發展中逐漸融合，黃老的概念趨于宗教化，老子已被神化，直到東漢中晚期時這些思想終至匯歸成道教思想。《太平經》、《周易參同契》和《老子想爾注》三部書的出現，正揭示道教之正式成形。〔註103〕

依漢代黃老學術發展的情形，並參酌趙中偉先生對兩漢道家形上思維之特質之研究，曰：

　　——在內容上，以「道」爲本體的形上哲學。

　　——在發展上，形上思維重視宇宙化生論。

　　——在本質上，「道」由抽象概念衍化爲至上神。

〔註98〕〔清〕嚴可均校輯：《全後漢文》（北京：中華書局1958）卷62，頁813。

〔註99〕〔清〕嚴可均校輯：《全後漢文》（北京：中華書局1958）卷62，頁813。

〔註100〕劉玲娣：〈《老子銘》與東漢的老子觀〉，收錄於《信陽師範學院學報》（哲學社會科學版第27卷第2期2007.4），頁115。

〔註101〕《後漢書‧祭祀志》，〔南朝宋〕范曄：《後漢書》（台北：新陸1964.元），頁188。

〔註102〕《後漢書‧襄楷傳》，〔南朝宋〕范曄：《後漢書》（台北：新陸1964.元），頁490。

〔註103〕任繼愈 主編：《中國道教史》（上海：上海人民1990.11初版四刷），頁14。

　　──在學術上，由哲學過渡到宗教。

　　──在政治上，從治國經世到養生長生。

　　──在經典上，以《老子》、《莊子》、《周易》爲主。

　　──在實際上，由治國、得道到求仙爲眞人。〔註104〕

趙中偉先生指出兩漢道家形上思維變遷的趨勢爲：「『道』由抽象概念衍化爲至上神」、「由哲學過渡到宗教」、「從治國經世到養生長生」以及「由治國、得道到求仙爲眞人」。若循此標準來檢視《老子指歸》、《老子想爾注》以及《河上公注》，則《老子指歸》之「道」仍爲抽象本體之概念。而《想爾注》則是「把道主體化、神仙化，道與主體合一的具體形象便是道教的神仙與教主。」〔註105〕並直稱老子爲「太上老君」〔註106〕，宗教化的趨向極爲顯明。至於《河上公注》之「道」如《老子指歸》一樣爲抽象的哲學概念，有虛靜、自然、無爲、柔弱等意，且其老子猶未及《老子想爾注》之「至上神」之程度，非但兩次直稱老子，〔註107〕甚者，也僅注「太上」爲「謂太古無名之君也」（〈淳風·第十七〉）。〔註108〕其次《指歸》之思想重治國經世；〔註109〕而《想爾注》則重養生長生。至於《河上公注》則治身治國兼而有之，且由治國側向治身，如此可見，《河上公注》之過渡性質。

〔註104〕趙中偉：《道者，萬物之宗──兩漢道家形上思維研究》（台北：洪葉文化 2004.4 初版第一刷），頁 27～33。

〔註105〕顧寶田、張忠利：《新譯老子想爾注》（台北：三民書局股份有限公司 1997.1），頁 7。

〔註106〕《想爾注·第十章》：「一散形爲氣，聚形爲太上老君。」見饒宗頤：《老子想爾注校證》（上海：上海古籍 1991.11 初版一刷），頁 12。

〔註107〕《河上公注》中兩處直稱老子處爲：「老子言，吾所言，省而易知，約而易行。」（〈知難·第七十〉）以及「老子傷時王不先道德化之而先刑罰。」（〈制惑·第七十四〉）。

〔註108〕據鄭燦山先生研究，東漢知識分子對老子的評價普遍理性，因此未將老子抬至聖人或教主的地位，以班固《漢書》爲例，不過評列老子爲「中上」而已，因此從《河上公注》對老子的態度，可知《河上公注》的作者應是東漢理性的知識分子，如隱士者流。見其〈老子河上公注長生思想析論〉，《孔孟學報》（第七十七期 1999.6），頁 175～176。

〔註109〕蔡振豐先生又以《老子指歸》之德經在前、道經在後，論《老子指歸》之重視治道傳統，反過來說，《河上公注》將道經安排在前，表達了與《老子指歸》之重視治道傳統的劃分界線與斷絕。見〈嚴遵、河上公、王弼三家《老子》注的詮釋方法及其對道的理解〉，收錄於《文史哲學報》（第五十二期 2000.6），頁 117～118。

二、儒家經術

儒學進入漢朝之後，面貌丕變。勞思光先生即直言「漢儒入漢代而喪失原有精神，遭受扭曲，……則漢儒本身即代表中國文化的一大沒落。」〔註110〕勞思光此說，主要是批評漢儒失卻先秦原有的人文精神，而由理性人文精神，走向神秘的讖緯災異之說。茲將漢代儒家經術分作漢初儒學以及儒學的神化兩部分來討論。

（一）漢初儒學

西漢初期，叔孫通雖爲高祖制禮儀，但也不過是點綴昇平，並未受到眞正重視，《史記・儒林列傳》說：「叔孫通作漢禮儀，因爲太常，諸生弟子共定者，咸爲選首，於是喟然歎興於學。然尙有干戈，平定四海，亦未暇遑庠序之事也。」〔註111〕然由於高祖忙於削平異姓侯王，儒學分封諸侯的思想，禮樂教化的理想，自然未獲採用。劉邦也曾讓陸賈總結「秦所以失天下」的經驗教訓，陸賈於是作書十二篇獻上，高祖稱善，號其書曰《新語》。陸賈認爲，爲政之要在治人，而治人則不離仁義道德，能行仁義道德之術者爲聖，歷史上的堯、舜、禹乃此等聖人。「堯以仁義爲巢……故高而益安，動而益固」，「德配天地，光被四表，功垂於無窮。」〔註112〕（《新語・輔政》）。相反，「秦始皇設刑罰，爲車裂之誅，……事逾煩而天下逾亂，法逾滋而天下逾熾。」〔註113〕（《新語・無爲》）陸賈宣揚「王道」，這「王道」就是「有父子之親，君臣之義，夫婦之道，長幼之序。」〔註114〕（《新語・道基》）作爲漢代儒家思想的先導，陸賈還宣揚天人感應。他聲稱「惡政生惡氣，惡氣生災異。蝮蟲之類，隨氣而生；虹蜺之屬，因政而見。治道失於下，則天文度於上；惡政流於民，則蟲災生於地。」〔註115〕（《新語・明誡》）。聖人之所以爲聖人，在

〔註110〕勞思光：《新編中國哲學史》（台北：三民書局 1996.3 增訂八版），頁 9。
〔註111〕瀧川龜太郎編：《史記會注考證》（台北：宏業 1990.10.15 再版），頁 1254。
〔註112〕《新語・輔政》，王利器：《新語校證》（台北：明文書局 1987.5.30 初版），頁 51。
〔註113〕《新語・無爲》，王利器：《新語校證》（台北：明文書局 1987.5.30 初版），頁 62。
〔註114〕《新語・道基》，王利器：《新語校證》（台北：明文書局 1987.5.30 初版），頁 9。
〔註115〕《新語・明誡》，王利器：《新語校證》（台北：明文書局 1987.5.30 初版），頁 155。

於他們因天變而正其失，理其端而正其本。〔註116〕（《新語·思務》）在這裏，已然略見董仲舒「天人感應」學說。

　　繼陸賈之後的是賈誼。他深刻反省了秦亡的教訓，指出秦統一中國是一個歷史轉捩點，統一前政治的首要任務是「攻」，而統一後的首要任務是「守」。秦一味地採用法家的激進路線，不懂得「攻守之勢異也」，結果迅速敗亡。他說：

> 鄙諺曰：「前事之不忘，後之師也。」是以君子爲國，觀之上古，驗之當世，參之人事，察盛衰之理，審權勢之宜，去就有序，變化因時，故曠日長久而社稷安矣。〔註117〕

這是在爲漢王朝的長治久安而憂慮。賈誼又對文帝時的黃老政治提出了尖銳的批評，指出當時社會秩序尚未建立。在這種形勢下，若是侈談「無爲」，形同坐視社會陷入新危機。他大聲疾呼：「夫抱火厝之積薪之下而寢其上，火未及燃因謂之安，偷安者也。方今之勢，何以異此！」〔註118〕（《新書·數寧》）有鑒於此，賈誼提出了正名號、嚴等級、尊天子、行仁義等一系列政治措施。儘管漢初有賈誼在政治上有其儒家理想，然「孝惠、呂后時，公卿皆武力有功之臣。孝文時頗徵用，然孝文帝本好刑名之言。及孝景，不任儒者，而太后又好黃老之術，故諸博士具官待問，未有進者。」〔註119〕（《史記·儒林列傳》）可見，儒學在西漢初期處於不得重視、暗中發展的情形。

（二）儒學神化

　　過西漢前期七十多年的休養生息，經濟上獲得空前的強盛。政治上，在平定了七國之亂後，諸侯王的力量得以削弱，政權得以鞏固。然而在思想上，卻是「師異道，人異論，百家殊方，指意不同。」〔註120〕（《漢書·董仲舒傳》），到了漢武帝時，罷黜百家，獨尊儒術，才使學術定於一尊。而儒家的繼承者

〔註116〕《新語·思務》，王利器：《新語校證》（台北：明文書局 1987.5.30 初版），頁152～163。

〔註117〕《新書·過秦下》，〔漢〕賈誼撰；盧文弨校：《新書》（北京：中華書局 1985新一版），頁 6。

〔註118〕《新書·數寧》，〔漢〕賈誼撰；盧文弨校：《新書》（北京：中華書局 1985新一版），頁 7。

〔註119〕瀧川龜太郎編：《史記會注考證》（台北：宏業 1990.10.15 再版），頁 1254。

〔註120〕〔唐〕顏師古 注：《漢書》（新校本廿五史）（台北：史學出版社 1974.5 台北影印一版），頁 2523。

董仲舒試圖將儒學改造成一種宗教，他將商周之時產生的「天神」抬出來作為「百神之君」，又闡述了一套神秘的「天人感應」理論，認為「天」神能對人間的事情加以干涉。再加上陰陽思想，以及讖緯災異之說，使兩漢儒學始終瀰漫著一股神祕的氣息，其精神已與先秦儒學大異其趣。以下，就漢代儒學的神化情形略作簡述。

1. 天人感應說

西漢初年陸賈已有「天人感應」說，然由於當時的政治形勢所致，並未受到重視。待漢武帝立，董仲舒挾著政治之強力支援，使得其思想獲得發揚，甚至落實在兩漢天祭、郊祀的政治制度中。天人感應說除了是漢儒思想特色外，其實也隱約滲透入道家思想中，而成為漢代士人共同的時代思維。而關於「天人感應」此一理論，所涉及的子題有幾：一是天人如何感應？二是天人有怎樣的感應？以下細論之。

談到天人感應系統，必先確立天人關係。董仲舒認為天人的位階關係為天尊人卑，天是宇宙至高無上的權威，此種以「天」為終極權威的思維並非董仲舒首倡，其實早在西周初年已經存在，然而經過戰國無神論思潮的洗禮，「天」成為一個泛指自然界的概念，如同荀況所說的「天行有常，不為堯存，不為桀亡」那樣。為了重建天的權威，董仲舒作了諸多努力。首先，他提出「天者，百神之君也，王者之所最尊也。」〔註121〕（《春秋繁露・郊義》）之說。就位階上來說，人間最尊為「王」；天上最尊為「天」，而「天」又為「王」所尊，這就又將「天」重新提到宇宙最高位階。其次，董仲舒又提出天有「天志」，祂能將天命賦予帝王，而帝王也要承受天命，才能承當帝位。他在上漢武帝的「對策」中說：「臣聞天之所大奉使之王者，必有非人力所能致而自至者，此受命之符也。」〔註122〕（《漢書・董仲舒傳》）此明「君權天受」也，且為了強調「君權天受」之神異性，董仲舒也神化了承受天命的王者形貌。在《春秋繁露・三代改制質文》中，他描述了舜、禹、商湯、周文王生理上的超然之狀。當然，天可以賦予帝王天命，同時也可以奪取帝王天命，只要帝王所為不合天志，天命將為天所奪，朝代就此更迭。

〔註121〕《春秋繁露・郊義》，〔清〕蘇輿 撰：鍾哲 點校：《春秋繁露義證》（北京：中華書局 1992.12 第一版第一刷），頁 402。

〔註122〕〔唐〕顏師古 注：《漢書》（新校本廿五史）（台北：史學出版社 1974.5 台北影印一版），頁 2500。

為了強化「天」對人間秩序的控制與主宰，董仲舒更將天與君的尊卑從屬關係，比附於人間君臣、父子、夫婦的關係，於是整個封建社會在天的威權之下，得以建立其秩序。

在天人關係中，天為絕對主宰，而人只能順天志行事。易言之，董仲舒天人感應的核心思想，在於透過天威的宣揚，主導人的行事，希望人的所作所為能夠合乎天志，而達於「天人合德」之境。至於「天志」的內容為何？依儒家思想內涵而言，「天志」的內容，即是行事合乎儒家仁義道德的理想，處事合於五倫的倫常。具言之，以君主而言，董仲舒在答漢武帝的策問中，以《春秋》開篇的「春王正月」四字立說，闡述王道與天道的關係，云：「上承天之所為，而下以正其所為，正王道之端云爾。」〔註123〕（《漢書・董仲舒傳》）認為君王應當端正其行，以應乎天。此外，董仲舒也從名號下手，對君主職責作了要求。他說：

> 王者皇也，王者方也，王者匡也，王者黃也，王者往也。是故王意不普大而皇，則道不能正直而方；道不能正直而方，則德不能匡運周遍；德不能匡運周遍，則美不能黃；美不能黃，則四方不能往；四方不能往，則不全於王。〔註124〕（《春秋繁露・深察名號》）

他認為王者的稱號，即指出王者應當修道養德，如此四方方能來歸。他還對「君」的含義作了類似的說明，認為君道亦有五科：元科，原科，權科，溫科，群科。另外，《春秋繁露・五行順逆》也論及君主必須秉承天意，是所謂王者以道配天。以道配天，就要按照天道原則辦事，如公正無私、行仁施德、遵行孝道，此外還有四時之政和五行之政等等。在董氏看來，君主依照這些規範行政，「恩及草木，則樹木華美而朱草生；恩及鱗蟲，則魚大為，鱣鯨不見，群龍下如。」〔註125〕反之，若是人間的政治、社會、倫理無法合於天志，建立一個和諧的秩序，天將以其權威，透過陰陽五行系統的連動，對人間嚴懲之。《春秋繁露・五行順逆》即云：

> 人君出入不時，走狗試馬，馳騁不反（返）宮室，好淫樂飲酒，沉

〔註123〕〔唐〕顏師古 注：《漢書》（新校本廿五史）（台北：史學出版社 1974.5 台北影印一版），頁 2502。

〔註124〕《春秋繁露・深察名號》，〔清〕蘇輿 撰；鍾哲 點校：《春秋繁露義證》（北京：中華書局 1992.12 第一版第一刷），頁 289。

〔註125〕《春秋繁露・五行順逆》，〔清〕蘇輿 撰；鍾哲 點校：《春秋繁露義證》（北京：中華書局 1992.12 第一版第一刷），頁 372。

> 涵縱恣，不顧政治，事多發役以奪民時，作謀增稅，以奪民財……
> 則魚不爲群，龍深藏，鯨出見。〔註126〕

人君失德，則天以「魚不爲群，龍深藏，鯨出見。」等現象警示之，透過這些要求，一方面限制君權的無限擴張，一方面要求君主與天合德，平治天下，從而實現國泰民安的政治理想。

以政治、社會而言，董仲舒提出「三綱」之教：「陰者陽之合；妻者夫之合；子者父之合；臣者君之合。」〔註127〕（《春秋繁露・基義》）即以陰合陽，達於「陰陽調和」；以臣合君，達於「君臣和通」；以子合父，達於「父子和暢」；以妻合夫，達於「夫婦和諧」。

董仲舒以天爲宇宙終極主宰，連動政治、社會、倫理系統。其實其背後企圖建立一個和諧的政治、社會、倫理秩序。若是人間的政治、社會、倫理合於天志，建立一個和諧的秩序，天將以其權威重賞之。細言之，這個和諧秩序，從天開始，建立一種有主從的調和關係，以天而言，要求以人和天，達於「天人合德」之境，這種強調政治與祥瑞災異的對應，在政治上合理君權的產生，爲專制皇權服務；然而，從另一個角度看，也使君權受到一定的制約。〔註128〕然「從秦漢政治整體運行看，秦朝講唯物伴隨著暴政和國家速亡；漢朝講天命天譴伴隨著皇帝罪己和長達二百年的政治安定，政治信仰在其中可能發揮了相當的功用。」〔註129〕

至於「天」主宰，連動「人」的方式爲何？董仲舒先論證自然現象之連動，其《春秋繁露・同類相動》云：「今平地注水，去燥就濕；均薪施火，去濕就燥。」〔註130〕水往濕地去，火依燥熱生，是因爲性質相近，同類相動。

〔註126〕《春秋繁露・五行順逆》，〔清〕蘇輿 撰：鍾哲 點校：《春秋繁露義證》（北京：中華書局 1992.12 第一版第一刷）。

〔註127〕《春秋繁露・基義》，〔清〕蘇輿 撰：鍾哲 點校：《春秋繁露義證》（北京：中華書局 1992.12 第一版第一刷），頁 350。

〔註128〕侯小東：「漢代儒家通過天人合一、天人感應、君權天授等一系列理論，竭力爲君權的合理性做出證明，樹立君主的絕對權威。當然儒家也依靠君權的扶持而走上正統地位，這是一個互惠互利的過程。儒家同時又通過天人感應論，假上天之威，對帝王言行提出要求，帝王不能胡作非爲，必須按上天的旨意來行事，『屈民而申君，屈君而申天』。」侯小東：〈從《春秋繁露》看漢代儒家思想的神化〉，《作家雜誌》（第二期 2009），頁 142。

〔註129〕張榮明：〈漢代儒術與政治信仰〉，《天津大學學報》（第五期 2003），頁 4。

〔註130〕《春秋繁露・同類相動》，〔清〕蘇輿 撰：鍾哲 點校：《春秋繁露義證》（北京：中華書局 1992.12 第一版第一刷），頁 358。

董仲舒因此導引出「天將陰雨，人之病故爲之先動，是陰相應而起也。」〔註131〕（《春秋繁露・同類相動》）天之陰雨會連動人之病故。爲使天人感應更爲系統化，董仲舒把戰國以來以「陰陽五行」哲學，納入其神學體系之中，認爲陰陽是「天志」的體現。如：「陰，刑氣也；陽，德氣也。」〔註132〕（《春秋繁露・王道通三》）「天之道，出陽爲暖以生之，出陰爲清以成之。」〔註133〕（《春秋繁露・暖燠常多》）更有甚者，以陰陽比附社會倫理，認爲君爲陽，臣爲陰，父爲陽、子爲陰，夫爲陽、妻爲陰（參見《春秋繁露・陽尊陰卑》）。茲將陰陽之比附以圖表呈現：

表2-1：陰陽比附表

	德　刑	暖　清	倫　理	倫　理	倫　理
陽	德	暖	君	父	夫
陰	刑	清	臣	子	婦

透過陰陽概念延伸爲德刑之賞罰，暖清之天候，君臣、父子、夫婦之對應關係。是以陰陽之變化，同時也牽動德刑、暖清、君臣、父子、夫婦之關係變化。至於五行，董氏亦將五行納入了天人感應體系當中，如說「天有五行，木火土金水是也。」〔註134〕（《春秋繁露・五行對》）五行是「天」的素質。又把五行與五官、五常、五政、五事聯繫起來，構建了一個天人感應體系。（《春秋繁露・五行順逆》）。他論述了五政不善會導致五行失常；相反，《春秋繁露・五行變救》提出當出現五行異常現象時，應當救之以政。尤其是在《春秋繁露・五行五事》中，董仲舒把五行與君主的所謂「五事」——貌、言、視、聽、思對應起來，使君主的一言一行都受五行的制約，他的五行說幾乎成了政治宗教誡條。

漢儒天人感應的思想，還落實在封禪與郊祀的政治典禮中。〔註135〕封禪

〔註131〕《春秋繁露・同類相動》，〔清〕蘇輿　撰；鍾哲　點校：《春秋繁露義證》（北京：中華書局 1992.12 第一版第一刷），頁 359。
〔註132〕《春秋繁露・王道通三》，〔清〕蘇輿　撰；鍾哲　點校：《春秋繁露義證》（北京：中華書局 1992.12 第一版第一刷），頁 331。
〔註133〕《春秋繁露・暖燠常多》，〔清〕蘇輿　撰；鍾哲　點校：《春秋繁露義證》（北京：中華書局 1992.12 第一版第一刷），頁 347。
〔註134〕《春秋繁露・五行對》，〔清〕蘇輿　撰；鍾哲　點校：《春秋繁露義證》（北京：中華書局 1992.12 第一版第一刷），頁 315。
〔註135〕張榮明：〈漢代儒術與政治信仰〉，《天津大學學報》（第五期 2003），頁 5～6。

之典禮施行於帝王即位之初，帝王透過「封禪」之典禮，向世人宣告自己爲「天命」所歸，「君權天受」也，關於封禪的政治意義，學者論述得極深刻，曰：

> 通過再認定當權者的地位，禮儀幫助統治者實現他對其他人的權威。當禮儀中的受令者最初接受了約束性的禮儀語言，這意味著他同時也接受了處在高位的施令者……異議被排除掉了，因爲人不能與禮儀的秩序、或禮儀採用的語言抗辯。〔註136〕

封禪使得君王的統治取得合法性，當然君王也可以透過封禪的神聖性，將天之權威加諸自己身上，使在下位者畏於天威，而不得有異議。其次，在漢武帝與光武帝的封禪典禮中，可以見到帝王以盛世祥瑞等現象，證明自己的行爲合於「天志」，所以天降祥瑞。如漢武帝即在山上釋放了奇異的飛禽走獸象徵盛世祥瑞，而光武帝也以歌頌帝王功德，宣揚人心歸服。其三，帝王在封禪典禮中，皆以宗教性的儀節侍奉上天，並以誠惶誠恐、敬畏上天的態度以示自己的虔誠。如漢武帝在元封元年封禪典禮後的詔書即云：

> 朕以眇身承至尊，兢兢焉惟德菲薄，不明于禮樂，故用事八神。遭天地況施，著見景象，★然如有聞。震於怪物，欲止不敢，遂登封泰山，至於梁父，然後升禪肅然。自新，嘉與士大夫更始，其以十月爲元封元年。〔註137〕（《漢書·武帝紀》）

詔書中武帝一再表明自己處君位之戰戰兢兢，克謹克慎，所以天降祥瑞，他不敢不封禪向上天彙報工作。

至於「郊祀」，即祀天於郊之意。董仲舒說：「《春秋》之義，國有大喪者，止宗廟之祭而不止郊祭，不敢以父母之喪廢事天地之禮也。」〔註138〕（《春秋繁露·郊祭》）在董仲舒看來，天就如同父母，事天如同事父母，而郊祀就是事天之禮，其重要性遠勝於宗廟之祭，不可廢除。正是在這樣的理論下，漢朝開始郊祀制度的重建。至於郊祀的實質意義有二：一者君王可以不斷的透過「郊祀」，一再向人民昭告自己的統治身分，爲天命所歸，這樣除了自己本

〔註136〕 Wechsler, H.J., Offering of Jade and Silk. New Haven: Yale University press, 1985。轉引自張榮明：〈漢代儒術與政治信仰〉，《天津大學學報》（第五期 2003），頁5。

〔註137〕〔唐〕顏師古 注：《漢書》（新校本廿五史）（台北：史學出版社 1974.5 台北影印一版），頁191。

〔註138〕《春秋繁露·郊祭》，〔清〕蘇輿 撰；鍾哲 點校：《春秋繁露義證》（北京：中華書局 1992.12 第一版第一刷），頁404。

身所擁有的政權外，同時又具備宗教上的神祕力量，有「政教合一」的意味。其次，漢代君王認爲透過郊祀，可以蒙受上天福祉。於是在政治的種種考量下，漢代於文帝、漢武帝、光武帝時進行了幾次郊祀。

漢代儒術與一般意義上的「出世的」宗教不同，是「入世的」政治宗教，〔註139〕它透過天人感應的體系與制度，使儒家原本勸說人君百姓的道德理想，成爲具有宗教佈慄性質的教條，若從先秦儒家「道之以政，齊之以德」的政教理想來看，漢代儒家無疑是淪落而爲「威之以勢」的教條了，因此從政治宗教研究這一學術視角透視，可能會使我們對漢代以後的儒術有進一步的理解。另外，值得注意的是，漢儒的「天人感應」思想在時代氛圍的影響之下，也跨出其原本領域，而滲透到其他流派的思想，例如漢道家思想多有採用「天人感應」思想，然而儒道所謂的「天」在根本意義上即有落差，如果儒家的「天」代表的是仁義倫常的道德理想，那麼道家所謂的「天」，即是自然，因此縱使兩家都講求天人感應，也深信天具有賞罰主宰的力量，但天志的內容畢竟是大異其趣的。

2. 災異讖緯

漢武帝時，董仲舒因採用天人感應思維闡釋儒家經典，因此著重發揮災異與符命思想。而儒學佔據思想界的統治地位，也就預示了讖緯思潮興起的必然。其次，讖緯之所以興起於西漢哀、平年間，也有其深刻的社會背景。由於西漢末年危機四伏的亂局，使得原本用以維護穩定和諧的傳統經學捉襟見肘，而作爲經學異化的讖緯，卻由於自身能附會五經、預示災祥的特點而更適合於亂世。因此，以讖緯爲思想核心的神學迷信思潮，最終脫離傳統經學而自成一派，與今古文經學思潮纏結一起，成爲支配東漢思想界的主潮。

（1）災異

災異其實是由天人感應思想延伸而出的思維。在天人感應思想中，人君之行事往往牽動上天的賜福或降禍，蓋人君所爲合於天志，即得福；人君所爲違於天志，即得禍。而災異所指即人君所爲違於天志，而天即以陰陽五行牽動自然人事變化，而降下災禍的現象之謂。從正面的角度來理解災異，則天可以透過災異去警示人君，而人君可以透過災異，重新省思並修正自己的行事。

〔註139〕張榮明：〈漢代儒術與政治信仰〉，《天津大學學報》（第五期 2003），頁 7。

關於漢代災異思想的發展，從《史記》的字裡行間，可見端倪，司馬遷自言其《史記》乃「究天人之際、通古今之變」〔註140〕，並認爲天人之際「未有不先形見而應隨之者也」〔註141〕，意思是說：天之賞善罰惡，必先以災異或祥瑞等現象提示人。至於兩漢災異說發展之梗概，則從《漢書‧睦兩夏侯京翼李傳》一段話可見一般，曰：

> 漢興，推陰陽言災異者，孝武時有董仲舒、夏侯始昌；昭宣則睦孟、
> 夏侯勝；元、成則京房、翼奉、劉向、谷永；哀、平則李尋、田終
> 術。〔註142〕

這些「推陰陽言災異者」，或闡易或用易，而皆期以解釋和解決災異問題，於此可見兩漢災異說之蓬勃。

面對災異之變，人君若是無法深自檢討反省，並改過遷善，那麼，天命將爲天所奪，造成國祚轉移的現象。因此，君主面對災異的警示，一般都採取積極的應對措施。歸納起來，漢代君主面對災異的警示大抵有兩種積極作爲：其一是透過「罪己詔」，表明自身的深切反省，如《漢書》載漢元帝初元二（47B.C.）年三月詔曰：

> 蓋聞賢聖在位，陰陽和，風雨時，日月光，星辰靜，黎庶康寧，考
> 終厥命。今朕恭承天地，託於公侯之上，明不能燭，德不能綏，災
> 異並臻，連年不息。乃二月戊午，地震于隴西郡，……山崩地裂，
> 水泉湧出。天惟降災，震驚朕師。治有大虧，咎至於斯。夙夜兢兢，
> 不通大變，深惟鬱悼，未知其序。〔註143〕

元帝之時，陰陽失和，風雨不調，日月不明，星辰不靜，山崩地裂，水滿爲患，……元帝從自然現象與社會現象之失和，意識到這是上天以災異警示自己，於是戰戰兢兢，深自反省，將一切歸諸自身失德、不明之罪所致。又漢成帝建始元年（32B.C.）二月詔曰：

> 乃者火災降於祖廟，有星孛于東方，始正而虧，咎孰大焉！《書》

〔註140〕 司馬遷：〈報任安書〉，〔梁〕昭明太子編：《文選附考異》（臺北市：啓明 1960
初版），頁 579。

〔註141〕 《史記‧天官書》，瀧川龜太郎編：《史記會注考證》（台北：宏業 1990.10.15
再版），頁 479～480。

〔註142〕 《漢書‧珪孟兩夏京奉李尋》，〔唐〕顏師古 注：《漢書》（新校本廿五史）（台
北：史學出版社 1974.5 台北影印一版），頁 3194～3195。

〔註143〕 〔唐〕顏師古 注：《漢書》（新校本廿五史）（台北：史學出版社 1974.5 台北
影印一版），頁 281。

云：「惟先假王正厥事。」群公孜孜，帥先百寮，輔朕不逮。崇寬大，

長和睦，凡事恕己，毋行苛刻，其大赦天下，使得自新。〔註144〕

成帝此一「罪己詔」，更進一步檢討自己失德之處，並要求運用「和」的而非怒的或刑的方法來治理天下，施政寬大和睦，以合於天德。總之這些詔書都具有自我檢討的性質，而且均把自然災異看成是陰陽不和的結果，而導致陰陽不和的原因，則在自省的基礎上歸咎於皇帝自己「惟德淺薄」，以及「明不能燭，德不能綏」等等。要解除這些災異，就必須修身養德，期以禳災。

其次，從漢代君主的「罪己詔」中可以看出，「罪己詔」終究要檢討的問題核心，在於君王的德性問題，也就是說，要解除天對人降下災異，最根本之道，在於君主修德以禳災。關於「以德禳災」之傳統，《尚書・商書・伊訓》有云：「古有夏先後，方懋厥德，罔有天災。山川鬼神，亦莫不寧。暨鳥獸魚鱉咸若。」〔註145〕按孔《傳》：「先后，謂禹以下，少康以上賢王，言能以德禳災。」〔註146〕孔穎達《疏》：

《正義》曰：「山川鬼神」，謂山川之鬼神也。「亦莫不寧者」，謂鬼

神安。人君之政，政善則神安之，神安之則降福人君，無妖孽也。

〔註147〕

古人認為，國君若有厚德，那麼就能使他的國家和人民免受災異懲罰，他的國家就會穩定、繁盛。何以故？因為上天在監視著人的一切舉動，他將根據人的行為施行賞罰。

漢人繼承和發展了這種「以德禳災」的思想，使其成為一種重要倫理神學。另外，《史記・封禪書》亦以災異觀點解釋商的盛衰興亡，曰：

至帝太戊，有桑穀生於廷，一暮大拱，懼。伊陟曰：「妖不勝德，桑

穀死。」伊陟贊巫咸，巫咸之興自此始。後十四世，帝武丁得傅說

為相，殷復興焉，稱高宗。有雉登鼎耳雊，武丁懼。祖己曰：「修德。」

〔註144〕〔唐〕顏師古 注：《漢書》（新校本廿五史）（台北：史學出版社 1974.5 台北影印一版），頁 303。

〔註145〕《尚書・商書・伊訓》，四部叢刊 初編：王雲五 主編：《尚書、周禮、周易、毛詩》（臺北市：臺灣商務 1967 臺二版），頁 28。

〔註146〕《尚書・商書・伊訓》，四部叢刊 初編：王雲五 主編：《尚書、周禮、周易、毛詩》（臺北市：臺灣商務 1967 臺二版），頁 28。

〔註147〕〔漢〕孔安國 傳；〔唐〕孔穎達 疏；廖名春、陳明 整理：《尚書正義》（北京：北京大學 2000 第一版），頁 242～243。

> 武丁從之，位以永寧。後五世，帝武乙慢神而震死。後三世，帝紂
> 淫亂，武王伐之。〔註148〕

《史記》此段採取對照寫法，言太戊與武丁因「修德」而卻禍；反之，帝乙
與帝紂因「失德」而敗亡，足見修德乃是通神之捷徑，廢德瀆神則爲厄運之
始，家國不保，從中可見漢同樣相信修德在卻災中的作用。又《漢書·藝文
志》中也指出：

> 《春秋》之說訞也，曰：「人之所忌，其氣炎以取之。訞由人興也。
> 人失常則訞興。人無釁焉，訞不自作。」故曰：「德勝不祥，義厭不
> 惠。」桑穀共生，大戊以興。雊雉登鼎，武丁爲宗，然惑者不稽諸
> 躬，而忌訞之見，是以《詩》刺「召彼故老，訊之占夢」，傷其舍本
> 而憂末，不能勝凶咎也。〔註149〕

認爲「訞」（妖）之興，根源在於人自身，唯「惑者不稽諸躬」，不能從其自
身中去尋找本源，卻向外找尋解釋，這種「不問蒼天問鬼神」的作法，是本
末倒置的作法。因此古代賢哲以爲不行自我反省而怨天尤人，乃「傷其舍本
而憂末」，終「不能勝凶咎」。又《風俗通義·怪神第九》中也以事例闡述了
修德卻災的思想，如言：

> 桂陽太守汝南李叔堅，少時，爲從事，在家，狗人立行，家言當殺
> 之，叔堅云：「犬馬喻君子，狗見人行，效之，何傷？」叔堅見縣令
> 還，解冠楄上，狗戴持走，家大驚，時復云：「誤觸冠，冠纓掛著之
> 耳。」狗於竈前蓄火，家益恾恟，復云：「兒婢皆在田中，狗助蓄火，
> 幸可不煩鄰里，此有何惡？」里中相罵，不言無狗怪，遂不肯殺。
> 其後數日，狗自暴死，卒無纖介之異。叔堅辟太尉掾、固陵長、原
> 武令，終享大位。子條蜀郡都尉，威龍司徒掾。……《易》曰：「其
> 亡斯自取災。」若叔堅者，心固於金石，妖至而不懼，自求多福，
> 壯矣乎。〔註150〕

《風俗通義》此例旨在論述「多行不義必自斃」，而修德不忒，非但可以卻禍，
甚至還可以獲得福祉。

〔註148〕瀧川龜太郎編：《史記會注考證》（台北：宏業 1990.10.15 再版），頁 483。
〔註149〕〔唐〕顏師古 注：《漢書》（新校本廿五史）（台北：史學出版社 1974.5 台北
　　　　影印一版），頁 773。
〔註150〕王利器：校注《風俗通義校注》（台北：明文書局 1982.4 初版），頁 418。

　　東漢以後儒家「以德禳災」思想在原始道教中得到繼承和發展。關於「以
德禳災」思想和向原始道教思想轉變過程中，李尋是重要人物之一，《漢書・
李尋傳》言李尋好災異，他從《尚書・洪範》得出：

　　書曰「歷象日月星辰」，此言仰視天文，俯察地理，觀日月消息，侯
　　星辰行伍，揆山川變動，參人民繇俗，以制法度，考禍福。舉錯誖
　　逆，咎敗將至，徵兆爲之先見。明君恐懼修正，側身博問，轉禍爲
　　福。〔註151〕

此言從仰觀天文之日月消息，俯察地理之山川變動，可知災異現象，當災異
顯現時，人君當戒愼恐懼，反身修德，如此則得以轉禍爲福，此即典型的「以
德禳災」思想。而李尋爲東漢末信奉太平道的信徒，因此自然將其「以道禳
災」思想引入原始道教的思想中。而道教早期經典《太平經》亦言：

　　夫爲善者，乃事合天心，不逆人意，名爲善。善者，乃絕洞無上，
　　與道同稱：天之所愛，地之所養，帝王所當急，仕人君所當與同心
　　並力也。〔註152〕

〔註151〕《漢書・李尋傳》：「尋獨好洪範災異，又學天文月令陰陽。事丞相翟方進，
　　　　方進亦善爲星歷，除尋爲吏，數爲翟侯言事。帝舅曲陽侯王根爲大司馬票騎
　　　　將軍，厚遇尋。是時多災異，根輔政，數虛己問尋。尋見家有中衰阨會之象，
　　　　其意以爲且有洪水爲災，乃說根曰：「書云『天聰明』，蓋言紫官極樞，通位
　　　　帝紀，太微四門，廣開大道，五經六緯，尊術顯士，翼張舒布，燭臨四海，
　　　　少微處士，爲比爲輔，故次帝廷，女官在後。聖承天，賢賢易色，取法於此
　　　　天上相上將，皆顓面正朝，憂責甚重，要在得人。「書曰『歷象日月星辰』，
　　　　此言仰視天文，俯察地理，觀日月消，息侯星辰行伍，揆山川變動，參人民
　　　　繇俗，以制法度，考禍福。舉錯誖逆，咎敗將至，徵兆爲之先見。明君恐懼
　　　　修正，側身博問，轉禍爲福；不可救者，即蓄備以待之，故社稷亡憂。竊見
　　　　往者赤黃四塞，地氣大發，動中訛言大水，走上城，朝廷駭，女孽入官，此
　　　　獨未效。間者重以水泉湧溢，旁宮闕仍出。月、太白入東井，犯積水，缺天
　　　　淵。日數湛於極陽之色。習氣乘宮，起風積雲。又錯以山崩地動，河不用其
　　　　道。盛冬雷電，潛龍爲孽。繼以隕星流彗，維、塡上見，日蝕有背鄉。此亦
　　　　高下易居，洪水之徵也。不憂不改，洪水乃欲蕩瀁，流彗乃欲掃除；改之，
　　　　則有年忘期。故屬者頗有變改，小貶邪猾，日月光精，時雨氣應，此皇天右
　　　　漢亡已也，何況致大改之！宜急博求幽隱，拔擢天士，任以大職。……誠必
　　　　行之，凶災銷滅，子孫之福不旋日而至。政治感陰陽，猶鐵炭之低仰見效可
　　　　信者也。」〔唐〕顏師古　注：《漢書》（新校本廿五史）（台北：史學出版社
　　　　1974.5 台北影印一版），頁 3180～3181。
〔註152〕《太平經・急學眞法》，王明編：《太平經合校》（上）（北京：中華書局，1997.10
　　　　初版五刷），頁 158。

人之所爲合於天心，則可達於道教「絕洞無上，與道同稱」的宗教理想；反之違於天心，則將招致災禍。雖然，《太平經》與儒家「以德禳災」的思維理路是相同的，但畢竟儒家與道教的核心思想不同，因此其天志的方向亦不相同，儒家的天志傾向於修養仁義道德；而道教的天志則強調行善修道。再者，《太平經·和三氣興帝王法》之神人嘗言：「但大順天地，不失銖分，立致太平，瑞應並興。」〔註153〕此言欲致太平，得瑞應，必須順應天地，合於天志。進一步說，要如何順應天地，合乎天志呢？《太平經》又提出「三合相通」的說法，所謂「三」代表宇宙間三種不同的事物，具言之，元氣有三名：太陽、太陰、中和。形體有三名：天、地、人。天有三名：日、月、星，北極爲其中心。地有三名，爲山、川、平土。人有三名，父、母、子。治有三名，君、臣、民。而「三合相通」，意指三種不同的事物，必須「並力同心」，以「合」爲旨歸，如此就是順應天地，與天地共同生養萬物，可以卻禍禳災，使自然和社會相安和諧，以致太平。故《太平經·三合相通訣》言：

> 元氣與自然太和之氣相通，並力同心，時悅況未有形也，三氣凝，共生天地。天地與中和相通，並力同心，共照明天地。凡物與三光相通，並力同心，共照明天地。凡物五行剛柔與中和相通，並力同心，共成共萬物。四時氣陰陽與天地中和相通，並力同心，共興生天地之物利。孟仲季相通，並力同心，各共成一面。地高下平相通，並力同心，共出養天地之物。蠕動之屬雄雌合，乃共生和相通，以傳其類。男女相通，並力同心共生子。三人相通，並力同心，共治一家。右臣民相通，並力同心，共成一國。此皆本之元氣自然天地授命。凡事皆三相通，乃道可成也。〔註154〕

此處分別論述「三合相通」之益處，言元氣三合則天地生；三光三合則照明天地；地若三合，則天地之物得以養；人若三合則得以傳承子嗣等。反之，若「不三並力」，則將「災紛紛不解，爲民大害」，使「災變怪異，委積而不除」。

　　「三合相通」論是漢代道教解決災異的方法，足見《太平經》與漢代災

〔註153〕《太平經·和三氣興帝王法》，王明編：《太平經合校》（上）（北京：中華書局，1997.10初版五刷），頁18～19。

〔註154〕《太平經·三合相通訣》，王明編：《太平經合校》（上）（北京：中華書局，1997.10初版五刷），頁148～149。

異思潮確實有直接關係，而災異思潮從儒家思想搖身一變也成爲道教思想，除了代表儒道的融合之外，也顯現出「以德禳災」的思想成爲修身致知論向修道成仙論轉變的思想中介。〔註155〕

（2）讖緯

所謂的「讖緯」，就是讖書與緯書。細言之，「讖」，是指對未來的吉凶預言。在古代預言中，秦始皇時「亡秦者胡也」是一個典型的例子，但由於秦始皇將「胡」誤解爲北方胡人——匈奴，沒有察覺到「胡」是指秦二世胡亥，因而導致秦帝國很快滅亡。又秦始皇三十六年（211B.C.），社會上又傳出了「始皇帝死而地分」、「今年祖龍死」等預言。西漢末也流行一句讖言：「劉秀發兵捕不道，四七之際火爲主。」此句後被收入《赤伏符》中，成爲東漢光武帝政權合法性的支柱。這些預言在當時皆掀起極大波瀾，但事後驗證，卻又似乎不假。〔註156〕讖書的內容充滿著神怪符應之說，爲的是替某些人的利益取得神學上的合法性，所以常被有心人士拿來當作「政治操弄」的工具，而歷代只要有民變、政爭、教亂發生，就會有相應的讖書出現。

而「緯」，則指以儒家經典爲詮釋對象的衍生書籍。緯書的內容，主要是以「詩」、「書」、「易」、「禮」、「樂」、「春秋」與「孝經」七本儒家經典作爲詮釋的對象，建構出所謂的「七緯」，「七緯」中儒學神學化的傾向又可從兩個方向來看：一是人物的神化，舉凡孔子、周公、堯、舜等等儒家先哲或是古史聖王，在緯書中皆具備神的面貌或是登仙傳說。二是儒家思想來源的神化，如《禮・含文嘉》中便說：「禮有三起，禮理起於太一，禮事起於遂皇，禮名起於黃帝。」〔註157〕將源自人類社會共同制訂的「禮」，改成「太一」天帝所創制以管理人間萬物的神學意義。總之，在儒學神學化的風潮下，緯書成爲有漢一代儒家學說的核心，「詩」、「書」等經典被稱之爲「外典」，而緯書反而成爲儒學的「內典」，被認爲直指周公、孔子等聖哲的本意。然而，漢代緯書在著作時，雖然以儒家爲理論依據，但在行文之間總會援引神話傳說替儒學理論作一番裝飾，而讖書雖是以預言吉凶爲本質，但在託借預言來源時，又時常以儒、道名家或是聖王作爲立下預言的神人。這種模式造成漢代的「讖」與「緯」在內容上常是相互引用，難以遽分。

〔註155〕第八章：兩漢道教的興起，第一節：兩漢災異意識與道教之興起「以德禳災」思想及其宗教化演變。

〔註156〕〔日〕串田久治著；刑東風譯：〈漢代的「謠」與社會批判意識〉。

〔註157〕安居香山：《緯書》（東京：明德昭和61年10.30四版），頁158。

　　關於「讖緯」的起源，鍾肇鵬整理出十二類說法，〔註158〕總結起來則指向三個部份：一是上古神秘知識的流傳，二是東周思想家的著作，三是漢代神道設教下的產物。其中「上古神祕知識」部分，主要以天文、曆法、氣象等科學為主，上古先民對自然力有未知的恐懼，便將這些原本屬於科學範疇的內容予以神秘化，成為巫術系統中的神秘知識；其次是「東周思想」，讖緯學將戰國思想家關於「天道思想」與「宇宙思想」的哲思，用宗教的角度來看，使它走向神學化神秘主義；最後是漢代神學。漢代政治與儒學都需要利用「讖緯」的神祕特質，來鞏固自身的地位。以政治層面來說，漢代君主一直為政權的合法性所困擾，如漢武帝的「策問」中嘗問道：「三代受命，其符安在？」〔註159〕（《漢書‧董仲舒傳》）雖然高祖曾利用鄒衍的「五德終始說」來替自己的合法性辯護，認為漢朝接替周朝的火德，所以漢朝之正朔應為水德。《漢書‧律曆志》即云：「漢高祖皇帝，著紀，代秦繼周，木生火，故為火德，天下號曰漢。」〔註160〕因此，漢之代秦而興，乃是朝代興替的必然趨向。然武帝之後，漢家政權穩固，朝代沒有更替，自然不宜以「五德終始」來為君王的統治地位作辯護。因此，漢武帝提出「太一」為尊的天帝系統，並把先前依據「五德終始說」建立出來的「五帝」降格為天帝「太一」的佐臣。這不但建立了一個與人世漢帝相對應的天界「太一」帝系，更將潛在於「五德終始說」背後的「天命流轉」觀點予以抹滅，成就出千秋萬代唯劉稱帝的「君權神授」觀。從現實的觀點來看，治國方針是可以改變的，但是神學體系卻是不容質疑的。君王採用「讖緯」說，結合天人感應等思想，以及封禪、郊祀等儀節，透過神學理念對漢帝室這個新政權建立合理性。以儒學層面來說，漢武帝時，罷黜百家，獨尊儒術。至此，儒術獨尊的學術格局也隱然成形，然儒家學說雖在政治層面獲得獨尊的地位，但要進一步鞏固自身的地位，也必須進一步收納神學觀點，將儒術轉化成一種兼具神聖性與神秘性的宗教式學派。

　　關於讖緯的流傳，讖緯雖非一時一地所形成，但在其著作歷程中，仍有二個高峰期存在。第一次高峰在王莽滅漢建立「新」帝國之前，也就是西漢

〔註158〕鍾肇鵬：《讖緯論略》（台北：洪葉文化 1993 初版），頁 12～27。

〔註159〕〔唐〕顏師古 注：《漢書》（新校本廿五史）（台北：史學出版社 1974.5 台北影印一版），頁 2496。

〔註160〕〔唐〕顏師古 注：《漢書》（新校本廿五史）（台北：史學出版社 1974.5 台北影印一版），頁 1023。

哀、平二帝王莽攝政的時侯。王莽爲了替自己取代漢帝尋求合法性，大量捏造讖緯及祥瑞來証明自己有「天命」在身，足以取代漢帝室，他利用讖緯之說，流布漢世將衰，木德將亡，火德將起的消息，造成一種輿論，最後於是順理成章的禪繼爲王。第二次高峰則在「新」帝國末期直到東漢帝國光武帝初期，這時的讖緯書籍的政治傾向比起王莽時期更爲混亂。在王莽覆滅之前，有擁護王莽政權的讖緯，也有反對王莽的讖緯，如新莽末年，漢宗室劉秀起兵討伐，利用讖緯災異之說，言火德將亡，金德將起，最後起兵成功，建立後漢。王莽滅亡之後，光武帝劉秀又與蜀地太守公孫述爭奪天下，形成擁劉與擁公孫兩派不同的讖緯圖書。後來光武帝製作讖緯圖書的法訂版本，才讓私撰讖緯之風稍減，使得讖緯中「七緯」及「河圖」、「洛書」定型成爲現今所看得到的面貌。

三、其他思想

（一）陰陽思想

　　兩漢學術思想正值新舊思想交替而紛然並呈的時代，既有舊思想的影子，又有新思想的痕跡。以舊思想的影子來說，陰陽五行思想起源極早，陰陽觀念至少於西周之《周易》即有以陰爻、陽爻以解釋自然人世之變化；而五行則於《尚書‧洪範》亦已產生。之後陰陽五行思想歷經先秦春秋戰國而爲學者廣泛用以說明宇宙人世之變遷。至戰國鄒衍又進一步闡揚陰陽五行之思想，使陰陽五行之理更趨於系統化，其陰陽五行系統之內容大致爲：一、系統的把陰陽消息附會於人事。二、創造了「機祥制度」。三、創造了「五德轉移」說。四、以「五德終始」說干預人主，使人主知所畏忌，知所節制。〔註161〕至「戰國末年陰陽五行之說已盛；漸與卜筮合流。至秦，秦始皇「以爲周得火德」，而秦代周則應爲「水德」，於是下令衣服、旄旌、節旗等「皆尚黑」，以此來迎合「五德終始」說，又東巡封禪、祭柏泰山之神及齊魯地區的「八神」。且焚書，又不去卜筮所用。故在此期間，陰陽五行之說大盛。」〔註162〕並成爲「士人共同之觀念基礎。」〔註163〕

〔註161〕劉鋒：《道教的起源與形成》（台北：文津 2003.12 初版二刷），頁 21。

〔註162〕勞思光：《新編中國哲學史》（二）（台北：三民書局 1996.3 增訂八版），頁 6。

〔註163〕勞思光：《新編中國哲學史》（二）（台北：三民書局 1996.3 增訂八版），頁 6。

西漢初，經學處於重整階段，尚未建立，陰陽五行思想以其完整，便又深入儒生之觀念。待經學建立，陰陽五行思想很自然的就被帶入經學之中，使得漢代經學皆蒙上陰陽五行的色彩，因此，終西漢一代，陰陽五行思想被運用於解釋災異之說，讖緯之學，以及天人感應說，種種的災異、災變之說瀰漫整個學術界，甚至道家經典也受到這股風潮的影響，多以陰陽五行來說明宇宙萬物之生成與變化。林尹先生評論漢代學術的此種現象為：

> 漢代儒家之學，既附會讖緯災異，而興廢繼絕；道家之言，又雜採
> 陰陽法術，得大盛於世。雖曰：崇經術，好黃老；陰陽家之言，實
> 左右之。〔註164〕

綜言之，終兩漢之世，學術思想皆瀰漫於陰陽五行的氛圍之中。且從政治現象觀之，陰陽五行思想也廣泛的被運用於解釋人事的盛衰興亡，甚至用陰陽五行思想，巧妙的用作謀權奪位的工具，如此可知當時社會氛圍即瀰漫在陰陽五行的氣氛中，是以有心人士能以之為工具，來煽惑百姓，正因為如此使得兩漢學術、民間、政治都瀰漫著一股神秘的氣氛。

（二）氣化思想

兩漢是一個宇宙論極為發達的時代，兩漢宇宙論之所以發達，在於思想家以為一切價值的根源皆本於宇宙本體，因此為迴向此一價值根源，必須理出宇宙論的理序，唯有從源頭去作釐清，才能解決人事的問題，而兩漢之宇宙論之實質內容即是氣，兩漢思想家慣以氣來探討宇宙論的問題。細言之，兩漢之陰陽、五行之氣大抵承自先秦，而兩漢於氣論中最有發揮者，在於精氣與元氣，西漢以精氣說為主，東漢以元氣說為主。再者，兩漢之思想家已從氣之「體」，廣泛的闡發至氣之「用」，他們用「氣」來解釋自然、社會、政治、形神、情性、德性的變化。

試觀兩漢氣化思想之發展趨勢，則西漢初《淮南子》以為宇宙之本體為道，由道又生出虛廓，虛廓又生出宇宙，宇宙生出氣，氣分陰陽，其中陽者為天，陰者為地，天陽地陰之精氣復生四時，四時復生出萬物，因此從《淮南子》可觀出其宇宙生成的進路大抵與先秦道家相同，蓋循道──氣──物的模式而來，然《淮南子》顯然又更細密化，在道氣之間又加入虛廓與宇宙

〔註164〕林尹：《中國學術思想大綱》（台北：台灣商務印書館 1995.1 修訂第四刷），
頁91。

二個層次。在整個生成圖式之中最重要的氣，乃是陰陽二氣，在《淮南子》中陰陽二氣即是「精氣」，萬物皆是陰陽二氣的相互激盪所產生，即萬物皆「陰陽之氣相動」〔註165〕所生；反之，陰陽二氣沒有相薄相動，則生化運動即呈現死寂，如此則萬物不生。再者，陰陽二氣之相薄固然可以化生萬物，然而陰陽二氣無論如何的運動變化皆須遵循一個準則，那即是「和」，曰：「天地之氣，莫大於和。和者，陰陽調。」〔註166〕天地陰陽之氣必須協調、調和，曰：「陰陽和，則萬物生矣。」〔註167〕陰陽調和，萬物則能生生不息；反之，若有一方偏至，不是過度發展，即是過度沉寂，或過或不及，皆對萬物產生不良的影響。此外，人身亦以「和」為貴，講求形、氣、神的調和；社會政治亦然，需講求君臣之和，如此才能物富民豐。其三，陰陽二氣是組成萬物之共同物質，基於此，故萬物得以陰陽二氣為橋樑，而達到同氣相應、同類相生的功效。最後，萬物中之陰陽二氣變動不已，然萬變不離其宗，皆遵守陰陽二氣的規律。因此，陰陽二氣於《淮南子》中具關鍵的影響力。

到了董仲舒的《春秋繁露》，在思想的基本立場上與《淮南子》有所不同，因此思維方向亦有根本的差異，大抵說來，《淮南子》的基本立場是道家的思想立場，因此旨近老子，淡泊無為，蹈虛守靜，歸之於道。至於《春秋繁露》則採取儒家的基本立場，因此把氣論導引至倫理道德仁義方向。

《春秋繁露》的氣化圖式為元氣生陰陽，陰陽（天地）生四時，四時生五行，五行生萬物。〔註168〕在整個氣化圖式中也以陰陽二氣為核心，其一，陰陽二氣為宇宙萬物的規律原則，曰：「天道之常，一陰一陽。」〔註169〕同於《易傳》所謂：「一陰一陽謂之道。」〔註170〕其次，天地陰陽二氣生成四時，

〔註165〕《淮南子‧泰族訓》，〔漢〕高誘 注：《淮南子》（上海：上海古籍 1991.4 初版三刷），頁 218。

〔註166〕《淮南子‧氾論訓》，〔漢〕高誘 注：《淮南子》（上海：上海古籍 1991.4 初版三刷），頁 139。

〔註167〕《淮南子‧泰族訓》，〔漢〕高誘 注：《淮南子》（上海：上海古籍 1991.4 初版三刷），頁 220。

〔註168〕此據《春秋繁露‧五行相生》言：「天地之氣合而為一，分為陰陽，判為四時，列為五行。」〔清〕蘇輿 撰；鍾哲 點校：《春秋繁露義證》（北京：中華書局 1992.12 第一版第一刷），頁 362。

〔註169〕《春秋繁露‧陰陽義》，〔清〕蘇輿 撰；鍾哲 點校：《春秋繁露義證》（北京：中華書局 1992.12 第一版第一刷），頁 341。

〔註170〕《易‧繫辭上》，黃壽祺、張善文：《周義譯註》（台北：頂淵 2000 初版二刷），頁 538。

四時萬物之生長規律爲：「春氣生而百物皆出，夏氣養而百物皆長，秋氣殺而百物皆死，冬氣收而百物皆藏。」〔註171〕蓋天道透過陰陽二氣的消長變化循環以成四時之氣，四時之氣又各代表生、養、殺、收的意義，天道藉生、養、殺、收來表現其愛、嚴、樂、哀的情志，且每隨「天志」之變化而萬物而有出、長、死、藏的種種變化。天志每以四時之陰陽以行其仁德與刑殺，春夏陽氣盛，秋冬陰氣盛，「陽氣生而陰氣殺」，〔註172〕其三，陰陽二氣爲天地之氣，也是人身之氣，天人同爲陰陽二氣，天人因爲同質同構，因此可以透過「陰陽二氣」相互感應，謂之「天人相副」，於是曰：「陰陽之氣，在上天，亦在人。在人者爲好惡喜怒，在天者爲暖清寒暑。」〔註173〕天之陰陽變化造成四時之暖清寒暑，而四時之暖清寒暑也可說是天之愛、嚴、殺、收的情志。陰陽二氣在人身中，也使人有喜怒哀樂之氣。其四，天人皆有陰陽二氣，陰陽二氣需調和，如此才能生生不息。曰：「舉天地之道而美於和，是故物生。」〔註174〕天地陰陽之氣和則生，不和則不生。曰：「凡養生者，莫精於氣，……就其和也。」〔註175〕人之養生，也要致力於陰陽之調和，如此方可長久。甚至是社會上任何尊卑貴賤的對應關係，皆須達到中和，曰：「君臣、父子、夫婦之義，皆取諸陰陽之道。」〔註176〕君臣、父子、夫婦……之對應關係，一如陰陽之陰卑陽尊，陰賤陽貴之關係，縱然二者有上下之關係，然究理而言，仍是以中和爲貴。

東漢時揚雄、張衡、王符等人則盛言「元氣」之說，其中揚雄以爲宇宙之本體爲「玄」，張衡以爲是「玄」或「道」，王符以爲是「道」，此三人對宇宙之本體之說法雖然有異，但皆以「元氣」爲本體所生，爲構成萬物初始之氣，元氣之後而有陰陽剛柔清濁，之後陰陽二氣合成萬物。在整個生成圖式

〔註171〕《春秋繁露・循天之道》，〔清〕蘇輿 撰；鍾哲 點校：《春秋繁露義證》（北京：中華書局 1992.12 第一版第一刷），頁 446。

〔註172〕《春秋繁露・陽尊陰卑》，〔清〕蘇輿 撰；鍾哲 點校：《春秋繁露義證》（北京：中華書局 1992.12 第一版第一刷），頁 327。

〔註173〕《春秋繁露・如天之爲》，〔清〕蘇輿 撰；鍾哲 點校：《春秋繁露義證》（北京：中華書局 1992.12 第一版第一刷），頁 463。

〔註174〕《春秋繁露・循天之道》，〔清〕蘇輿 撰；鍾哲 點校：《春秋繁露義證》（北京：中華書局 1992.12 第一版第一刷），頁 447。

〔註175〕《春秋繁露・循天之道》，〔清〕蘇輿 撰；鍾哲 點校：《春秋繁露義證》（北京：中華書局 1992.12 第一版第一刷），頁 453。

〔註176〕《春秋繁露・基義》，〔清〕蘇輿 撰；鍾哲 點校：《春秋繁露義證》（北京：中華書局 1992.12 第一版第一刷），頁 350。

之中居關鍵的仍是陰陽二氣，陰陽二氣之爲宇宙萬物之常則，陰陽二氣之相薄而成萬物，陰陽二氣和合則生萬物，陰陽二氣爲萬物之共通本質，陰陽二氣爲感通之媒介，陰陽二氣通貫自然、社會、政治、人身諸層面，陰陽二氣之盛衰消長循環，……則與《淮南子》、《春秋繁露》有相通之處，如此可知陰陽二氣是兩漢氣化論的重心所在。而揚雄、張衡與王符此三人除了在大部分的架構上依承前人以外，此三人亦在氣化學說上別有創新，以揚雄來說，揚雄將氣化學說引入人性論，以爲人性亦由陰陽二氣決定，曰：「人之性也善惡混，修其善則爲善人，修其惡則爲惡人。氣也者，所以適善惡之焉也與。」〔註177〕意思是說：孟子主張人性本善，荀子主張人性本惡，揚雄則以爲人性有善，有不善，且人性之善惡由陰陽二氣決定，陰陽二氣協調和合，則人性善；反之，人性惡，故欲修道行善，必須在陰陽二氣上下工夫，務使陰陽二氣協調、平衡，才可以去惡向善。至於王符的氣論特色在於一方面以爲「道者，氣之根也；氣者，道之使也。」〔註178〕意即元氣爲道所生，元氣之於道是材料，而道之於元氣是動力，有了道的動力才能啓動氣的材料之產生與運化；或者也可以說「道」爲本體，「氣」爲道用，有「道」才有「氣」，反過來說，有「氣」才能進一步推展「道」的生化運動。然而，王符一方面又說元氣「莫制莫御，……翻然自化」〔註179〕，這是說道啓動了元氣之後，元氣自身開始不斷的運動變化，然而元氣無論如何的自化，最初的啓動動力則來自於道。王符又別開生面的提出「鬼神」的概念，以爲鬼神同於其他萬物，皆由元氣所生，曰：「天之以動，……四時五行，鬼神人民，……何非氣然？」〔註180〕以爲無形的鬼神世界亦氣化的結果，這樣的說法對於後代的道教鬼神觀之建立，具有影響力。又王符以爲天人與陰陽之間相互牽動影響，《潛夫論・本政》曰：

> 陰陽者，以天爲本。天心順則陰陽和，天心逆則陰陽乖。天以民爲心，民安樂則天心順，民愁苦則天心逆。……故君臣法令善則民安樂，民安樂則天心慰，天心慰則陰陽和，陰陽和則五穀豐，五穀豐

〔註177〕《法言・修身》，〔漢〕揚雄著：汪榮寶　疏：《法言義疏》（上）（台北：世界書局 1956），頁 138。

〔註178〕《潛夫論・本訓》，〔漢〕王符著、〔清〕汪繼培　箋《潛夫論箋》（台北：大立 1984），頁 367。

〔註179〕〔漢〕王符著、清・汪繼培　箋《潛夫論箋》（台北：大立 1984），頁 365。

〔註180〕〔漢〕王符著、清・汪繼培　箋《潛夫論箋》（台北：大立 1984），頁 367～368。

　　則民眉壽，民眉壽則興於義，興於義而無奸行，無奸行則世平，而

　　國家寧、社稷安，而君尊榮矣。〔註181〕

此言天人之間以陰陽之氣爲中介，而相互影響，以人之影響天來說，人君法令善則人民生活安樂，人民生活安樂則天心順。接著天又反過來影響人，曰天心順則陰陽和，陰陽和則五穀豐收，五穀豐收則民安樂，民安樂而又知義，而後天下太平，而後又陰陽和，……形成一良性循環；反之，人民生活困苦，則天心逆，陰陽不和，五穀欠收，生活不足，奸邪日起，天下大亂，陰陽益不調，……天人之間相互影響而形成惡性之循環。

　　兩漢間《易緯》亦講求元氣變異之說，以爲元氣爲氣之始，元氣變化不定，恆動不已，而「人合天氣五行陰陽」〔註182〕之氣以生，尤其陰陽二氣更形成人之性情與道德，以性情而言，「情生於陰，欲以時念也。性生於陽，以就理也。陽氣者仁，陰氣者貪，故情有利欲，性有仁也。」〔註183〕此言陰陽二氣構成人之情性，陰氣構成情，而情者乃是非理性，且牽扯著利益與欲望；而陽氣構成性，性是理性的，仁性的。陰陽還代表五常中各種對應的關係，如君臣、父子、兄弟、朋友、夫婦等，能取法陰陽對立且調和的關係，以行五常之道，則五常之道可如陰陽一樣，保持平衡與和諧。

　　東漢章帝時的《白虎通義》在前人的基礎上，進一步以陰陽氣化說去闡揚人的魂魄、精神、情性與道德，試以陰陽二氣整合魂魄、精神、情性、道德的種種問題，則陰氣爲魄，爲情，爲精，爲靜，爲貪，爲利欲；陽氣則爲魂，爲性，爲神，爲生，爲理，爲仁也。如此觀之，《白虎通義》在以氣解釋人身之精神層方面已頗繁複，並且從中可看出《白虎通義》試圖將繁複的精神系統以陰陽二氣統一。又〈情性〉篇言：「人本含六律五行之氣而生，故內有五臟六腑，此情性之所由出入也。」〔註184〕〈情性〉篇此處一方面言人身是由許多不同的氣和合而成，就「數」來說，「五行六律」之氣正構成「五臟六腑」，在數字上極爲吻合；其次言人身之構造主要分作兩部分，一是形體的部分，即五臟六腑；一是精神的部分，除了情性之外，尚包括上文所謂魂魄、精神、道德等。再者《白虎通義》此處又指出人身之形神關係是形神皆由氣

〔註181〕〔漢〕王符著、清‧汪繼培 箋《潛夫論箋》（台北：大立1984），頁88～89。

〔註182〕〔漢〕鄭玄 注：《易緯是類謀》（及其他四種）（北京：中華1985新一版）。

〔註183〕《古微書‧孝經鉤命決》，《古微書》（四）（北京：中華1985新一版），頁581。

〔註184〕〔漢〕班固著：陳立 疏證：《白虎通義》（中）（台北：台灣商務1968.3台一版），頁320。

組成，又情性依存於五臟六腑之中，神可以自由出入於形體之中，可以存，亦可以去，且情性二者乃相反性質者，因此情性何者存，何者去，也牽涉到天理與人欲的若干問題，對於人性論、形神論的論述，多有闡發。

王充氣論之最大特點，在於把「元氣」提昇至宇宙本體的位置，以為元氣是宇宙本體，宇宙最高範疇。元氣合而為一，分則為陰陽二氣，陰陽二氣的屬性，一濁一清，一柔一剛，二者和合即成萬物，萬物和則生，不和則不生。「和」除了是生成的要件之外，「和」也是人身、社會、政治、自然的秩序所在，人身陰陽之氣和則身強體健，智慧清明，道德純正，長生久壽。自然之中陰陽二氣和，則萬物繁生，欣欣向榮。社會、政治之中「政平氣合」，則百姓安定，天下太平。反之，陰陽不和，則災變日生。然而，無論元氣所生陰陽二氣如何運動變化，皆是元氣自己如此，並非有背後之主宰、意志使之然。陰陽二氣相和而成萬物，那麼在萬物生命歷程結束之後，萬物身中之氣又該何去何從？《論衡・論死篇》曰：「氣之生人，猶水之為冰也。水凝為冰，氣凝為人。」「陰陽之氣，凝而為人，年終壽盡，死還為氣。」〔註185〕元氣生人，則人死之後，人身釋為氣，又融入元氣之中，陰氣歸地，陽氣歸天，等待下一次的凝結成物。如此說來，王充的元氣有物質不滅的意味，蓋物或有形變，然氣則無質變。王充對人身之氣於質量上有精細的說明，以質來說，其一以為陰陽二氣構成人身之形神兩個部分，蓋陰氣成形，陽氣成神，陰陽二氣兼備且調和，則形神兼備，形神調和而得以長生。其二，人先天所稟承之氣於質上又有精粗之別，人稟精氣則成聖，稟粗氣則成凡；人稟貴氣則成貴人，稟賤氣則成賤人。以量來說，人所稟之氣多則體健長壽，稟氣少則體衰夭壽；人稟天氣多則道德純渥，稟天氣少則成不肖之人。

《太平經》則以為元氣〔註186〕生太陰、太陽、中和之氣，或云地氣、天氣，中和之氣，太陰（地氣）、太陽（天氣）二者和合，「陰陽相得」〔註187〕，如此即成太平之氣，太平之氣生，則風調雨順，萬物滋生，物富民豐，家給人足，社會安定，天下太平也。

〔註185〕　《論衡・論死》，〔清〕惠棟批校：《論衡》（台北：中國子學名著集成編印基金會1978初版），頁885。

〔註186〕　《太平經》說：「元氣乃包裹天地八方，莫不受其氣而生。」又說：「夫物，始於元氣。」元氣是化生天地萬物的本源。上述引文分別引自楊家駱　主編：《太平經合校》（台北：鼎文1979.9初版），頁78、頁254。

〔註187〕　〈三合相通訣〉，王明編：《太平經合校》（北京：中華書局，1997.10初版五刷），頁148。

兩漢氣論同中有異，倘若以異的觀點來看兩漢氣論流變，則可看出西漢一代，大抵精氣之說較爲盛行，蓋精氣說自戰國時《管子》即有，西漢初《淮南子》也比較強調精氣之說法。東漢起元氣說日益蓬勃發展。黃釗先生探究元氣說之源流曰：

> 查先秦時期的有關著作，《呂氏春秋》有「與元同氣」一語，這似乎還稱不上「元氣」的開端。黃老新道家《鶡冠子》中的《泰錄篇》有：「天地成於元氣，萬物乘於天地」一語，但此句中的「元氣」，有的本子作「無氣」，此「無氣」概念不清。故有學者認爲，元氣說始於《鶡冠子》。《淮南子・天文訓》曰：……「宇宙生氣」可肯定已有「元氣」的概念。到了董仲舒《春秋繁露》，已兩次用過「元氣」一詞，……西漢末年揚雄在《解嘲》和《檄靈賦》中都用過「元氣」一詞。需要指出的是，「元氣」說雖在西漢時已初露頭角，但並未占主導地位，西漢時仍以精氣說爲主。……王充《論衡》「元氣」一語已有十七見，而《太平經》僅甲部至丙部之文中，就有元氣二十五見。〔註188〕

從此段論述可知「元氣」說最明確出現之時間是西漢，從西漢以至東漢，元氣說逐漸受到重視，而以漸進方式在氣論思想中增加其份量。細言之，元氣說最明確出現的時間是西漢初的《淮南子》，至西漢《春秋繁露》又有元氣說的提起，到了《河上公注》之氣論，則精氣之說、元氣之說二者兼而有之，然二者之中以比例言之，則元氣之說通書僅三見，而精氣之說凡有二十七見，若加上精神之說法，那麼就不只二十七見，比例相當的懸殊，終至東漢末王充之《論衡》與《太平經》中，元氣說已經蔚爲風潮。

第三節　小結

就兩漢《老子》注之思想背景而言，就政治社會背景觀之，兩漢社會政治除了西漢、東漢初外，長期因外戚、宦官問題傾軋而動盪不安，影響所及，因而有追求現世的超脫，而轉向精神的修養之作，此即爲《指歸》；亦有感於生命的垂危，而轉向形體的養護之作，此即爲《河注》；又有尋求宗教心靈的

〔註188〕黃釗：〈《老子河上公章句》成書時限考論〉，見《中州學刊》（第二期2001.3），頁78。

安慰之作，此即為《想爾》。就學術思想觀之，兩漢學術在黃老思想、儒家經術、陰陽思想、氣化思想上十分盛行，其中黃老將老子思想「宛轉合道」用作「術」的運用，啟發兩漢《老子注》在治身、治國、神仙方術的發揮。黃老「因循」思維，被《指歸》、《河注》用作處世、應世的法則。其次，儒家「天人感應」思想在漢代已成為通貫各家的時代思潮。儒家災異、讖緯說，使儒學宗教化、神秘化，這也影響道家將其「道」戒律化而形成宗教教條。另外，劉昭瑞也指出《想爾注・第二十九章》中所謂「五帝精生，河雒著名，七宿精見，五緯合同。」等語，乃兼採兩漢讖緯之說。〔註189〕其三，漢代陰陽思想普遍被用於解釋宇宙萬物人身之變化，而陰陽的「協調平衡」即成修養的目標之一。其四，漢代氣化思想普遍被用於鋪衍宇宙生成的過程，以及宇宙萬物組成的元素。漢人並以「氣」作為天人、物我連動感應的中介。

※本章結論列表：

表2－2：兩漢《老子》注之思想背景

	背　景	影　　響
政治社會	兩漢社會政治除了西漢、東漢初外，長期因外戚、宦官問題傾軋而動盪不安。	1.追求現世的超脫，而轉向精神的修養——《指歸》。 2.有感於生命的垂危，而轉向形體的養護——《河注》。 3.尋求宗教心靈的安慰——《想爾》。
學術思想	1.黃老思想	1.黃老將老子思想「宛轉合道」用作「術」的運用，啟發兩漢《老子注》在治身、治國、神仙方術的發揮。 2.黃老「因循」思維，被《指歸》、《河注》用作處世、應世的法則。
	2.儒家經術	1.儒家「天人感應」思想在漢代已成為通貫各家的時代思潮。 2.儒家災異、讖緯說，使儒學宗教化、神秘化，這也影響道家將其「道」戒律化而形成宗教教條。
	3.陰陽思想	3.漢代陰陽思想普遍被用於解釋宇宙萬物人身之變化，而陰陽的「協調平衡」即成修養的目標之一。

〔註189〕劉昭瑞：〈《老子想爾注》雜考〉，《敦煌研究》（第87期 2004.5），頁96～97。

	背　景	影　　響
學術思想	4.氣化思想	4.漢代氣化思想普遍被用於鋪衍宇宙生成的過程，以及宇宙萬物組成的元素。漢人並以「氣」作爲天人、物我連動感應的中介。

第三章　兩漢《老子》注養生之淵源

　　養生是中華文化寶庫中的一枝奇葩。遠古時期，先民在與自然環境奮鬥的過程中，基於生活積累，因此形成了養生、衛生、益生的觀念。在先民不斷改善生存環境，尋求更合理生活方式的過程中，其中最具養生意義的是取火、飲酒、導引養生。班固《白虎通・號》云：「鑽木燧取火，教民熟食，養人利性，避臭去毒，謂之燧人氏。」〔註1〕班固注意了取火方法的發現，對先民養生的促進。至於文獻中關於養生的記載，早期青銅器圖形文字中，也有許多「壽」、「老」等老人的象形文字。《尚書・周書・洪範》提出了「五福六極」的觀念：「五福：一曰壽，二曰富，三曰康寧，四曰攸好德，五曰考終命。六極：一曰凶短折，二曰疾，三曰憂，四曰貧，五曰惡，六曰弱。」〔註2〕由此可知，先人已經把幸福同追求壽考、健康、安寧聯繫起來了。此外，《詩經・豳風・七月》云：「爲此春酒，以介眉壽」〔註3〕，認爲酒有延年益壽的功能。後世的《孝經》規定身體羸弱或有病者居喪期間可以飲酒，飲酒成爲養生的重要方法。但成熟的養生學體系，卻是在戰國秦漢時期出現的，〔註4〕如戰國時出現的〈行氣玉佩銘〉中的「气」字，日人前川捷三先生將陳夢家先生所引〈劍秘銘文〉，略改而記作：

〔註1〕　《白虎通・號》，〔漢〕班固等撰：《白虎通，又名，白虎通義，又名，白虎通德論》（北京市：中華 1985 新一版），頁 21～22。

〔註2〕　《尚書・周書・洪範》，四部叢刊 初編：王雲五 主編：《尚書、周禮、周易、毛詩》（臺北市：臺灣商務 1967 臺二版），頁 48。

〔註3〕　《詩經・豳風・七月》，〔宋〕朱熹：《詩經集註》（台北：群玉堂 1991.10 初版），頁 72。

〔註4〕　郇登順：〈戰國秦漢養生思想體系研究〉，《重慶師院學報》（第 3 期 2000），頁 13。

行气深則蓄。蓄則伸，伸則下，下則定，定則固，固則萌，萌則長。

長則退，退則天。天幾舂在上，地己舂在下，順則生，逆則死。〔註5〕

陳夢家先生考證〈劍秘銘文〉爲戰國初期齊之器物，並以爲〈劍秘銘文〉中的「行」即是「行氣」，並認爲〈劍秘銘文〉此段之說法同於《孟子》之「養氣」，《老子》之「專氣」、「使氣」，以及《荀子》之「治氣」。又郭沫若先生也考證〈行氣玉佩銘〉成立之年代在於戰國初年。〔註6〕的確，〈劍秘銘文〉，或云〈行氣玉佩銘〉，或作〈行氣玉秘銘〉，內容以爲行氣導引之要，在於深吸慢呼，使所吸入之氣在蘊蓄隱忍之中，深細綿長，並周流全身，循環不已，能順此要領行氣導引則能求得長生。如此可知，戰國初年已有將氣之始義運用於養生治身之上。此外，伴隨著神仙方士文化的興起，一種以追求長生不死、羽化成仙爲主要目標的養生文化於是蓬勃的發展起來了。〔註7〕

其次，「養生」思想的前提應是「貴生」、「重生」思想，也就是說，因爲「貴生」、「重生」，而深切體認生命的價值，因而有了保全生命的想法，而保全生命的課題即是養生的課題。而重生、貴生思潮在中國源遠流長，古代聖人和先秦諸子都有貴己貴生的言論。如儒家《孝經・聖治章》強調「天地之性，人爲貴」〔註8〕。道家《老子》表達了「貴生」的思想，「貴生」語出《老子・第七十五章》，曰：「賢於貴生。」老子又把生命同名譽和財富進行了比較，提出了「名與身孰親？身與貨孰多？」的問題。老子認爲：「知足，知止」才「可以長久」，他把生命看得比名譽和財富更重要，從而表達了對生命的摯愛之情。(《老子・第四十四章》) 楊朱主張「爲我貴己」、「輕物重生」，所謂「楊子取爲我，拔一毛而利天下，不爲也。」〔註9〕(《孟子・盡心上》) 老子言：「若可寄天下；愛以身爲天下，若可托天下。」(《老子・第十三章》) 皆表現出輕物重生的思想。莊子則將生命看得高於一切，認爲「夫天下至重也，

〔註5〕 以上此段資料轉引自日人前川捷三：〈甲骨文、金文中所見的氣〉一文，該文收錄於小野澤精一等所編：《氣的思想》(上海：人民 1970 年 7 月初版)，頁15～16。

〔註6〕 轉引自日人前川捷三：〈甲骨文、金文中所見的氣〉一文，該文收錄於小野澤精一等所編：《氣的思想》(上海：人民 1970 年 7 月初版)，頁 15～16。

〔註7〕 高秀昌：〈論老子的養生學及其影響〉，《河南教育學院學報》(哲學社會科學版) (第 26 卷總 109 期) 第 5 期 2007)，頁 108。

〔註8〕 《孝經・聖治章》，楊家駱 主編：《孝經集注述疏》(台北：世界 1969.4 再版)，頁 470。

〔註9〕 〔宋〕朱熹：《四書集註》(台北：學海 1991.3 再版)。

而不以害其生；天下大器也，而不以易生。」〔註10〕(《莊子·讓王》) 並譴責那些「喪己於物，失性於俗者」的人爲「倒置之民」〔註11〕(《莊子·繕性》)，感慨「今世俗君子，多危身棄生以殉物，豈不悲哉？」〔註12〕(《莊子·讓王》)莊子的貴己貴生思想對後世產生了深遠影響。黃老學派的《呂氏春秋》在〈本生〉、〈重己〉、〈貴生〉、〈先巳〉諸篇中都論述了重生、重己的道理，認爲「凡事之本，必先治身」〔註13〕(〈先巳篇〉)，道的眞諦首先是保持身體，其次才是治理國家和天下，甚至認爲生命比權位更重要，只有把生命放在第一位的人才可能治理天下。漢代貴生思想又有新的發展。董仲舒《春秋繁露·天地陰陽》認爲「人之超然萬物之上，而最爲天下貴也。」〔註14〕

　　綜此觀之，古代養生思想著實豐富，堪爲中華文化中的重要資產。這裡僅以兩漢《老子》注爲核心脈絡，擇取與此一脈絡密切相關的幾家養生說法，加以論述。

第一節　道家之養生思想

　　道家養生哲學是中國傳統文化的重要組成部分，它對養生文化造成莫大的影響。蕭天石先生即言：「就養生之道而言，其中以道家爲極高明而極博大，極變通而極悠久，極簡易平實，而又能妙用萬千，氣象萬千。」〔註15〕道家，一般指先秦時期以老莊爲代表的哲學流派，其主要代表人物是老子和莊子。《老子》原典固然是兩漢《老子》注養生思想最主要的源頭，其實《莊子》一書也深深影響《老子指歸》的思想，因此在此無可避免的須作說明。

〔註10〕　《莊子·讓王》，〔清〕郭慶藩編：王孝魚 整理：《莊子集釋》(台北：萬卷樓 1993.3 初版二刷)，頁965。

〔註11〕　《莊子·繕性》，〔清〕郭慶藩編：王孝魚 整理：《莊子集釋》(台北：萬卷樓 1993.3 初版二刷)，頁558。

〔註12〕　《莊子·讓王》，〔清〕郭慶藩編：王孝魚 整理：《莊子集釋》(台北：萬卷樓 1993.3 初版二刷)，頁971。

〔註13〕　《呂氏春秋·先巳篇》，〔明〕凌稚隆批：陳立夫等編修：《中國子學名著集成——《呂氏春秋》》(明萬曆庚申吳興凌氏刊朱墨套印本)(中國子學名著集成編印基金會 1978 初版)，頁79。

〔註14〕　《春秋繁露·天地陰陽》，蘇輿 撰；鍾哲 點校：《春秋繁露義證》(北京：中華書局 1992.12 第一版第一刷)，頁466。

〔註15〕　蕭天石：《道海玄微》(台北：自由出版社 1981.6 再版)，頁61。

一、《老子》之養生思想

老子〔註 16〕是道家學派創始人，胡適先生稱之為中國哲學的始祖。老子認為萬物源於「道」，此種以「道」為本源的生命觀與儒家「死生由命，富貴在天」的天命觀是截然不同的，它否定了天地鬼神對生命的支配，給追求生命長久的養生者「長生」的希望。以下試就《老子》的養生方法〔註 17〕略作分析：

（一）自然無為

道無窮無極，亙古以存，自古即然。人在欽羨大道無窮無極之同時，逐步去推演大道長久之背後因素，而此因素，正是「人」與「道」之別，也正是人無法如道之長久的原因，而此原因也正是養生所必須遵守的要項。

《老子・第二十五章》說：「人法地，地法天，天法道，道法自然。」既然道法自然而得以長久，那麼，人欲求長生久視，勢必也要法自然。所謂「道法自然」就是道依據自己內在的本性而存在、運動、發展的意思。王弼注：「道不違自然，乃得其性。法自然者，在方而法方，在圓而法圓，與自然無所違也。」〔註 18〕就是說，道本身無所作為，而順應萬物之自然。道於法自然的同時，一方面體現出順道性而為的作為，一方面又體現出對萬物生長發展表現出不干涉的態度。那麼，就養生的角度來談人之法自然，亦有兩層意思：一是人應當取法天地之自然，體現出「天人合一」的觀念；二是人應當取法人性之自然，體現出人本性之自然的觀念。是以今人蒙培元說：

> 「常自然」就是以自然為常，既是天之「常道」，亦是人之「常性」。……
>
> 萬物以自然之道為常。這自然之道作為人之常性是不為而成的。……
>
> 修之於身，必須反回到自身，認識自己內在的「常德」即自然之性。

〔註 16〕老子，處於春秋時期，其事蹟已不可考。據《史記》載，老子是楚國人，名耳，字聃，曾做周室「守藏室之史」。孔子曾問禮於老子，晚年老子「看到周王朝日趨沒落，回故鄉楚國苦縣厲鄉曲仁裏過著隱居的生活」。其著作《老子》書共五千餘字。

〔註 17〕《老子》一書，涉及養生思想的章節至少有十三，分別是：《老子・第三章》、《老子・第六章》、《老子・第十章》、《老子・第十二章》、《老子・第十六章》、《老子・第十九章》、《老子・第三十九章》、《老子・第四十章》、《老子・第四十二章》、《老子・第四十八章》、《老子・第五十五章》、《老子・第五十六章》、《老子・第七十五章》等等。

〔註 18〕〔晉〕王弼 注：《老子》（台灣：台灣中華書局 1970.9 台三版），頁 15。

　　　「知人者智，自知者明。」(《老子・第三十三章》) ……可見「明」

　　是一種自我認識，不是一般的對象認識，就完成自己的人性而言，

　　與其說是一種認識，不如說是自我呈現。他所說的「知常日明」(《老

　　子・第五十五章》) 就是這樣的自我認識，也就是「自知之明」。所

　　謂「常道」、「常德」、「常自然」，都是一個意思，既是自然之道，又

　　是人的本性。「自知」之明與「知常」之明也是一回事，不是在自身

　　之外去認識什麼「常道」，而是通過自我反思、自我體悟，掌握普遍

　　而永恆的自然之道。〔註19〕

所以養生就應以自然爲本，人如果能夠法道之自然，順應自然，不違背規律，
不違背本性之自然，就能夠生生不息，長生久視。

　　然而必須強調的是，老子雖在意益生和貴生，但他對養生也採取一種「順
乎自然」的態度。《老子・第二十三章》云：「故飄風不終朝，驟雨不終日。
孰爲此者？天地。天地尚不能久，而況於人乎？」由此可知，老子也體認到
生命有時盡的現實，既然生命有時盡，竭力養生是否就能眞正達到長生久壽
的目的呢？《老子・第五十章》又說：

　　　出生入死，生之徒十有三，死之徒十有三。人之生，動之死地，亦

　　　十有三。夫何故？以其生生之厚。蓋聞善攝生者，陸行不遇兕虎，

　　　入軍不被甲兵，兕無所投其角，虎無所措其爪，兵無所容其刃。夫

　　　何故？以其無死地。

意曰：長壽者有十分之三，短命者有十分之三，本應長壽而終究成爲短命者
也有十分之三，爲什麼？這是由於滋養生命過分豐厚。從養生學角度理解，
注意養生則長壽，無意養生則無壽，刻意養生則損壽。因此，養生必須反對
「無意」，力戒「刻意」，堅持「注意」。

　　養生除卻法道之自然外，尚需法道之無爲，實際上「自然」與「無爲」
乃一體之兩面，能夠無爲，即順乎自然。欲順乎自然，必得無爲。老子論道
之「無爲」曰：「輔萬物之自然而不敢爲。」(《老子・第六十四章》)「道常無
爲而無不爲。」(《老子・第三十七章》)。一方面論述有爲之危害，使得「道」
戒愼恐懼而不敢妄爲；一方面又讚揚無爲能產生「無不爲」之效用。因此大
道之生養萬物，固然無爲；修道者養生自然也要無爲，所以老子說：

〔註19〕蒙培元：〈老莊哲學的思想特徵〉，陳鼓應　主編：《道家文化研究》(二)(上
　　　海：上海古籍出版社 1992.8 第一版第一刷)，頁 111～113。

> 為學日益，為道日損，損之又損，以至於無為，無為而無不為矣。
>
> （《老子‧第四十八章》）

意指對現象界的客觀知識認識的愈多，對大道的認識就愈少，必須將這些有損於大道的學習或者知識，一件一件除去，才能一窺大道之全貌。就學習方面的有為來說是如此，對其他方面的有為亦然，因此欲求養生，就必須把有為「去之又去」、「損之又損」，以至於無為，如此即可順乎自然而長生久視。

（二）致虛守靜

　　牟宗三在《現象與物自身》中言：「致虛極，守靜篤」一章是道家思想智慧的全部綱維，〔註 20〕其實「致虛極，守靜篤」一句同時也是道家養生的重要指南。老子曰：

> 致虛極，守靜篤。萬物並作，吾以觀其復。夫物芸芸，各復歸其根。歸根曰靜，是謂復命。復命曰常。知常曰明。不知常、妄作凶。知常容、容乃公。公乃全、全乃天。天乃道、道乃久。沒身不殆。
>
> （《老子‧第十六章》）

王淮《老子探義》釋曰：「『致虛極，守靜篤』兩句，蓋修道者『明心』之工夫也。在理論上吾人之心體固是昭靈不昧，但是在現實上由於主客觀的因素，吾人之心靈總難免不為世俗之事物所攪動與蒙蔽，因而必需做『虛靜』的工夫，使此『心』復其本性之『清明』，故荀子論修心曰：『虛一而靜謂之大清明』（〈解蔽篇〉）。道家以『智』立教，而老子『致虛極、守靜篤』，即是『轉識成智』之工夫，與『超凡入聖』之關鍵，何則？蓋唯有吾人之心靈虛靜而清明，然後才能夠悟道（知），亦才能夠體道（行）也。」〔註 21〕致虛守靜，虛至「極」處，靜至「篤」處，就可以明「心」歸「道」，也就是歸根復命，一旦回歸這個「天地之根」、「玄牝之門」，就可以進入超越生死之境，而得以生生不息。

　　分開來說，關於「致虛」的具體方法，老子說：

> 是以聖人之治，虛其心，實其腹，弱其志，強其骨，常使民無知無欲。（《老子‧第三章》）

此言在內在心靈方面必須使此「心」空虛，而欲使此「心」空虛，就必須「滌

〔註 20〕牟宗三：《現象與物自身》（台北：聯合報文化基金會 2003 初版），頁 445。
〔註 21〕王淮 注釋：《老子探義》（台北：台灣商務印書館 1972.4 二版），頁 67～68。

除玄覽」，將心中所充塞之欲望雜念一一去除，使心神安守於內，使內在充實。老子也從反面論述，力言多欲之害，曰：「罪莫大於多欲，禍莫大於不知足，咎莫大於欲得，故知足常足矣。」（《老子・第四十六章》）人類的罪過災禍無不源之於欲望、「不知足」、「欲得」的心理，因此為求避禍全身，必須滌除欲望、「不知足」、「欲得」的貪婪心理，過著「少私寡欲」的清靜簡樸生活。

在外在生活方面，避免感官因為過度的享受，而陷入欲望的深淵。老子因此說：

> 五色令人目盲。五音令人耳聾。五味令人口爽。馳騁畋獵，令人心發狂。難得之物，令人行妨。是以聖人為腹不為目，故去彼取此。
>
> （《老子・第十二章》）

王淮《老子探義》釋曰：「所謂五色、五音、五味、馳騁畋獵、難得之貨等，皆所以喻外物之足以傷害德行，故為修道者所不取也。本經三十八章所謂：『大丈夫處其厚，不居其華，處其實，不居其薄，故去彼取此』，《莊子・德充符》所謂：『內保之而外不蕩也』，皆是此種修道之士涵養德行之工夫境界。」[註22]眼耳鼻舌身意原是人的生存之具，然而過度的沉迷於聲色犬馬，就會使它失去原本應有的功能性，耳不聰，目不明，味覺失去靈敏，心志欠缺清明，對身心造成莫大傷害。因此，聖人對感官的態度，主張只要作到滿足基本生理需求的最低限度即可，若能滿足此最低限度的基本需求，就要知足、知止，老子言：「知足不辱，知止不殆。」（《老子・第四十四章》）即是此意。

至於「靜」，老子養生思想中有「靜以養神」的觀點，關於以「靜」養神的具體方法，老子提出：「不欲以靜，天下將自定。」（《老子・第三十七章》）憨山大師詮釋說：「此亦不欲，則可專以靜而制群動，無敢作者，故云天下將自正。」[註23]人能無欲，自然歸靜，心神清靜，自然形神相抱，長生久視。老子又曰：「孰能濁以靜之徐清，孰能安以久動之徐生。保此道者不欲盈，夫唯不盈，故能蔽而新成。」（《老子・第五章》）「不欲盈」者即是能虛者，能虛就可「靜」，以虛靜修德，則能保全精神，不為耗損，生命自然就能延長。

[註22] 王淮 注釋：《老子探義》（台北：台灣商務印書館 1972.4 二版），頁 51～52。
[註23] 見〔明〕憨山大師註：《老子道德經憨山解、莊子內篇憨山註》（台北：新豐出版公司 1982.12 再版），頁 96。

（三）抱一無離

《老子・第十章》：「載營魄抱一」，然關於「一」的涵義，有諸種解釋：其一，以「一」爲「道」。此即《老子・第三十九章》所言：「天得一以清，地得一以寧，神得一以靈，谷得一以盈，萬物得一以生」，即談論了天、地、神、谷、萬物「抱一」而「得道」的效用。其中，「萬物得一以生」一句，對於養生格外具有意義，若將此句之「一」解作「道」，那麼，通句意指萬物「抱一得道」之後即得長存。而人身爲萬物之一，若也能「抱一得道」，必然也能在養生方面獲取極大的功效。

其二，以「一」爲「眞」。王弼解《老子・第十章》「載營魄抱一」這一句，認爲「載，猶處也。營魄人之常居處也。一，人之眞也」。〔註24〕依此，那麼，抱一即爲抱眞，即擁抱人本性之眞，而這個「人之眞也」，在《老子》中的概念應等同於「德」，蓋「萬物所以生所以然之總原理曰『道』；各物所得於『道』以生以然之理曰『德』。」〔註25〕依乎此，則所謂的「德」，即萬物所得之於「道」而體現於自身身上者，也就是說，萬物從「道」而成其「德」，成其「德」即得吾本性之眞，而萬物從道成德同樣也可獲致長生。

其三，以「一」爲「一體」。唐玄宗以爲：「魄則陰虛，魂則陽滿，……故要抱一」〔註26〕，按他的認識，魄屬陰，對應的是精；魂屬陽，對應的是神，他說：「精與神合而不離，以精集神，以神使形，以形存神，精全而不虧」〔註27〕。因此，「載營魄抱一」即形神相抱不離的意思。以上三說，接言之成理，然筆者以爲，站在養生的角度而言，「一」解作「道」，或者「一體」，取其抱一得道、形神相抱之意，皆十分合理。

（四）專氣致柔

老子觀察自然界的草木，剛強者易折，而柔弱者反而因爲具備韌性，而得以保全性命。又說：「人之生也柔弱，其死也堅強。萬物草木之生也柔脆，其死也枯槁。故堅強者，死之徒，柔弱者生之徒。」（《老子・第七十六章》）人之生也柔弱，而人之將死四肢百骸僵硬不已，如此以證柔弱者得以久生，

〔註24〕〔晉〕王弼 注：《老子》（台灣：台灣中華書局 1970.9 台三版），頁 5。

〔註25〕蔣伯潛：《諸子學纂要》（台北：正中 1972 台五版），頁 180。

〔註26〕〔唐〕唐玄宗：《御注老子》（山西：山西古籍 2003 第一版第一刷），頁 55。

〔註27〕〔唐〕唐玄宗：《御注老子》（山西：山西古籍 2003 第一版第一刷），頁 56。

而剛強者近死。老子透過這些論證，得出柔弱有益於人，因此欲修養身心，則必須涵養柔弱之德。

關於「致柔」之具體方法，老子提到數種方法：其一要專氣。《老子·第十章》中說：「專氣致柔，能嬰兒乎？」「專」即「搏」，「專氣」即「搏氣」〔註28〕，「搏氣致柔」指養生應當搏聚精氣，以綿長逆向的方式呼吸，並揉合人身中陰陽二氣，使之趨於中和，達到「致柔」的效果，就如同初生之嬰兒，所秉具那股柔和之氣一般。

其二要任自然之氣。王弼的說法是「任自然之氣，致至柔之和，則物全而性得矣。」〔註29〕無為而心自平，氣自柔。王淮也注釋說：「專，守也。致，使也。專氣則靜而不躁，致柔則弱而不強。此言修道之士要能平『心』靜『氣』，心平氣靜，則精神純粹，性情柔和，如嬰兒之天真自然矣，故本經五十五章曰：『含德之厚、比於赤子』，蓋赤子無思無慮，無造無作，即所謂『純氣之守也』。」〔註30〕赤子與嬰兒為道家之理想，修道養生者所嚮往之一種人格形態。以處世而言，依老子柔弱勝剛強的辨證，則嬰兒雖則筋骨柔弱，稟氣柔和，然毒蟲、猛獸、攫鳥等兇惡之物不能傷害他。〔註31〕就生理現象來說，嬰兒雖則柔弱，然「握固」，「未知牝牡之合而朘作，精之至也。終日號而不嗄，和之至也。」（第五十五章）嬰兒之精足氣滿，生命力極為旺盛，這是形體剛強、四肢僵硬的成人所不及的。

其三要「沖氣以為和」，《老子·第四十二章》言：「萬物負陰而抱陽，沖氣以為和。」所謂「負陰而抱陽」，字面上是指背陰而向陽，至於陰陽之本意，據徐復觀先生考證，今《說文》所見「陰昜」即是「陰陽」之本字，且據其考證，「陰昜二字，與『日』有密切的關係，原意是有無日光的兩種天氣。」〔註32〕《說文》則謂：「陰，闇也，水之南山之北也。」「陽，高明

〔註28〕《帛書老子乙本圖版》之「專」作「搏」。又《管子·霸言》有：「不搏不聽」。尹知章注曰：「搏，聚也。」是知，專，搏也，有結聚、聚合之義。又林師文欽先生解「專」為：陰陽二氣之揉合變化。而許師老庸先生也解「專」作與「使氣」相對的無心之發用。故今合兩位老師的說法，解「專氣」為在無心之中而使人身之中的陰陽二氣不斷的揉合變化。

〔註29〕〔晉〕王弼 注：《老子》（台灣：台灣中華書局 1970.9 台三版），頁6。

〔註30〕王淮 注釋：《老子探義》（台北：台灣商務印書館 1972.4 二版），頁32。

〔註31〕《老子》第五十五章：「含德之厚，比於赤子，毒蟲不螫，猛獸不據，攫鳥不搏。」

〔註32〕徐復觀說乃轉引自胡以嫻：《老子形上學之研究》（台大哲學碩論 1980.6），頁67。

也。」〔註33〕如此可知陰陽之本意爲向陽與背陽，並從中引申出種種對應的關係，如明與闇，如水南山北與水北山南，甚至是寒與暖。然而，無論是哪一種對應關係，從陰陽之始義觀之，則陰陽所指未必指陰陽兩氣。〔註34〕但若從下文之「沖氣以爲和」反推，則「沖氣」之「沖」，《說文》解釋爲「涌繇」之義，〔註35〕即「沖搖」之義，指相異之物相互沖激、激盪、混淆之義。那麼「沖氣」，當指相異之氣互相沖激、激盪、混淆，依此反推則此相異之氣，當爲陰陽二氣。依此，則「負陰抱陽，沖氣以爲和」通句之義，即指出宇宙間有陰氣、陽氣的存在，而萬物對這二股相互對立矛盾的氣，其趨捨狀態是背陰氣，而向陽氣，萬物之所以如此，其原因在於陽主生，而陰主殺，是以背陰而向陽，正欲求生而避殺也。至於宇宙中的陰陽二氣是如何形成萬物的呢？其關鍵在於「沖」一字，「沖」者「沖搖」也，「沖搖」乃是一種氣的動態，如此可知，萬物之形成的第一個要件在於「氣動」〔註36〕，氣運生動則萬物生。其次，在氣動之中，陰氣陽氣有互相搖混、沖激、激盪的動作，陰陽二氣在充分地沖激、激盪之下，相互衝擊、相互對峙、相互抵銷，其實也相互化合，最後達到「和合」的狀態，萬物才得以形成。如此觀之，「和」爲萬物之生成因素，氣和則能生。甚者，「負陰抱陽，沖氣以爲和」非但是生成條件，同時也是生存條件。所以，在老子看來，養生之道應以「沖氣以爲和」爲目標。

致柔方法之四在於防範心之「使氣」，以人來說，氣隨著生成運動的完成，仍內存於人身，繼續運動變化，且「氣」之每一運動變化，無不牽動著人身之生滅變化。至於影響氣之變化因素繁多：其一，氣本身即是恆動者，無法固定不變。其二，自然環境的變動，必然會牽動人身中之氣變，因此面對自然環境之變化，必須順應自然，隨著自然的變化而變化，如此才可維持氣之

〔註33〕〔清〕段玉裁　注：《說文解字注》（台北：黎明 1991.8 增訂八版），頁 738。

〔註34〕唐君毅先生亦認爲陰陽最初所指乃爲一切形象往來相繼的狀態，未必爲陰陽二氣。見其《中國哲學原論・原性篇》（香港九龍：新亞書院研究所 1968），頁 74。案唐君毅先生對陰陽之始義其研究結果與徐復觀先生之研究所得，乃至於《說文》的說法，雖然不盡相同，但是對陰陽之始義未必是氣的看法是一致的。

〔註35〕〔清〕段玉裁　注：《說文解字注》（台北：黎明 1991.8 增訂八版），頁 552。

〔註36〕張立文先生以爲此爲氣之運動性，言「氣」乃是不住地運動，因爲能不停的運動變化，萬物才有種種的生滅變化。此見張立文：《氣》（北京：中國人民大學 1989.3 第一版），頁 35。

「常」，也就可以維持道之「常」。其三，任何的氣之運動變化之大，都不如人為之造作所帶來的變化之甚。《老子‧第五十五章》言赤子曰：

> 終日號而不嗄，和之至也。知和曰常，知常曰明，益生曰祥，心使氣曰強。物壯則老，謂之不道，不道早已。

《老子》此章先解釋何謂「和」、「常」、「明」、「祥」、「強」，能如赤子一般不知「和」，卻能自然而然達到氣之淳和、調和，可謂已達到「和」的極致。知道「和」謂之「常」，知道「常」謂之「明」；祥者，此處作不祥，易順鼎《讀老禮記》云：「祥即不祥。」〔註37〕即貪生放縱謂之「不祥」；以心去影響、牽動氣之運動謂之「強」，意思是說：「氣」本有其運行之自然規律，如能順應「氣」之自然運動，則人身也能在自然的情況下蒙受其利。反之，心受到外物的牽引，產生喜怒哀樂的種種情緒，或對外物「愛之欲其生，恨之欲其死」，產生不同程度的執著，並且枉顧自然之變化，欲以人為之力量強力改變既有之結果，於是在人為強力有為造作的情況下，人身之氣因此也受到強力的改變，柔和之氣因為人為之執著，而變得強硬，變得衝突，變得暴戾，一如平靜之水，突起怒濤，任何事物柔弱者可以宛轉，細水可以長流；而強壯者必定阻力大，折損多，所謂「飄風不終朝，驟雨不終日。」（《老子‧第二十三章》）所以也勢不能長久，因此老子緊接著說，事物壯盛，勢必因為折損而加速走向衰老，蓋因強壯者不符合道之柔弱，失道者則離死不遠。王邦雄先生於此也有精闢的論述，其言曰：

> 在人生成長路上，心有知的作用，知的本質是執，心知的執著會介入氣，助長氣，甚至扭曲氣，氣轉成英雄志業的工具，證明自己是強者，而以強勢的姿態出現，此人為造作，會適得其反，……心使氣而求其物壯，物要壯大自己，生命力透支，而加速走向衰亡之境，此不合天地自然之道，死亡反而提早到來。〔註38〕

因此，「使氣」對生命現象是有害的。因此，欲避免因為「使氣」而走向衰亡，勢必要減少心志的妄用，毋有人為的任何妄作，凡事順乎自然，心平氣自「和」，志弱氣也自然「和」了，如此不斷的歸反，不斷的歸去，待回歸至嬰兒般無思無為，無心無知，即能回歸於有如嬰兒的柔和之境。

〔註37〕轉引自張立文：《氣》（北京：中國人民大學1989.3第一版），頁36。
〔註38〕王邦雄：《《莊子》心齋「氣」觀念的詮釋問題》（道家思想國際學術會議2004.4），頁6。

除上述所列外，尚有以「嗇」養生的方法，《老子·第五十九章》中提出了以「嗇」養生的方法：

> 治人事天莫若嗇。夫唯嗇，是謂早服。早服謂之重積德。重積德，則無不克。無不克，則莫知其極。莫知其極，可以有國。有國之母，可以長久。是謂深根固柢、長生久視之道。

這裏「嗇」的內涵是愛惜、積蓄、節約。老子以爲養生應培蓄能量，厚藏根基，充實生命力，而不要浪費精神。養生以嗇，就可以使生命的根基厚實，精神充沛，從而達到健康長壽的目的。老子的以儉嗇爲「深根固柢、長生久視之道」的養生方法，被後世養生學家奉爲養生的圭臬。

《老子》不是一部養生書，但是卻蘊含著豐富的養生思想，它提出養生學的基本原則與方法，不僅奠定了傳統養生文化的思想基礎，而且對後世道教養生思想的形成和發展產生了巨大的影響，諸如老子有關「道」的思想是後世道教養生思想的重要理論來源。其次，老子確立了後世道教養生的一些重要的養生原則，如「自然無爲」、「致虛守靜」、「抱一無離」、「專氣致柔」。總之，老子對後世道教養生學的影響是多方面的，從理論到實踐都可以找到老子的影子，所以要真正理解道教養生的理論和方法，全面認識老子的養生思想是很有必要的。

二、《莊子》之養生思想

司馬遷《史記·老子韓非列傳》中明載：「莊子者……其學無所不窺，然其要本歸於老子之言。……作漁父、盜跖、胠篋，以詆訿孔子之徒，以明老子之術。」〔註39〕可知莊子之學受老子影響極大，不獨在學術上莊子於老子之學有所承襲，在養生思想上莊子於老子亦有所承襲，除卻承襲老子的養生觀點外，莊子亦在養生思想上別有個人獨到的見解。

「養生」一辭首見《莊子》，〔註40〕《莊子》中專論養生思想的篇章主要見於《莊子·養生主》和《莊子·達生》。〔註41〕其中，《莊子·刻意》的「吹

〔註39〕瀧川龜太郎編：《史記會注考證》（台北：宏業 1990.10.15 再版），頁834。
〔註40〕見《莊子·養生主》：「文惠君曰：『善哉！吾聞庖丁之言，得養生焉。』」〔清〕郭慶藩編：王孝魚 整理：《莊子集釋》（台北：萬卷樓 1993.3 初版二刷），頁124。
〔註41〕此外，亦散見於內篇：《莊子·逍遙遊》、《莊子·齊物》、《莊子·德充符》、《莊子·大宗師》、《莊子·應帝王》等；外篇：《莊子·在宥》、《莊子·天地》、《莊

呴呼吸，吐故吶新，熊經鳥申」和《莊子‧大宗師》中的「坐忘」，雖則簡短，但歷代養生家和修煉家多受其影響，如三國華佗的五禽戲，明代張三豐的太極拳均受《莊子‧刻意》的影響，而唐代道士司馬承禎就嘗借用莊子「坐忘」二字寫了著名的《坐忘論》。〔註42〕以下試就《莊子》的養生方法略作分析：

（一）形全精復

莊子認為人的生命可大別為形、神兩個部份，這樣的觀點可從「勞君之神與形」（〈徐無鬼〉），「女神將守形」（〈在宥〉）諸句中可以窺見。就形體部份而言，《莊子‧齊物論》說：「人謂之不死，奚益？其形化，其心與之然，可不謂大哀乎？」意思是說：形骸死了，心也隨之而亡，靈氣蕩然無存。〔註43〕因此就養生而言，形體的涵養確為不可忽視的一環。而欲養形，則必先釐清莊子對「形體」的認知，莊子所謂的形體，包含百骸，九竅，六藏等「形化」的軀體，這在《莊子》內篇所見幾乎都是一致的。〔註44〕至於形化的軀體，是如何產生的，莊子說：「精神生於道，形本生於精。」（〈知北遊〉），有形是由無形之精而生。〔註45〕《莊子‧至樂》論之更詳，曰：

> 察其始而本無生，非徒無生也而本無形，非徒無形也而本無氣。雜
> 乎芒芴之間，變而有氣，氣變而有形，形變而有生，今變而之死，
> 是相與為春夏秋冬四時行也。

從此段文字中，莊子認為宇宙生成的圖式為：芒芴──氣──形──生──死。宇宙之始是無氣、無形、無生，只是一團混沌而不可辨的芒芴，所謂「芒芴」即「恍惚」、「混沌」、「窈冥」之意也，若對照到《老子‧第二十一章》：「道之為物，惟恍惟惚。」則此所謂其「始之芒芴」，所指則為大道之狀態。於是在大道這一片混沌、芒芴、恍惚之中，逐漸的氤氳變化，產生了氣，此

子‧天道》、《莊子‧天運》、《莊子‧刻意》、《莊子‧繕性》等；雜篇：《莊子‧庚桑楚》、《莊子‧外物》、《莊子‧讓王》等。

〔註42〕游建西：〈論老莊養生哲學〉，《宗教學研究》（第1期2006），頁18。

〔註43〕〔清〕王先謙；〔民國〕劉武 撰：《莊子集解／莊子集解內篇補正》（台北：漢京文化事業有限公司，1988.11），頁13。

〔註44〕李美燕：〈由莊子的形神觀論其養生哲學〉，《屏東師院學報》（第十二期1999.6），頁134～135。

〔註45〕王夫之曰：「道，無也；精神，有也。然則精神之所自生，無所以然之根，而一因乎自然之動。自然者即謂之道，非果有道也。道生神，神生精，精乃生形，形乃相禪而生物。」見〔清〕王夫之：《莊子解》（台北：河洛圖書出版社1974.10初版），頁188。

氣即為初始之氣，又可謂之「一氣」。此後，又「變成陰陽二氣；二氣凝結，變而有形；形既成就，變而生育。」〔註46〕言氣透過先「分化」後「聚合」的運動產生形體，〔註47〕形體一旦具備，各式各樣的生命型態於是自此繁衍眾多，直待氣離散了以後生命就宣告終結，此〈知北游〉所謂：「人之生，氣之聚也，聚則為生，散則為死。」氣散之後，直待下一次之氣變而有形，形變而有生……，整個生成運動又周而復始，循環不已。此種「形」由「氣」生的觀念在《莊子》外、雜篇皆可見之。〔註48〕釐清莊子對形體的概念之後，可知莊子的形養，除卻一般形軀的煉養外，更包含深層的氣的煉養。

關於「形養」之道，〈達生〉中提出了「形全精復」的養生法。這即同時包含了形軀的煉養與氣的煉養，形軀之煉養即「形全」之道，氣之煉養即「精復」之道。就形軀的煉養來說，莊子有言：

> 養形必先之以物，有餘而形不養者有之矣；有生必先無離形，形不離而生亡者有之矣。（〈達生〉）

成玄英《疏》曰：「物者，謂資貨衣食，旦夕所須。夫頤養身形，先須用物，而物有分限，不可無涯。」〔註49〕意思是說：頤養身形，必先有旦夕所需的用物，但這些用物必須有所限度，若是無限度的擴張，陷入物欲的深淵，反而會迷亂失性，喪形傷生，故「欲念」乃成養形最大致命之蠱。養形之道，一方面固然需要滋養，一方面也應避免消耗，所以莊子又說：「夫欲免為形者，莫如棄世。棄世則無累，無累則正平，正平則與彼更生，更生則幾矣。」（〈達生〉）「棄事則形不勞。」（〈達生〉）「全汝形，抱汝生，無使汝思慮營營。」（〈庚桑楚〉）世事紛紛擾擾，使人勞累；思慮欲念，擾人精神，因此為求全形，避免不必要的消耗，應該遠離俗世，不理世事，清心寡欲，〔註50〕澹然處世，

〔註46〕〔清〕郭慶藩編：王孝魚 整理：《莊子集釋》（台北：萬卷樓1993.3初版二刷），頁615。

〔註47〕婁世麗以為陰陽之氣動恆遵循著「離──合──離的恆定律。」，陰陽之氣之所以「合」，在於陰陽本有相吸的性質，至於相合之陰陽二氣之所以會分離，則是受到四方之陰陽之氣所牽引。見其論文《莊子氣論探微》（台大中文碩論1992.6）。

〔註48〕李美燕：〈由莊子的形神觀論其養生哲學〉，《屏東師院學報》（第十二期1999.6），頁134～135。

〔註49〕成玄英《疏》，〔清〕郭慶藩編：王孝魚 整理：《莊子集釋》（台北：萬卷樓1993.3初版二刷），頁631。

〔註50〕呂錫琛曰：「節欲絕非禁欲，莊子反對禁欲，特別是對於那種為求善名而禁欲的行為，他表示出明顯的厭棄態度，他指責說，為此而『苦體絕甘，約養以

達於老子所謂：「少私寡欲」之境，則能日新又新，通於大道，生生不息。

其次，關於「精復」之道，則涉及養氣的問題，養氣亦同養形，一方面要滋養，一方面要避免消耗。關於氣之滋養，〈養生主〉說：

緣督以為經，可以保身，可以全生，可以養親，可以盡年。

所謂「緣督以為經」，依道教氣功學理論，人體有三關九竅、奇經八脈，「督」指「督脈」，位於人體背部與位於胸前的中丹田「任脈」相對，〔註51〕透過行氣導引，使任督二脈氣血循環，以養精氣神。《莊子‧逍遙遊》又言：「藐姑射山之神人，不食五穀，吸風引露。」此為絕食養生之辟穀法。《莊子‧大宗師》言：「古之真人，……其息深深。真人之息以踵」，是一種進行深長呼吸的煉氣法，施作時重點在上丹田（神），中丹田（氣），下丹田（精）之交氣息貫通。〔註52〕又《莊子‧刻意》言：「吹呴呼吸，吐故納新，熊經鳥申，為壽而已矣。」此即氣功導引的養生法，一方面透過吸納新鮮空氣，呼吐廢濁之氣，完成氣體交換，以保持生機活力；一方面運動軀體，以促進氣的伸展活絡。總之，透過種種的煉氣方法，可使精足氣滿，因而保身、全生、養親、盡年。至於避免氣之消耗，莊子說：「遺生則精不虧。」（〈達生〉）意思是說：唯有遺忘生命，精氣自然專凝。

養形若能達到「形全精復」，一來可以保全形體，長生久視；二來由於人身之氣充足，基於「通天下之一氣」，不但可以透過「氣」之媒介，「遊乎天地之一氣」，更可以「物化」而轉換生命的形式。所以莊子說：「形全精復，與天為一。」（〈達生〉）成玄英《疏》曰：「夫形全不擾，故能保完天命；精固不虧，所以復本還原；形神全固，故與玄天之德為一。」〔註53〕不勞形、不虧精，就能夠任物隨化，反本還元，可以和玄天之德合而為一，而天地是萬物的父母，能與天地為一就可以獲得「生」的重要資源。莊子又說：「天地者，萬物之父母也，合則成體，散則成始，形精不虧，是謂能移。」基於「人之生，氣之聚也，聚則為生，散則為死。」（〈知北游〉）氣無論聚散，

持生，則亦久病長厄而不死者也。』據此書中提出了『平為福，有餘為害』的結論，倡導一種平和適度的物質生活。」呂錫琛：《道家與民族性格》（湖南：湖南大學出版社 1996.6 一刷），頁 235。

〔註51〕張和：《中國氣功學》（台北：五州 2000 年初版），頁 284。

〔註52〕金師圍：《道家道教》（台北：中國文化大學 1985），頁 121～125。

〔註53〕成玄英《疏》，〔清〕郭慶藩編：王孝魚 整理：《莊子集釋》（台北：萬卷樓 1993.3 初版二刷），頁 632。

只要能無有虧損，人生百年之後，便「能移」﹝註54﹞，完成生命的轉換。

（二）安時順處

莊子談養生最根本的前提在於把人視作自然界一物，《秋水》篇言：「號物之數謂之萬，人處一焉」。四海在天地之間只算得一粟，而天地在宇宙之中又猶如稊米，在這稊米之上有萬物，人是萬物之一。既然人與自然為一整體，人便不能自外於自然而獨存，那麼人生於世就應該配合自然。然而自然並非恆久不變，因此為配合自然的律動，人之所作所為也應隨時配合自然的律動而律動，因此所謂的「安時順處」，即包含要順應所有時空的變化。

佛家以「成住壞空」來概括生命的成長變化，實際上以人的一生而言，在時空背景不停的轉換下，所要面臨的生命課題可謂層出不窮，莊子提出面對這些生命課題，所採取的最好的辦法即是「順應」，就積極面來說，順應自然是最省時、最省力、最有效能的方法；就消極面而言，若是不順應自然，根本也無濟於事，甚者，越是反抗自然的規則，只會讓身心更憑添傷害而已，那麼要如何順應呢？

關於「人際」，生活中總會遇到形形色色的人，那麼面對形形色色的人該如何應對呢？〈人間世〉中，莊子通過蘧伯玉之口說明只能用「順」的辦法，曰：「彼且為嬰兒，亦與之為嬰兒；彼且為無町畦，亦與之為無町畦；彼且為無崖，亦與之為無崖。達之，入於無疵。」若能順應每個人的情性而與之相處，必然可以無過。〈人間世〉又舉虎為例，曰：「虎之與人異類，而媚養己者，順也；故其殺之者，逆也。」此言能順應即能無過，反之，若是違逆，嚴重者恐會惹來殺身之禍，此於養生顯然大大不利。因此司馬遷即評論道家為：「其術以虛無為本，以因順為用。」﹝註55﹞朱熹也認為：「道家之說最要這因，萬件事且因來做。」﹝註56﹞

關於「世事」，莊子以為世事之盤根錯節，往往使人精神勞苦，或者身心受損，因此處理世事，當如庖丁之解牛，「順其自然之理」（〈養生主〉），使其刃游於骨節間的空隙中，不去與牛身上的大骨頭和筋骨交錯的關節硬碰，而

﹝註54﹞ 游建西：〈論老莊養生哲學〉，《宗教學研究》（第 1 期 2006），頁 21。

﹝註55﹞ 《史記·太史公自序》，瀧川龜太郎編：《史記會注考證》（台北：宏業 1990.10.15 再版），頁 1334～1335。

﹝註56﹞ 《朱子語類·卷七》，〔宋〕朱熹著；〔宋〕黎靖德編：《朱子語類》（八）（台北：文津出版社 1986.12），頁 3000。

是「依乎天理，批大郤，導大窾，因其固然」（〈養生主〉），「以無厚入於有間，恢恢乎其于遊刃必有餘地矣」（〈養生主〉）。避免用鋒芒來對治世事之繁雜，如此即能不與物相刃相靡，既不用落得兩敗俱傷，又能保全己身，游刃有餘，這就是用「順」的辦法來處世，因循於事可得安然，即「得養生焉」。

　　關於「順逆」，莊子說面對順逆應有「舉世譽之而不加勸，舉世非之而不加沮」（〈逍遙遊〉）的超然態度，莊子即以右師介足為喻，曰：

> 公文軒見右師而驚曰：「是何人也？惡乎介也？天與，其人與？」曰：
> 「天也，非人也。天之生是使獨也，人之貌有與也。以是知其天也，
> 非人也。」（〈養生主〉）

右師雖遭遇不測而失去一隻腳，但他並不因此怨天尤人，反而將它視為天意，坦然接受，因此形體雖有缺殘，但精神仍得保全。又莊子敘述子輿是位「曲僂發背，上有五管，頤隱於齊，肩高於頂，句贅指天。」（〈大宗師〉）的殘疾之人，但他卻樂天知命的說：

> 予何惡！浸假而化予之左臂以為雞，予因以求時夜；浸假而化予之
> 右臂以為彈，予因以求鴞炙；浸假而化予之尻以為輪，以神為馬，
> 予因而乘之，豈更駕哉！且夫得者，時也，失者，順也；安時而處
> 順，哀樂不能入也。此古之所謂縣解也，而不能自解者，物有結之。
> 且夫物不勝天久矣，吾又何惡焉！（〈大宗師〉）

子輿不受世俗觀點的影響，把自身的殘疾視為自然，得失無動於衷，視死生存亡為一體，順任自然而變化，精神是以超然物外，自在安樂，這就是「縣解」。

　　關於「性命」，莊子認為是命中注定，人對於自身的性命並不具備選擇或改變的能力，莊子云性命「不可解於心」且「無所逃於天地之間」（〈人間世〉），既然別無選擇，那麼面對人生的種種境遇，就該樂觀接受。〈德充符〉說：

> 死生存亡，窮達貧富，賢與不肖毀譽，飢渴寒暑，是事之變，命之
> 行也；日夜相代乎前，而知不能規乎其始者也。故不足以滑和，不
> 可入於靈府。使之和豫，通而不失於兌；使日夜無郤，而與物為春，
> 是接而生時於心者也。是之謂才全。

死生、存亡、窮達、貧富、賢與不肖、毀譽、飢渴、寒暑等，只是事物的變化，天命的流行，這些變化不舍晝夜，推之不去，留之不停。〔註57〕人在面

〔註57〕郭象說：「夫命行事變，不舍晝夜，推之不去，留之不停。故才全者，隨所遇
　　　　而任之。」〔清〕郭慶藩編；王孝魚 整理：《莊子集釋》（台北：萬卷樓 1993.3
　　　　初版二刷），頁213。

對這些變化時是無能爲力的，既然如此，那麼，至少作到不要讓這些變化傷害心靈，戕害天性，而讓心靈保持原有的和悅，天性維持原有的天眞。其中莊子對生死的問題又多所著墨，莊子以爲：「至陰肅肅，至陽赫赫；肅肅出乎天，赫赫發乎地；兩者交通成和而物生焉，或爲之紀而莫見其形。消息滿虛，一晦一明，日改月化，日有所爲，而莫見其功。生有所乎萌，死有所乎歸，始終相反乎無端而莫知乎其所窮。非是也，且孰爲之宗！」（〈田子方〉）人身源之於氣，陰陽二氣聚合則爲生，陰陽二氣離散則爲死，氣聚則爲散，氣散則復爲聚，因此「生也死之徒，死也生之始。」（〈知北遊〉）生死循環，一如月之盈虛變化，一如白晝黑夜之循環，乃自然現象，因此執著於無窮循環上某一點，實無必要，只是庸人自擾罷了。其次，「生之來不能卻，其去不能止。」生命的來去已然是命定，非人力可以扭轉乾坤，因此即便憂慮於生死，亦於事無補。那麼與其朝夕介懷於生死，未若秉持著「善吾生，善吾死」的胸懷，拋開生死的束縛。再者，他希望世人能從「悅生惡死」的情緒中超脫出來，「不樂壽，不哀夭」（〈天地〉），視「萬物一府，死生同狀。」（〈天地〉）如此將可不必爲生死問題鬱鬱費神。正因莊子能以豁達的態度來看待生死，所以他面對死亡並不心生恐懼，也不迴避，在妻子死後，莊子能箕踞鼓盆而歌，態度十分坦然。莊子甚至說若能置生死於度外，則能入於大道，曰：「已外生死矣，而後能朝徹；朝徹，而後能見獨；見獨，而後能無古今；無古今，而後能入於不死不生。殺生者不死，生生者不生。其爲物，無不將也，無不迎也；無不毀也，無不成也。其名爲攖寧。攖寧也者，攖而後成者也。」（〈大宗師〉）既已破除死生之執，視死生爲一貫，則物我兼忘，隨自然的變化而變化，則可：「上與造物者遊，而下與外生死無終始者爲友。」（〈天下〉）

〈養生主〉說：「安時而處順，哀樂不能入也，古者謂是帝之縣解。」成玄英闡述說：「安於生時，則不厭於生；處於死順，則不惡於死。夫死生不能係，憂樂不能入者，而遠古聖人謂是天然之解脫也。」既然安時處順，死生憂樂無所牽累，那麼心神逍遙自在，天性不受外物的戕害，而得到完整的保存和發展，此謂之「才全」。

（三）心齋坐忘

在養生方面，莊子又提出「心齋」、「坐忘」以養神的方法，關於「心齋」之法，〈人間世〉曰：

> 回曰：「敢問心齋？」仲尼曰：「若一志，無聽之以耳，而聽之以心，

> 無聽之以心，而聽之以氣。耳止於聽，心止於符。氣也者，虛而待
> 物者也。唯道集虛，虛者，心齋也。

心齋提出以心作齋戒的方法，目的在透過一連串的方法，使心達於空虛之境，而得以自然而然容受大道。欲行「心齋」，首先要去除「耳」的作用，當然實際上還包含所有眼耳鼻舌身等感官的作用，排除干擾，意守專一，並以意念專聽呼吸鼻息之氣；其次要去除「心」的作用，實際上也包含了一切情緒、欲望、意識的種種作用，使心氣打成一片，氣已非心之對象，故言「聽之以氣」，而無須著意於聽，乃「聽其自然」。至於必須擺脫「耳」、「心」的作用，蓋因「耳」、「心」之作用有所「止」，亦即有所侷限。具言之，「耳」之作用只限於「聽覺」，而「心」之作用也只限於心所能有感之「符應」，因此欲從有限而歸於無限，則必擺脫形軀、意念的種種作用，當形軀、意念的作用消失之後，捨聽字訣，用止字訣，即停止聽，漸入混沌境界，心之知覺已不起作用。最後不知不覺地進入虛無境界，而達到空無有的境界，就是心齋。〔註58〕此即《老子》所謂「致虛極」，精神即能回歸本然之「一氣」流行，一旦精神能化作「一氣」，就境界上來說，乃近於道也者，而可以「遊乎天地之一氣。」（〈大宗師〉）甚者，不但可以上通天地，同時又可遊乎「萬物」之一氣，與天地萬物在一氣之中相通而無礙。又〈大宗師〉有言：

> 墮肢體，黜聰明，離形去知，同於大通，此謂坐忘。

此言去除形軀、感官、智識的作用，當達於虛極靜篤處，物我兩忘時，即可使精神超脫於形軀之外，而徜徉於大道之中，逍遙自在，無所拘束。又〈應帝王〉曰：「汝遊心於淡，合氣於漠，順物自然而無容私焉，而天下治矣。」「『遊心於淡』，則此「心」已是泯去情識的心齋之心、坐忘之心，此時心靈精神的純粹性可說已經達到了化成一氣的地步，是故下文又云『合氣於漠』；人體的心氣與天地的淡漠之氣相合，乃是得之於氣者又返之於氣，這是人向生命之自然的回歸，精神若能臻於此境，則期待物必定也能順隨物性之自然

〔註58〕當代道家陳攖寧在《靜功療養法》問答中，將莊子「心齋」解釋爲「聽息法」，其從「聽」字去詮釋「心齋」，大抵分作術階段：一、去除雜念，專心致志。二、以「心」聽「息」。三、心氣合衣。四、去心「止聽」。五、回歸渾沌。見徐光澤：《中國道家養生之道》（河北：河北科學技術出版社 1994.7 第一版第一刷），頁 156。

此外，學者劉松來將《莊子》「心齋」的歷程分作三個階段來論：一、「以意領氣」；二「氣我兩忘」；三「空明靈虛」。劉松來：《養生與中國文化》（江西：江西高校出版社 1994.6 第一版第一刷），頁 13。

而無用私意。」〔註59〕意指心性於空虛靜默之中，與天地淡漠之氣相通而無礙，此時人與天地自然融為一體，再也無分別，天地自然在人身之內，人身亦在天地自然之內，亦即臻於莊子所言之「天地與我並生，萬物與我為一」（〈齊物論〉）之境界，天地萬物與我既已並生，既已為一，自能大公無私，若無私心，則損人利己之事不為也，則天下自能大治。

（四）無為至樂

莊子養生之最高境界在於「至樂」，「至樂」之境一如莊子〈逍遙遊〉所謂「逍遙」之境，所指為達於絕對自由之境地。以〈逍遙遊〉所論，逍遙之境的獲得是「無所待」的，所謂「無待」意指毋需任何條件，莊子認為人人以其生命本始狀態即可達於逍遙無待，既然如此，何以天下憂悲者多，歡樂者少，其關鍵在於「有待」。世人執著於生命之外的外物，諸如食色、榮利等欲望，針對世人這種認知，〈至樂〉篇有云：「夫天下之所尊者，富貴壽善也；所樂者，身安厚味美服好色音聲也」，這道出世人將快樂牽繫於「富貴壽善」、「厚味美服好色音聲」的情形，往往須「待」這些條件俱全，世人才能從中獲得短暫的快樂；相反地，「所下者，貧賤夭惡也；所苦者，身不得安逸，口不得厚味，形不得美服，目不得好色，耳不得音聲。若不得者，則大憂以懼，其為形也亦愚哉！」（〈至樂〉）若是條件不俱全，便要感到痛苦、憂懼無法自拔。關於世人的這種快樂取向，就莊子的觀點來說，注定是要痛苦的。其一，所謂富貴壽善、耳目聲色之享受等，牽涉到「命運」的因素，且就莊子的觀點來說，人對自己的命運是無能為力的，假若命中注定沒有富貴壽善、耳目聲色的享樂，那麼無論如何著力追求，也無濟於事。其次，世人在追求富貴壽善、耳目聲色的享受之時，往往未蒙其利，也已深受其害了。其三，人的欲望是永無止境，永無填滿之時，那麼，欲求「至樂」豈有其時？其四，即便是已獲取「富貴壽善」，〈至樂〉分析富有的人，勞累身形勤勉操作，積攢了許多財富卻不能全部享用；高貴的人，夜以繼日地苦苦思索怎樣才會保全權位和厚祿；長壽的人整日裏糊糊塗塗，長久地處於憂患之中而不死去；剛烈之士為了天下而表現出忘身殉國的行為，可是卻不足以存活自身⋯⋯凡此種種，看來似乎是求樂而得苦了，無一不對身心造成戕害。莊子將這種因為

〔註59〕謝明陽：〈莊子氣論的思想體系〉，《鵝湖月刊》（第二十四卷第三期總號第二七九 1998.9），頁23。

違反天理，牽順俗情，導致人天年未盡就壽夭喪生，稱爲「遁天之刑」。細言之：「爲外刑者，金與木也；爲內刑者，動與過也。宥人之離外刑者，金木訊之；離內刑者，陰陽食之。夫免乎外內之刑者，唯眞人能之。」（〈列禦寇〉）因此言行無度，使形體陷於危亡，就是「外刑」；欲火燒擾于心，必然自尋痛苦，這是「內刑」。〔註60〕

　　既知如此，世人應當機立斷切斷所有外物的牽扯，在食色、榮利、情欲、知識、生死各方面「無所作爲」，或節欲，或淡泊，或「不以好惡內傷其身」，或不在知識上作追求，或順生悅死……。世人若能不刻意去追求世俗所謂的快樂，依自己的天性過著「自適」的生活，鳶飛於天，魚躍於淵，至樂之感自然油然而生，所以說：「至樂無樂」。至樂雖無世俗之樂，但有超越世俗的更大的快樂，那是一種毫無拘限的自由之感，可以上天下地，可以通貫古今，可以超越生死之情。

第二節　黃老之養生思想

　　漢代道家思想已不同於先秦道家，而是融入治國、治身，甚至神仙思想的黃老道家。以今存漢代《老子》注來說，更與黃老學派淵源深厚，其中，《老子指歸》屬黃老學作品，而《河上公注》屬黃老學中偏向治身之道的作品，而《想爾注》的形成，也與黃老學派中的治身與神仙思想關係密切。因此，欲探討漢代《老子》注養生思想，仍須從黃老學派中的養生思想了解起，以尋其源頭。

　　由於黃老思想本身具有雜揉「儒、道、法、墨、陰陽」諸家思想的特色，因此自先秦以至兩漢，許多富含黃老思想的作品，都被歸入雜家。幸恃諸多學者的努力研究，使黃老思想的特質逐漸清晰，並依此檢視向來被稱作雜家的作品，並發崛其中黃老思想的脈絡。而先秦、兩漢中，黃老學派的作品頗多，今擇取的標準限定於與兩漢《老子》注關係密切程度者來論，以《管子》來說，《管子》所提出的精氣說，及精氣養生法，在後世道家、道教，皆可見其痕跡。《呂氏春秋》中亦有精氣養生法，其節制物欲，順應自然的養生法，亦爲黃老學常見的養生法。又《黃帝內經》是醫家重要經典，對病理的討論，疾病的治療與預防，是中華文化中養生一類的重要資產。又《淮南子》在宇

〔註60〕周紹賢：《莊子要義》（台北：文景出版社 1973.9 修訂二版），頁49。

宙生成論，與養生方法上對《老子指歸》有極大的啓發。依此，故茲舉《管子》、《呂氏春秋》、《黃帝內經》與《淮南子》幾家來談。

一、《管子》之養生思想

《管子》一書遠從宋代的葉適即推定它「非一人之筆，亦非一時之書」〔註61〕，而是集合眾人之手，歷時極久才完成的一本書，羅根澤說它不是管仲之書，卻保存各家學術最多，應該是戰國秦漢間政治思想家、陰陽家、儒、法、道、兵、雜、理財各家所作，〔註62〕郭沫若總結說《管子》非管仲之書，是一種雜燴，〔註63〕非一時一地一人所作，是戰國年間一批零碎著作的總集，這裡面包含了一部齊國舊檔案——劉向《敘錄》所謂太史書九十六篇；另一部份則是漢時齊地所彙獻的書。〔註64〕《漢書·藝文志》將其列入道家，《隋書·經籍志》列入法家，自此以後歷代官志都將《管子》列入法家。近人嚴可均、呂思勉等認爲《管子》爲雜家之書。的確，《管子》內容道、儒、法、名、陰陽、農各家之言都有，可以說是戰國秦漢時代文字的總匯。〔註65〕但馮友蘭也說不論從形式或內容推論，它都是稷下學術中心的一部論文總集，但中心是黃老之學的論文。馮友蘭說這幾篇所論的就是黃老之學的要點：治身和治國是一個道理。〔註66〕因此，此處依馮友蘭先生意見將之歸入黃老學派，其中尤以〈心術〉上下、〈白心〉、〈內業〉，最能代表戰國時期黃老思想。關於《管子》養生思想有：

（一）以德存精

《管子》的〈心術上〉、〈心術下〉、〈白心〉和〈內業〉等四篇把「精氣」

〔註61〕〔宋〕葉適：《習學記言》（卷四）言：「《管子》非一人之筆，亦非一時之書。」收錄於《四庫全書珍本》（三集）（台北：台灣商務1970），頁51。

〔註62〕羅根澤：《《管子》探源》，收錄於《諸子考索》（九龍：學林1977），頁425～500。

〔註63〕任繼愈先生主編之《中國哲學發展史》以爲《管子》一書乃「荊楚文化、三晉文化、鄒魯文化與齊國的傳統文化匯集在一起。」有合流各家思想的趨向。見《中國哲學發展史》（秦漢）（北京：人民1985.2第一版第一刷），頁7。

〔註64〕郭沫若：《宋鈃尹文遺著考》，見《青銅時代》（北京：人民1954第一版），頁213～214。

〔註65〕郭沫若等：《管子集校》（東京都：東豐1981.10影本）之序錄，頁10。

〔註66〕馮友蘭：〈稷下黃老之學的精氣說——道家向唯物主義的發展〉，收錄於《中國哲學史新編》（第二冊）（北京：人民1984.10），頁197～198。

看作是構成萬物的本原，〈內業〉開宗明義便說：「凡物之精，此則爲生，下生五穀，上爲列星。流於天地之間，謂之鬼神；藏於胸中，謂之聖人」，由此可見，萬物之現象各殊，然皆是精氣之變化所成，也正由於如此，也可以說，萬物乃統一於「精氣」。〔註67〕〈內業〉又說：

> 凡人之生也，天出其精，地出其形，合此以爲人；和乃生，不和不生。

此言人身之生成，乃是二氣之合，一曰天地之合；一曰精氣與形氣之合。天、地乃對舉之概念，一如精氣與形氣亦相對舉之氣，精氣是精純之氣，而形氣相對於精氣，乃是質較爲低劣的氣，精氣與形氣共同和合以成人，且天地之氣抑或精氣與形氣兩者需相配得宜，和則生，不和則無以生。因此，在〈內業〉看來，精氣對於人體生命的存有至關重要。是以〈樞言〉有言：

> 有氣則生，無氣則死，生者以其氣。……得之必生，失之必死，何也？唯氣。

郭沫若先生以爲：〈樞言〉篇與〈心術〉、〈內業〉、〈白心〉一樣，同爲「初期道家所言」〔註68〕，而試觀〈心術〉、〈內業〉、〈白心〉諸篇，「氣」所指爲精氣，又據〈內業〉篇之兩段文字，前段言：「凡物之精，化則爲生。……」後段言：「是故此氣，……」前段之「精」與後段之「氣」前後呼應，可知「精」即是「氣」，〔註69〕故將精氣義套入〈樞言〉篇，是知精氣存則生，精氣去則亡。又〈內業〉也談到，精氣對於人體生命來說，「人之所失以死，所得以生也」，同樣指出精氣決定人體生命的存亡。對於人身健康來說，〈內業〉指出精氣「失之必亂，得之必治」、「不治必亂，亂乃死」、「得道之人，理丞而毛泄，匈中無敗」，也就是說，人失去精氣便死，獲得精氣便生；人失去精氣就會得病，是「亂」，獲得精氣就能身體健康，是「治」。〈內業〉篇對此還作了具體的描述：

〔註67〕王儒賓先生言萬物之形象各殊，此爲表層現象，就其底層而言，皆同爲「精氣」。茲引王儒賓先生所製作之表格以呈現之：

表3-1：《管子》精氣爲物（整理自王儒賓《儒家身體觀》）

表層	五穀≠列星≠鬼神≠聖人≠其他萬物
底層	精氣＝精氣＝精氣＝精氣＝精氣

參見王儒賓：《儒家身體觀》（台北：中研院中國文史哲研究所籌備處 1999 修訂一版），頁 234。

〔註68〕郭沫若先生說法，轉引自易天任：《先秦「氣」思想研究》（高雄師範大學國文所碩士論文 2001.1），頁 112。

〔註69〕胡家聰：《管子新探》（北京：中國社會出版社 2003.5 第一版第一刷），頁 98。

> 精存自生，其外安榮，內藏以爲泉原，浩然和平，以爲氣淵。淵之
> 不涸，四體乃固；泉之不竭，九竅遂達。

此處把「精氣」比作生命泉源，若能深藏其精，不爲洩漏，精氣存養之多，
即浩大，精氣存養之善，即平和，則成氣淵，氣淵之精氣如不乾涸，而得以
源源不絕，則一方面可收「九竅遂通」之功效，使得通體血氣、精氣暢通無
比，又可收「四體堅固」、「其外安榮」，身強體壯，肌膚豐滿，氣壯神旺的功
效，甚至可以增長智慧，曰：「精之所舍，而知之所生。」（〈內業〉）又能夠
「窮天地，被四海。中無惑意，外無邪蓄。心全于中，形全於外，不逢天蓄，
不遇人害，謂之聖人」（〈內業〉），這實際上是對《內業》篇所謂的精氣「藏
於胸中，謂之聖人」的進一步詮釋。〈內業〉篇也說：「氣，道乃生，生乃思，
思乃知，知乃止矣。」這裏的「道」，通「導」，是說精氣充滿於人體之中，
就能夠使身體富有生機，就會產生思考，從而有智慧。

　　既然精氣關係人身之生死強弱，因此如何維持精氣之存有，即變成養生
修養的一大課題。〈內業〉篇於是說：

> 是故此氣，杲乎如登於天，杳乎如入于淵，淖乎如在於海，卒乎如
> 在於己。是故此氣也，不可止以力，而可安以德。不可呼以聲，而
> 可迎以意〔註70〕。敬守勿失，是謂成德。德成而智出，萬物果得。

〈內業〉此段文字首先談到精氣是「杲」、「杳」、「淖」、「卒」的，意指精氣
時而明亮，時而幽暗，時而含渾，時而顯明，無有定質，變化無窮。又一下
子如登極天，一下子又墜到深淵，一下子如海廣闊無涯，一下子又在於人身
之中，感覺如此貼近。〈內業〉亦言：「夫道者，……人不能固。其往不復，
其來不舍。」「有神自在身，一往一來，莫之能思。」「靈氣在心，一來一逝。」
總之精氣流動不已，捉摸不定。既然如此，那麼欲把握精氣，不能以常法得
之，於是〈內業〉緊接著說精氣：「不可止以力」、「不可呼以聲」，而必須「以
德安之」、「以意迎之」、「以敬守之」，也就是說不能以有形的方式去取得。相
反地，必須以無形的精神的方式，逐漸修養德行，〈內業〉篇說：「形不正，
德不來；……正形攝德，天仁地義，則淫然而自至神明之極，照乎知萬物。」
認爲培養仁義道德、與人爲善也會有利於留住和獲得精氣。其次以意念存守，

〔註70〕此句原作「而可迎以音」，據王念孫《管子集校》，此處之「音」當作「意」
　　　較爲合宜。轉引自胡家聰：《管子新探》（北京：中國社會出版社 2003.5 第一
　　　版第一刷），頁98。

「修心靜意」，並且「專於意，一於心」（〈心術下〉）心意專一，並以虔敬的心致守，長此以往，精氣自然來歸。

（二）敬除其舍

存精之道除卻「以德」、「以意」、「以敬」以外，《管子》中還把大部分的存精之道落在「心」這一體系來討論，以爲「心」爲「精舍」，故欲存精，必須把精舍作一番潔除的功夫，《管子》曰：

> 道，不遠而難極也，與人並處而難得也。虛其欲，神將入舍；掃除不潔，神乃留處。（〈心術〉）

> 世人之所職者精也。去欲則宣，宣則靜矣，靜則精。精則獨立矣，獨則明，明則神矣。神者至貴也，故館不辟除，則貴人不舍焉。（〈心術〉）

> 敬除其舍，精將自來。（〈內業〉）

這裏的「神」，即「精氣」，在黃老思想中，「精」、「氣」、「神」並無嚴分；〔註71〕所謂的「貴人」，也是指「精氣」；而其中的「舍」，則是「精舍」。欲敬除精舍，就要除去情與欲，如此就能獲得精氣。具體的說，人心要如何保持無欲呢？其一在接觸外物時要堅定不受影響，不使外物擾亂耳目感官，使「物過而目不見，聲至而耳不聞也。」（〈心術上〉）亦即〈內業〉所言：「與時變而不化，從物而不移。」進一步不要因爲感官因素，而又牽動思慮的發動，如此則「定心在中，耳聰目明，四枝堅固」（〈內業〉），非但「神乃留處」、「神自在身」，能顧全其神；而且亦「可以爲精舍」，精得以安存，在精滿氣壯的狀態下產生血脈暢通、神采煥發、身強體壯的效能。另外，〈內業〉還就如何

〔註71〕郭沫若先生嘗評論黃老「精氣」道：
「〈內業〉與〈心術〉是站在道家的立場的，反復詠嘆著本體的『道』以爲其學說的脊幹。這『道』化生萬物，抽繹萬理，無處不在，無時不在，無方能圍。隨著作者的高興，可以稱之爲無，稱之爲虛，稱之爲心，稱之爲氣，稱之爲精，稱之爲神。」見郭沫若：〈宋鈃尹文遺著考〉，收錄於《青銅時代》（北京：人民 1954 初版）。
學者杜正勝先生於此也有相應的看法，杜先生依《管子‧內業》：「精也者，氣之精也。」而說氣之精就是神。其認爲，分言之，而曰氣、曰精、曰神；合言之，則曰氣。見杜正勝：〈形體、精氣與魂魄：中國傳統對「人」認識的形成〉，收黃應貴編：《人觀、意義與社會》（台北：中央研究院民族研究所 1993），頁 42。
胡家聰先生亦認爲「精、氣、神」三者，黃老作者在用法上無嚴格區分。見胡家聰：《管子新探》（北京：中國社會科學院 2003.5 初版一刷），頁 99。

節制情欲提出看法，曰：「止怒莫若詩，去憂莫若樂，節樂莫若禮，守禮莫若敬，守敬莫若靜。內靜外敬，能反其性，性將大定。」認為通過讀書以提高人的道德修養，就能夠很好地節制情欲，達到「內靜外敬」，從而回到充滿精氣的自然狀態，獲得健康長壽。

此外，《管子》還認為，過度的思慮也會影響人的健康長壽，〈內業〉篇說道：「思之而不舍，內困外薄，不早為圖，生將巽舍。食莫若無飽，思莫若勿致，節適之齊，彼將自至。」就像飲食不可過飽一樣，思慮也不可過度，思慮過度而不休息，就會使身心受到損害，終至喪失生命。反之，思慮調節得當，自然就能獲得健康長壽。《管子・任法》即說：「不思不慮，不憂不圖，利身體，便形軀，養壽命。」尤其是老年人，《管子・內業》指出「老則忘慮」，要求老年人少有思慮，並認為「老不忘慮，困乃邀竭」，老年人如果依然不停地思慮，身體會很快衰亡。

（三）調養血氣

人身之中有血氣，血氣為維持人之生命所須，因此血氣的調養關乎生命的現象。調養血氣的具體辦法，其一可從飲食下手，飲食充足則血氣充足；飲食不足則血氣不足。《管子・禁藏》因此曰：「宮室足以避燥濕，食飲足以和血氣。」然而，〈內業〉中還有一段關於飲食的論述，曰：

> 凡食大道：大充，傷而形不藏；大攝，骨枯而血汪。充攝之間，此謂和成。

意思是說：吃，不可太飽，否則就會傷害身體；也不可太少，否則就會骨骼乾枯而血流不暢；吃得不多不少，才是最合適的。是以，歸結到底，《管子・形勢解》所說：「起居時，飲食節，寒暑適，則身利而壽命益；起居不時，飲食不節，寒暑不適，則形體累而壽命損。」以為起居有時，飲食有節，才是最有益於健康的長壽之道。

血氣在人身之中倚靠經脈網絡而運行，人身之中的血氣倘若運行不暢而有阻滯，則會產生疾病；反之，須使血氣運行暢順，才得以健康長壽。於是這就牽涉到調養血氣的方法之二——行氣導引，故云：

> 飽不疾動，氣不通於四末。（〈內業〉）
>
> 饑飽之失度，乃為之圖。飽則疾動，饑則廣思。（〈內業〉）
>
> 道血氣，以求長年、長心、長德。此為身也。（〈中匡〉）

調養飲食，固然需要份量適中的飲食，既不要吃得太飽，也不可過於饑餓。飽食之後，仍須配合以動，如此血氣才得以運行人身各處，而提供各處充足之血氣。反之，則四肢之末梢，往往因爲血氣不易到達，而缺乏血氣。至於所謂「動」，即爲「道血氣」也，「道」，導也，即有導引血氣之意，導引血氣使之暢順流通則得以長年、長心、長德。

　　血氣除爲維持生理所需之生理之氣外，也容易爲外物所牽引而導致躁動，在儒家經典《論語・季氏》中即言：「少之時，血氣未定，戒之在色；及其壯也，血氣方剛，戒之在鬥；及其老也，血氣既衰，戒之在得。」〔註72〕黃崇修先生分析此爲血氣導致性欲、生存欲、權利欲（色、鬥、得）產生的現象，〔註73〕筆者以爲此說未盡周延，蓋血氣不必然會導致欲望的產生，只是血氣本身的狀況倘若未得其和，則易受欲望、外物牽引，結果反過來又使原先不穩定之血氣之愈發浮動，進一步折損生命的能量，因此欲保持血氣之靜，必須能阻斷外物對感官的浸染，而在心性上作工夫，〈內業〉故云：

　　　　四體既正，血氣既靜，一意摶心，耳目不淫，雖遠若近。

能使耳目不受外物之浸染牽引，其心則能持正，專心致志；其心能持正，血氣則能安靜，血氣能安靜，四體則能健全。此外，學者樂愛國先生試以氣功煉養角度來詮釋這段話，說這是指在練氣功時，身體四肢要放鬆，呼吸自然，心要安靜，意要專一，耳目不受外界的干擾。這樣，即使是在遠處發生的事也像在近旁發生的一樣，而能被感知到。這裏所謂的「雖遠若近」，是指練氣功進入氣功態時意念具有遙感功能，能夠感知到遠處所發生的事。〔註74〕

　　另外，樂愛國先生也指出〈內業〉：「大心而敞，寬氣而廣，其形安而不移，能守一而棄萬苛，見利不誘，見害不懼，寬舒而仁，獨樂其身，是謂雲氣，意行似天。」一段，也提示了練氣功時，心要放寬，呼吸自如且深而廣，身體保持靜止而不動，意要專一而排除一切雜念干擾，見利而不被誘惑，見害而不畏懼，身體自然放鬆，自得其樂，意念好像是在天空中運行一樣。並且認爲《管子》所揭示的練氣方法已經包括了後世氣功煉養的「調心」、「調身」、「調息」

〔註72〕《論語・季氏》，〔宋〕朱熹：《四書集註》（台北：學海 1991.3 再版），頁 172。
〔註73〕黃崇修：《從身體觀論虛靜功夫的哲學義涵》——以先秦氣化思想爲核心》（政大哲學碩論 1999.4），頁 30～31。
〔註74〕樂愛國：《〈管子〉的醫學養生思想〉，《錦州醫學院學報》（第 2 卷第 2 期 2004.5），頁 37。

三大要素。〔註75〕並以「內業」即「內功」，來詮釋〈內業〉篇篇名，認爲《管子‧內業》有可能是中國古代最早建立起氣功學體系的經典。〔註76〕

（四）順應四時

《管子》吸取陰陽五行的思想，將二者有機地融爲一體，建立了完整的五行臟腑觀。關於《管子》中的五行臟腑觀，主要見於《管子‧水地》篇，曰：

> ……五味者何？曰五藏。酸主脾，鹹主肺，辛主腎，苦主肝，甘主心。五藏已具，而後生五內，脾生隔，肺生骨，腎生腦，肝生革，心生肉。五內已具，而後發爲九竅。脾發爲鼻，肝發爲目，腎發爲耳，肺發爲口，心發爲下竅。

就五臟與五內之間的關係而言，在〈水地〉中呈現的爲「生」的關係，即「脾生隔，肺生骨，腎生腦，肝生革，心生肉」；就五臟與九竅之間的關係而言，在〈水地〉中呈現的爲「發」，即「脾發爲鼻，肝發爲目，腎發爲耳，肺發爲口，心發爲下竅」；再就五味與人體五臟之間的關係而言，在〈水地〉中呈現的爲「主」，即「酸主脾，鹹主肺，辛主腎，苦主肝，甘主心」。茲以圖表呈現爲：

表3－2：《管子》五行五臟相配表

五 行	五 味	五臟（主）	五內（生）	九竅（發）
木	酸	脾	隔	鼻
火	苦	肝	革	目
土	甘	心	肉	下竅
金	辛	腎	腦	耳
水	鹹	肺	骨	口

觀察上列表格，可以看出五臟與五體，以及五臟與九竅的「生發」關係，表現出人體臟體器官之間相互聯繫的整體思維；而五味與五臟之間的「主從」關係，表明了人體功能系統與自然界之間的牽動關係。

〔註75〕樂愛國：〈《管子》的醫學養生思想〉，《錦州醫學院學報》（第 2 卷第 2 期 2004.5），頁 37～38。

〔註76〕樂愛國：〈《管子》的醫學養生思想〉，《錦州醫學院學報》（第 2 卷第 2 期 2004.5），頁 38。

　　基於五臟與自然界相互牽動的關係，《管子》提出「以人合天」、「順應四時」的養生方法，期能達到「天人合一」之境。學者樂愛國也說：「《管子》較多地從『天人合一』的角度、從順應自然的角度來講養生之道，這也是《管子》養生之道的基本原則。」〔註77〕關於順應四時的養生之法，《管子・形勢解》如此描述：

> 春者，陽氣始上，故萬物生；夏者，陽氣畢上，故萬物長；秋者，陰氣始下，故萬物收；冬者，陰氣畢下，故萬物藏。故春夏生長，秋冬收藏，四時之節也。

《管子》此處即以陰陽二氣之升降上下，解釋四時之流轉，又以四時之流轉，對應萬物之生命現象。云：春天者，陽氣始從地底升上，因此植物之根柢最先感受到溫暖之陽氣，先從地底抽出新芽；夏天，陽氣已從地底全然升上地表，萬物受溫暖陽氣之催化，光合作用進行的越發頻繁，於是萬物更加地成長茁壯；秋天，陰氣逐漸由地表降至地底，因此枝葉先感於陰氣之陰冷肅殺，先應之以凋零枯萎；待冬天時，陰氣全然降至地底，故萬物爲避陰氣之肅殺，於是藏匿以暫避其鋒。至冬末春初時，陰氣又漸退，陽氣又始生，又開啓另一次的循環，往復不已。總說隨著春夏秋冬四時的遞嬗，萬物則應之以生長收藏，此四時之形勢也。爲順應四時形勢之變化，人當如何順應之，《管子・四時》曰：

> 東方曰星，其時曰春，其氣曰風，風生木與骨。
>
> 南方曰日，其時曰夏，其氣曰陽，陽生火與氣。謹修神祀，量功賞賢，以助陽氣。
>
> 西風曰辰，其時曰秋，其氣曰陰，陰生金與甲。
>
> 北方曰月，其時曰冬，其氣曰寒，寒生水與血。斷刑致罰，無赦有罪，以符陰氣。

四時皆有其所屬之氣，曰「風、陽、陰、寒」之氣，關於此處之氣，「當指客觀之『氣候』或『氣象』之『氣』，似乎未涉及人事，故稱之爲『客觀存在』。」〔註78〕此將「風、陽、陰、寒」之氣，配以春夏秋冬四時，附以東南西北四方，合以日月星辰天文，以及金、木、水、火、骨、氣、甲、血等物，形成

<hr>

〔註77〕樂愛國：〈《管子》的醫學養生思想〉，《錦州醫學院學報》（社會科學版）（第2卷2期2004.5），頁35。

〔註78〕王冬珍等校注：《新編管子》（台北：編譯館2002初版），頁11。

一個龐大的系統思維，此種比附頗有陰陽家之味道，可見古人哲學體系的整合，乃是一種通盤考量的思維模式。姑不論這樣的比附是否合乎邏輯，或者有沒有意義，在此值得注意的是「以助陽氣」以及「以符陰氣」二句，所謂的「助」與「符」，顯然是在肯定四時、四氣，以及五行生剋的自然體系、規律下，把自然當作主體，而人作爲客體，以爲人之所爲必須符合、輔助自然之主體，甚至可以這樣說，人之所爲之所以必須符合自然，實在是要把人也納入自然的體系之中，而隨著自然的節奏而律動。對於四時之氣除了講求「順應」之外，《管子》更以爲須利用各個時節不同之特色以養氣。《管子‧幼官》曰：

> 五和時節，君服黃色，味甘味，聽宮聲，治和氣，用五數，飲于黃後之井，以保獸之火爨。

> 八舉時節，君服青色，味酸味，聽角聲，治燥氣，用八數，飲於青後之井，以羽獸之火爨。

> 七舉時節，君服赤色，味苦味，聽羽聲，治陽氣，用七數，飲於赤後之井，以毛獸之火爨。

> 九和時節，君服白色，味辛味，聽商聲，治濕氣，用九數，飲于白後之井，以介蟲之火爨。

> 六行時節，君服黑色，味成味，聽徵聲，治陰氣，用六數，飲于黑後之井，以鱗獸之火爨。〔註79〕

首句「五和時節」治「和氣」，此和氣並非中和之氣，而是指前文之「五和時節」之氣，而五和時節又指季夏之月，即夏季之最後一個月。〔註80〕依此，則下文之「八舉」、「七舉」、「九和」、「六行」亦指時節。是通段的意思是說，每個時節各有其特色，各有其流行之氣，故人君之活動應當依其時節之特色，服「五色」中之一色，食「五味」中之一味，聽「五音」中之一音，以此來涵養該時節之氣，則具有輔助之效，可以事半功倍。在這裡就形式上來說，依然把時節，配以五色、符以五味、附以五音，此種以「五」基數，而將一些概念系

〔註79〕《管子‧幼官》，明‧凌汝亨輯評：陳立夫等編修：《中國子學名著集成——《管子》輯評》（明萬曆庚申吳興凌氏刊朱墨套印本）（中國子學名著編印基金會 1978 初版），頁 121～126。

〔註80〕易天任先生：《先秦「氣」思想研究》（高師大國文所碩士論文 2001.1），頁 106。

統化、簡單化、規律化、結構化，則爲中國古代系統思維的特色。〔註81〕

在中國古代哲學史的研究中，《管子·內業》由於最早提出精氣是自然萬物本原的精氣說，並在此基礎上建立起包括氣功學原理及其應用在內的氣功學體系。《管子·內業》有可能是中國古代最早建立起氣功學體系的經典。〔註82〕

二、《呂氏春秋》之養生思想

《呂氏春秋》爲先秦晚期作品，其成書時間，或據《呂氏春秋·序意篇》：「維秦八年，歲在君灘，秋甲子朔，朔之日，良人請問十二紀。」一句，約成書於始皇八年。〔註83〕《呂氏春秋》爲秦呂不韋集門客所撰，因爲成書於多人之手，因此其內容雜揉了多家的思想，諸子之學中如儒、道、法、墨、陰陽、名、縱橫、農、小說、兵家皆與之相關，〔註84〕呈現出相當程度的複雜性，故一般將之歸入雜家一派。然任繼愈先生在談到《呂氏春秋》的歷史地位時指出「它是漢初黃老之學的先聲。……《淮南子》正是《呂氏春秋》的繼續和發展。……《呂氏春秋》對於漢代唯物主義哲學和醫學理論的發展，起了推動作用。」〔註85〕如此可知《呂氏春秋》不但具有黃老思想，更對漢代養生思想起相當程度的影響。該書對研究先秦時期的社會政治、科學文化有著極重要的學術價值。《呂氏春秋》一書，在養生學方面博采眾家之長，形成了自己的特色。有關養生學的內容，主要集中在〈本生〉、〈重己〉、〈貴生〉、〈盡數〉、〈達鬱〉、〈情欲〉、〈盡數〉、〈先己〉、〈仲夏〉、〈孝行〉、〈侈樂〉等篇等篇。概而言之，《呂氏春秋》的養生觀大致包括以下幾個方面的內容：

（一）節制物欲

《呂氏春秋》以爲感官欲求固然是人的自然天性，但「不得擅行，必有所制。」（〈貴生〉），決不可聽任欲望無限膨脹，而必須有所節制。如果放縱

〔註81〕李澤厚：《中國古代思想史論》（台北：三民 1996.9），頁 166～167。

〔註82〕樂愛國：〈《管子》的醫學養生思想〉，《錦州醫學院學報》（社會科學版）（第2卷2期 2004.5），頁 38。

〔註83〕田鳳台：《呂氏春秋探微》（台北：台灣學生 1986.3 初版），頁 71。

〔註84〕傅武光：《呂氏春秋與諸子之關係》（台北：東吳大學中國學術著作獎助委員會 1993.2 初版）之目次。

〔註85〕任繼愈 主編：《中國哲學發展史》（秦漢）（北京：人民 1985.2 第一版第一刷），頁 69。

其心而不約束，就會被嗜欲牽制，一旦如此，身心就要受到危害。為此，作者在〈本生〉篇中提出了深刻警戒，曰：

> 出則以車，入則以輦，務以自佚，命之曰招蹙之機；肥肉厚酒，務以自強，命之曰爛腸之食；靡曼皓齒，鄭衛之音，務以自樂，命之曰伐性之斧。

該書認為，外物是影響人的健康與壽命的重要因素，所謂「物也者，所以養性也。」（〈本性〉）人若能克制物欲，即可長壽。反之，若為外物所迷亂，即會減壽。所以，人不應損耗生命去追求物欲。《呂氏春秋》並針對外物所造成之弊病，作出了形象而深刻的比喻：出門乘車，進門坐輦，以代步履，務求安逸舒適，但可傷筋軟骨，這樣的車輦應叫做「招致腳病的器械」。肥肉厚酒，適口豐體，但可壅伐腸胃，這樣的酒肉應叫做「腐爛腸子的食物」。過戀美色，陶醉淫樂，極盡享樂，但耗散腎精，這樣的美色、音樂應該叫做「砍伐生命的利斧」。世俗的君主放縱情欲，他們耳朵的欲望不可滿足，眼睛的欲望不可滿足，嘴巴的欲望不可滿足，以致全身浮腫，筋骨積滯不通，血脈阻塞不暢，九竅空虛，喪失了正常機能。人若到此境地，即使有彭祖在，也無能為力。這些教訓證明，日日夜夜地追求這些東西，沉溺於其中而不能自禁，生命怎麼能不受傷害？

為避免物欲對人身造成戕害，因此懂得養生的人，重生輕物，對於外物「利於性則取之，害於性則舍之」。故能終其天年而不衰。〈重己〉篇即指出，懂養生的人不住大房，不築高臺，飲食不求豐盛，衣服不求過暖，這樣能保持陰陽適度，脈理通暢，方可享長壽之福。〈貴生〉篇則進一步提出避害之法，認為要達到「全生」，必須控制身、目、鼻、口的欲望。欲望過極，就是「迫生」，生命在「迫生」之下就毫無意義了。

（二）適宜其度

《呂氏春秋‧盡數》從五味、五志以及自然界六氣變化闡述「太過」的害處，只有明其害，才能知其本。利與害是相對的，適度為利，而太過則為害，並由此提出在情志、飲食、溫度溼度等方面均應調節得當、輕重適度。

以精神來說，欲求健康長壽，首先在精神上必須保持平靜、安詳，避免過度刺激，不受「大喜、大怒、大憂、大哀」（〈盡數〉）等不良情緒的騷擾。

其次，在飲食方面應做到時間、份量、口味上的適宜其度。以時間上來

說，〈盡數〉言：「食能以時，身必無災。」〔註 86〕以份量來說，〈盡數〉言：「凡食之道，無饑無飽，是之謂五臟之葆。」〔註 87〕即飲食保持不饑不飽的狀態，這樣才能使五臟得到安和。反之，〈重巳〉篇曰：「味眾珍則胃充，胃充則中大鞔，中大鞔則氣不達，以此長生可得乎？」〔註 88〕此談及飲食與血氣之關係，以為飲食過度，則胃充而阻滯，胸悶而腹脹，如此則氣無法流通，氣無法流通、通達，則不得長生。反之，飲食不足又血氣不足，導致血氣不通，故飲食須節制而適度，如此則血氣既充足又能流通。在口味上，飲食調養是養生學的重要組成部分。《呂氏春秋‧本味》記載了我國最早的食養家伊尹的故事。伊尹為商湯講述美味之技，他從水火、五味、烹調等方面，講述良好的飲食養生方法。書中還提到烹調是一門非常細緻、非常講究的學問，「口弗能言，志弗能喻」，只有對其進行深入研究與實際操作，才能使飲食發揮正常的營養作用。對於那些「大甘、大酸、大苦、大辛、大鹹」的食物，切忌貿然入口，以免遭受危害。因而提出：凡飲食，不要滋味過濃，不吃厚味，不飲烈酒。厚味、烈酒是招致疾病的開端。飲食能有節制，身體必然沒災沒病。另外，書中還提到飲水衛生，指出：「凡味之本，水為最始」。凡炮製藥物，烹飪饌肴，釀酒烹茶，煮粥燒飯，要識水性，選好水以用之。才能有利於人的營衛氣血，否則，有害健康。〈盡數〉篇指出：水中少鹽與礦物質的地方，人多禿髮或生頸瘤；水中多鹽與礦物質的地方，人多患腳腫與痿躄不能行；水味辛的地方，人多長癰疽與痤瘡；水多苦澀的地方，人多雞胸與駝背；而水味甜甘的地方，人多美麗而健康。在科學技術不發達的古代，對飲水衛生有如此精闢的認識，是難能可貴的。

以情志而言，過喜、過怒、過憂、過恐、過哀這五種東西與精神交接，生命就受到危害了。

復次，以溫度、濕度情形而言，也要力求做到冷暖、乾濕適宜，防止「大

〔註 86〕《呂氏春秋‧重巳》，〔宋〕陸游評；〔明〕凌稚隆批：陳立夫等編修：《中國子學名著集成──《呂氏春秋》》（明萬曆庚申吳興凌氏刊朱墨套印本）（中國子學名著集成編印基金會 1978 初版），頁 78。

〔註 87〕《呂氏春秋‧重巳》，〔宋〕陸游評；〔明〕凌稚隆批：陳立夫等編修：《中國子學名著集成──《呂氏春秋》》（明萬曆庚申吳興凌氏刊朱墨套印本）（中國子學名著集成編印基金會 1978 初版），頁 78。

〔註 88〕《呂氏春秋‧重巳》，〔宋〕陸游評；〔明〕凌稚隆批：陳立夫等編修：《中國子學名著集成──《呂氏春秋》》（明萬曆庚申吳興凌氏刊朱墨套印本）（中國子學名著集成編印基金會 1978 初版），頁 40～41。

寒、大熱、大燥、大濕、大風、大霖、大霧」的侵襲。過冷、過熱、過燥、
過濕、過多的風、過多的雨、過多的霧這七種東西搖動精氣，生命就受到危
害了。

（三）疏通精氣

　　《管子》中以「精氣」作爲萬物氣化之本原，是陰陽之氣、天地之氣與
四時之氣之本原，在《呂氏春秋》中亦有此說，且相較於《管子》的說法，《呂
氏春秋》在「精氣」中融入「性」的概念，以爲萬物在受其精氣的之時，也
同時稟受其物性，而有其作爲該物的特色存在，並且對於「精氣」之爲物性
有精細的動作的描述，使得精氣爲物的過程更加的具體化，試觀〈盡數〉篇
所言：

> 精氣之集也，必有入也。集於羽鳥與爲飛揚，集於走獸與爲流行，
> 集於珠玉與爲精朗，集於樹木與爲茂長，集於聖人與爲蔥明。精氣
> 之來也，因輕而揚之，因走而行之，因美而良之，因長而養之，因
> 智而明之。〔註89〕

精氣之爲物者，以其「集」，以其「入」也，因其「聚集」、「進入」而形成萬
物，精氣聚積進入羽鳥之物中，於是形成其飛揚之物性；聚積進入於走獸之
中，於是形成其四處流動行走之物性；聚積進入珠玉之中，於是形成其光輝
朗現之物性；聚積進入於樹木之中，於是形成其茂盛之物性；聚積進入於聖
人之中，於是形成其聖明智慧之人性。依此類推，凡精氣積聚進入某物，即
形成某物之性。又精氣之活動爲一恆動之狀態，往往是周流而不息，反過來
說，精氣若是停滯不動則失去其生命力。〈圜道〉曰：

> 精氣一上一下，圜周複雜，無所稽留。無所稽留，故曰天道圜。
> 〔註90〕

精氣〔註91〕時而上時而下，一上一下，互爲其根，上則下，下則上，不會定

〔註89〕　《呂氏春秋・盡數》，宋・陸游評；明・凌稚隆批；陳立夫等編修：《中國子
　　　　　學名著集成──《呂氏春秋》》（明萬曆庚申吳興凌氏刊朱墨套印本）（中國子
　　　　　學名著集成編印基金會 1978 初版），頁 77。

〔註90〕　《呂氏春秋・圜道》，〔宋〕陸游評；〔明〕凌稚隆批；陳立夫等編修：《中國
　　　　　子學名著集成──《呂氏春秋》》（明萬曆庚申吳興凌氏刊朱墨套印本）（中國
　　　　　子學名著集成編印基金會 1978 初版），頁 87。

〔註91〕　林品石 注：「精氣是指日月。」與「精行四時，一上一下」之「精」義同，
　　　　　見其所譯注之《呂氏春秋今註今譯》（上）（台北：台灣商務 1996 初版），案

於一處，謂之「無所稽留」也，「上下循環」正爲體現天道之周反不殆之運行。
又〈達鬱〉曰：

> 血脈欲其通也，筋骨欲其固也，心志欲其和也，精氣欲其行也。若
> 此，則病無所居，而惡無由生矣。病之留，惡之生也，精氣鬱也。
> 〔註92〕

所謂「血脈欲其通也」、「精氣欲其行也」，意思是說，無論是血氣或是精氣，
皆須講求通暢，如此則疾病不生，萬惡不起；反之，疾病之生，萬惡之起，
皆起於血氣、精氣鬱積阻滯不通也。進一步說，精氣阻滯所造成的疾病有幾
種情形，曰：

> 鬱處頭則爲腫爲風，處耳則爲拘爲聾，處目則爲目蔑爲盲，處鼻則
> 爲鼽爲窒，處腹則爲張爲疛，處足則爲痿爲蹶。（〈盡數〉）

滯積在頭部就造成腫疾、風疾，滯積在耳部就造成聾疾，滯積在眼部就造成
盲疾，滯積在鼻部就造成鼽（鼻塞）疾、窒疾，滯積在腹部就造成脹疾、痔
疾，滯積在腳部就造成痿疾、蹶疾。

於是基於這樣的理論，《呂氏春秋》中講求疏通精氣以養生，那麼具體流
通之道爲何？〈盡數〉有言：

> 流水不腐，戶樞不螻，動也。形氣亦然：形不動則精不流，精不流
> 則氣鬱。〔註93〕

流動的水不腐化，門戶的轉軸不生蟲，乃是因爲其恆動不已，人之形氣亦當
勤於活動，才可以恆保持其形氣而不竭，呂氏還在〈上乘〉篇中說：「非老不
休，非疾不息，非死不舍。」即不到老而僵化不得停止運動，沒有疾病就不
得體息，不到終日不得捨棄農事。至若要如何活動，才可以保持形氣、精氣
之流動，其流動之道在於以形動帶動精動，精動帶動形氣之動，也就是說，

筆者依〈盡數〉「精氣之集」而生物，以及〈圜道篇〉之「精行四時，一上一
下」之前已有「日夜行一周，圜道也；月躔二十八宿，……圜道也。」，以爲
精氣不必再指「日月」，否則前後意思重出，實無必要，因此筆者以爲此處之
精氣，當指精純之氣，與《管子》所論之氣，乃屬相同之氣。

〔註92〕《呂氏春秋・達鬱》，〔宋〕陸游評；〔明〕凌稚隆批；陳立夫等編修：《中國
子學名著集成——《呂氏春秋》》（明萬曆庚申吳興凌氏刊朱墨套印本）（中國
子學名著集成編印基金會1978初版），頁585。
〔註93〕《呂氏春秋・盡數》，〔宋〕陸游評；〔明〕凌稚隆批；陳立夫等編修：《中國
子學名著集成——《呂氏春秋》》（明萬曆庚申吳興凌氏刊朱墨套印本）（中國
子學名著集成編印基金會1978初版），頁77～78。

先使肢體運動，藉著肢體的運動，帶動體內之精氣與形氣之流動，張榮明先生以爲《呂氏春秋・古樂》一段實與《莊子》「熊經鳥伸」〔註94〕之術相同，曰：

> 昔葛天氏之樂，三人操牛尾投足以歌八闋：一曰載民，二曰玄鳥，三曰逐水草，四曰奮五穀，五曰敬天神，六曰達帝功，七曰依地德，八曰總禽獸之極。〔註95〕

其中「操牛尾投足」之「舞」，《說文解字》云：「舞，樂也，用足相背。」它最早是百姓休息時的娛樂活動，用以疏通血脈，暢流精氣，開塞通竅，輕快筋骨，不使精氣鬱滯。而「總禽獸之極」，意指以模仿禽獸動作此種原始之舞，來達到「教人引舞以利導之」（《路史》）的目的。〔註96〕東漢華佗受其啓發，模仿禽獸動作創立「五禽戲」，可謂形體運動的上乘之作。又〈先己〉又曰：

> 用其新，棄其陳，腠理遂通。精氣日新，邪氣盡去，及其天年。此之謂眞人。〔註97〕

「用其新，棄其陳」者，乃是氣功上「吐故納新」〔註98〕之吐納之術，藉著呼吸吐納，使得內外之氣得以交替循環，在不斷的新陳代謝之下，精氣日新，而對人體有害的邪氣日去，如此則可以長生。

（四）順應自然

人欲長壽，就要順其自然，《呂氏春秋》言「順性則聰明長壽。」此外，

〔註94〕 「熊經鳥伸」之術，即藉著對動物動作之模仿，以達到氣動的目的。此見於《莊子・刻意》，〔清〕郭慶藩編；王孝魚 整理：《莊子集釋》（台北：萬卷樓 1993.3 初版二刷），頁 535。

〔註95〕 《呂氏春秋・重巳》，〔宋〕陸游評；〔明〕凌稚隆批；陳立夫等編修：《中國子學名著集成——《呂氏春秋》》（明萬曆庚申吳興凌氏刊朱墨套印本）（中國子學名著集成編印基金會 1978 初版），頁 126。

〔註96〕 《路史》的一段記載，言：「陰康氏時，水瀆不疏，江不行其原，陰凝而亦悶，人既鬱於內，腠理滯著而多重䐉，得所以利其關節者，乃制爲舞，教人引舞以利導之，是謂大舞。」故「教人引舞以利導之」之意，是說教人藉著舞動身體來導引關節中鬱積之陰氣。上引張榮明先生之說法，見其《中國古代氣功與先秦哲學》（台北：桂冠 1992 初版一刷），頁 30～33。

〔註97〕 《呂氏春秋・先己》，《呂氏春秋・重巳》，〔宋〕陸游評；〔明〕凌稚隆批；陳立夫等編修：《中國子學名著集成——《呂氏春秋》》（明萬曆庚申吳興凌氏刊朱墨套印本）（中國子學名著集成編印基金會 1978 初版），頁 77～78。

〔註98〕 〔清〕郭慶藩編；王孝魚 整理：《莊子集釋》（台北：萬卷樓 1993.3 初版二刷），頁 535。

《呂氏春秋》將自然與社會、政治、人身納入同一宇宙秩序之內，在這個與宇宙秩序之中，以自然爲主體，而社會、政治與人身爲副體，強調社會、政治與人身之運行，必須配合自然之變化，而呈現出同一的步調。

首先，就人與自然的關係而言，〈名類〉提出「類固相召，氣同則和，聲比則應」〔註99〕的說法，意指同類、同氣、同聲則會有連帶的影響，彼此呼應，此於〈召類〉篇亦有同樣之說，曰：

> 類同相召，氣同則和，聲比則應。故鼓宮而宮應，鼓角則角動；以龍致雨，以形逐影。〔註100〕

同類之物會互相召喚，相同之氣則可以彼此相和，同類之聲可以彼此呼應。是以宮聲應以宮聲，角聲應以角聲，同理可推，商聲應之以商聲，徵聲應之以徵聲，羽聲應之以羽聲，五音各有其相應。再者，龍雨相致，形影相逐，此則同類之相召，意思是說：龍雨、形影具有相類的特點，於是彼此可以互相牽引，於是將這樣的「類同相召」、「氣同則和」的思想運用於氣範疇之中，則有：「精或往來」，「兩精相得，豈待言哉。」〔註101〕指的是兩物以「精氣」爲介質，而其精氣可以相互流通往來，相互影響感應，「這種思想與現代物理學認爲物質之間的相互作用是通過細微物質的傳遞來實現的思想有相似之處。」〔註102〕再者，若將這樣的概念運用於天人之間，則天人之間，亦以「氣」相互流通、相互影響，於是〈當賞〉曰：

> 民無道知天，民以四時寒暑日月星辰之行知天。四時寒暑日月星辰之行當，則諸生有血氣之類，皆爲得其處而安其產。〔註103〕

在《管子》中與《論語》之中，血氣之守靜與安處之道，主要倚靠心性的修養，《管子》以爲此心守正，則可以不受耳目、外物之侵擾，血氣也可以因此

〔註99〕 出處同註93，頁284～285。

〔註100〕《呂氏春秋·召類》，《呂氏春秋·重巳》，〔宋〕陸游評；〔明〕凌稚隆批；陳立夫等編修：《中國子學名著集成——《呂氏春秋》》（明萬曆庚申吳興凌氏刊朱墨套印本）（中國子學名著集成編印基金會1978初版），頁580。

〔註101〕《呂氏春秋·精通》，《呂氏春秋·重巳》，〔宋〕陸游評；〔明〕凌稚隆批；陳立夫等編修：《中國子學名著集成——《呂氏春秋》》（明萬曆庚申吳興凌氏刊朱墨套印本）（中國子學名著集成編印基金會1978初版），頁210。

〔註102〕李存山：《中國氣論探源與發微》（北京：中國社會出版社1990.12第一版第一刷），頁99。

〔註103〕《呂氏春秋·重巳》，〔宋〕陸游評；〔明〕凌稚隆批；陳立夫等編修：《中國子學名著集成——《呂氏春秋》》（明萬曆庚申吳興凌氏刊朱墨套印本）（中國子學名著集成編印基金會1978初版），頁689～690。

不受到激動。《論語》中則以人生之中依其年齡之不同，血氣有不同之狀況，只要謹慎戒懼，則可以保持血氣之適切，也就是說，無論是《管子》亦或是《論語》，皆以爲透過人爲的方式可以調平血氣，至若《呂氏春秋》則將部分血氣之調平，歸之於天，以爲天運使四時寒暑日月星辰之運行，合乎秩序，則人在此天體運行之協調、和諧的秩序下，血氣自然平靜而安處；反之，天體運行之四時不和，寒暑不調，日月星辰失其秩序，而有「大寒、大熱、大燥、大濕、大風、大霖、大霧，七者動精而生害矣。」〔註104〕如此則血氣則應之以浮躁而不安，精氣也會受到牽動而無法安存。如是可見《呂氏春秋》將人身之秩序歸入天道之秩序內，以爲人身之秩序與天道之秩序有相互影響的運轉，此正是一種「天人相應」的思想。

　　既然天人之間因爲「氣同則和」而產生天人相應的效應，且在《呂氏春秋》的思想中，價值的標準乃在於天，而不在於人，因此在天人相應的前提下，人事之所爲應當順天，「因天之道，與元同氣」，達至天人合一的目標。具體的說，所謂以人應天的作法可見於〈音律〉篇，曰：

　　　　太簇之月，陽氣始生，草木繁動，令農發土，無或失時。〔註105〕

太簇之月即爲孟春之月，〈孟春紀〉言：「是月也，天氣下降，地氣上騰，天地和同，草木繁動。〔註106〕意思是說：孟春之月，天氣（陽氣）下降，地氣（陰氣）上騰，於是天地陰陽之氣得「氣交」於天地之間，是謂「天地和同」。天地陰陽之氣和同，則草木感應於此，於是從隆冬之凋零中，首先復甦，開始蓬勃生長。此外，其他萬物也於此展現盎然之生機。由於此時天地始交，萬物始動，故應令農發土，準備春耕，毋失春耕之時。〈季夏紀〉又云：

　　　　是月也，樹木方盛，乃命虞人入山行木，無或斬伐。不可以興土功。

　　　　不可以合諸侯，不可以起兵動眾。無舉大事，以搖蕩于氣。〔註107〕

〔註104〕《呂氏春秋・季春紀・盡數》，《呂氏春秋・重巳》，〔宋〕陸游評；〔明〕凌稚隆批；陳立夫等編修：《中國子學名著集成——《呂氏春秋》》（明萬曆庚申吳興凌氏刊朱墨套印本）（中國子學名著集成編印基金會1978初版），頁77。

〔註105〕《呂氏春秋・音律》，〔宋〕陸游評；〔明〕凌稚隆批；陳立夫等編修：《中國子學名著集成——《呂氏春秋》》（明萬曆庚申吳興凌氏刊朱墨套印本）（中國子學名著集成編印基金會1978初版），頁138。

〔註106〕《呂氏春秋・孟春季・正月紀》，《呂氏春秋・重巳》，〔宋〕陸游評；〔明〕凌稚隆批；陳立夫等編修：《中國子學名著集成——《呂氏春秋》》（明萬曆庚申吳興凌氏刊朱墨套印本）（中國子學名著集成編印基金會1978初版），頁33。

〔註107〕《呂氏春秋・季夏紀》，《呂氏春秋・重巳》，〔宋〕陸游評；〔明〕凌稚隆批；

季夏之月，天氣、地氣亦有交通，且天地二氣交通正繁盛，因此萬物應之以成長壯盛，故云：「樹木方盛。」當此之時，萬物生長方興未艾，因此應順隨其成長，而無有干預，既不必斬伐，以扼殺其生長，也不必興土功，以助其生長，凡事只要無爲，萬物自能自生自長。就人事而言，人事之發展，亦如春夏秋冬萬物之生長一樣，盛夏之時政事已從步入軌道而進入鼎盛之時，此時，不宜再「合諸侯，起兵動眾，無舉大事。」以免「搖蕩其氣」，也就是說，不需要再多有作爲，使原本之盛氣又更加鼎盛，而導致過於其度。反過來說，對於四時之氣，在人事上故意去違反其節令，則會導致不良的後果，〈孟冬紀〉曰：

> 孟冬行春令，則凍閉不密，地氣發洩，民多流亡。行夏令，則國多暴風，方冬不寒，蟄蟲復出。行秋令，則雪霜不時，小兵時起，土地侵削。〔註108〕

孟冬之時，依〈孟冬紀〉所言：「是月也，天子始裘。命有司曰：『天氣上騰，地氣下降，天地不通，閉而成冬。』」〔註109〕意指孟冬之月，天之陽氣本已在上，復又上騰，地之陰氣本已在下，復又下降，如此天地之「氣交」無望，謂之「閉」，閉者，閉塞也，天地陰陽之氣閉塞不通，草木則應之以零落。當此之時，人事上應行冬令，以順應季節之氣，若不依季節之氣行冬令，而妄行春令、夏令、秋令，則會導致天災地變，甚至導致人事之變亂，如云：「凍閉不密，地氣發洩」、「國多暴風，方冬不寒，蟄蟲復出」、「雪霜不時」，而「民多流亡」、「小兵時起，土地侵削」，此爲自然環境之失序，所導致人事上的不和諧與動亂。依此，則四時自有其氣，因其氣而各有其綱紀，必順應綱紀，即春耕夏耘秋收冬藏也，能利用時節以行人事，則事半功倍，其利百倍。那麼，四時與人事才得以諧暢。因此總說《呂氏春秋》論四時之氣者，以篇章而論，集中於〈十二紀〉與〈音律〉中，其中尤以〈十二紀〉更爲論述之中

陳立夫等編修：《中國子學名著集成──《呂氏春秋》》（明萬曆庚申吳興凌氏刊朱墨套印本）（中國子學名著集成編印基金會1978初版），頁134～135。

〔註108〕《呂氏春秋・孟冬紀》，〔宋〕陸游評；〔明〕凌稚隆批；陳立夫等編修：《中國子學名著集成──《呂氏春秋》》（明萬曆庚申吳興凌氏刊朱墨套印本）（中國子學名著集成編印基金會1978初版），頁215～216。

〔註109〕《呂氏春秋・孟冬季》，《呂氏春秋・重巳》，〔宋〕陸游評；〔明〕凌稚隆批；陳立夫等編修：《中國子學名著集成──《呂氏春秋》》（明萬曆庚申吳興凌氏刊朱墨套印本）（中國子學名著集成編印基金會1978初版），頁214。

心，張富祥先生歸納〈十二紀〉之寫作格式有四：其一從曆法入手；二是當月王政主要的活動；三是根據時令指導民事活動的原則規定和時令禁忌等。四是每篇末皆有專門文字，指出不按時令行事所帶來的災害〔註110〕。因此從其寫作格式觀之，〈十二紀〉之寫作意圖乃在於識知自然之規律，並順應自然之規律，以作為人君施政、人民行事的準則，而達至「與天同氣，與天同行」〔註111〕，天人同氣，天人合一的目的。〔註112〕

三、《黃帝內經》之養生思想

　　《黃帝內經》約成書於戰國至漢初時期，是現存最早的醫學百科全書一般被認為是醫家重要經典，但陳廣忠、梁宗華先生從幾個方面考察，以為它應當是早期黃老道家典籍，原因為：一、秦漢時期黃老學派的著作大多冠以「黃帝」之名；二、道家學派的術語在《黃帝內經》中不斷出現；三、在宇宙模式上，《黃帝內經》主張「渾天說」，也可說明它出自黃老道家；四、《黃帝內經》中使用具有時代特色的語言，也足以說明它屬於道家系統；五、從《黃帝內經》大量明引和暗引《老子》的詞語與思想內容，可以斷定它屬於道家系統的著作。〔註113〕《內經》分〈靈樞〉、〈素問〉兩部份，〈素問〉主論四時五臟陰陽，〈靈樞〉主論經絡血氣。《內經》全面地反映、吸取了秦漢以前的養生學成就，對於身體之形成，身體之結構，以及病理之原因，甚至養生治病之法，皆有一套系統性的說法，對於漢代養生以及中醫理論之說法具莫大的影響力。

（一）法於陰陽

　　《內經》以為陰陽二氣為天地之母，同時也是萬物變化之母。〈素問・陰陽應象大論〉曰：

〔註110〕張富祥：《王政全書》（開封：河南 2001.8 一版一刷），頁 28。
〔註111〕田鳳台：《呂氏春秋探微》（台北：台灣學生 1986.3 初版），頁 169。
〔註112〕吳福相言：「《呂氏春秋十二紀》所論者，多天時之義，故以陰陽五行為中心，要人君順時以起居，依時而施政；所詳者，多國家之政綱，故以順天法天為原則，依春生、夏長、秋收、冬藏之意，要人君按綱領施政，以期與天同氣，與天同行，而達養民、教民、衛民、理民之目的。」《呂氏春秋八覽研究》（台北：文史哲 1984.6 初版），頁 181。
〔註113〕陳廣忠、梁宗華：《道家與中國哲學》（北京：人民出版社 2004.6 第一刷），頁 172～178。

　　陰陽者，天地之道，萬物之綱紀，變化之父母，生殺之本始，神明

　　之府也。〔註114〕

這段話論述了幾個重點，其一以爲陰陽爲天地、萬物之法則，或者說是天地、萬物之共性，也就是〈素問・陰陽應象大論〉所謂「陰陽者，血氣之男女也；左右者，陰陽之道路也；水火者，陰陽之徵兆也；陰陽者，萬物之能始也」之意，即把男女、左右、水火、萬物皆統一於陰陽二氣。其二，「變化之父母」，意指萬物之從出生以至於結束，所有過程都離不開陰陽二氣之作用。其三，「生殺之本始」，意指陽氣主生，陰氣主殺，陰陽之變化決定萬物之生殺。至於「神」，〈素問・天元紀大論〉曰：「陰陽不測謂之神。」意指陰陽變化不定，神鬼莫測。總之，陰陽的交合乃生成天地萬物，此即：「陰陽相錯，而變由生也。」（〈素問・天元紀大論〉）且《內經》承續《老子》「萬物負陰抱陽，沖氣以爲和」之說，以爲陰陽二氣和則生，不和則不生。這樣的概念，在《內經》中更被廣泛的運用於養生、治身，甚至種種病理以及病因，因此陰陽二氣和合之說，不啻爲養生、治身之基礎。

　　就人身而言，人稟陰陽二氣以生，人身之中亦存有陰陽二氣，〈素問・寶命全形論〉即曰：「人生有形，不離陰陽。」人身縱有精氣、營氣、衛氣、宗氣、人氣等等，然諸氣究其實不外陰陽二氣。人身的陰陽二氣協調，則人身亦呈現調和的健康狀態，所以〈素問・生氣通天論〉說：「生之本，本於陰陽」；「陰平陽秘，精神乃治」。《黃帝內經》又論天地陰陽二氣入於人身之中謂之「精氣」，而精氣是生存之根本，曰：「夫精者，身之本也。」（〈素問・金匱眞言論〉）蓋人身之生成，先始於精氣之入，曰：「人始生，先成精，精成而腦髓生，骨爲幹，脈爲營，筋爲剛，肉爲強，皮膚堅而毛髮長，谷入於胃，脈道以通，血氣乃行。」（〈靈樞・經脈〉）有了精氣之後，才由精氣化成腦髓、骨幹、筋脈、皮肉、毛髮、五臟、血氣等，且精氣形成臟腑、血脈、骨幹等之後，精氣復存於五臟之中，曰：「所謂五臟者，藏精氣而不瀉也。」（〈素問・五臟別論〉）再者，精氣乃由天地陰陽二氣所生，因此天地陰陽二氣不調，則精氣也會受到影響，而離開人身，故曰：「陰陽離決，精氣乃絕。」（〈素問・生氣通天論〉）「調陰與陽，精氣乃光。」（〈靈樞・根結篇〉）因此存有精氣之道，其根本仍在於調陰陽。

〔註114〕楊維傑譯解：《黃帝內經素問譯解》（台北：樂群文化 1990.2 增訂十版），頁42。以下原文皆出自本書。

　　《內經》以為陰陽失調乃起因於陽氣失常。〈素問・生氣通天論〉說：「凡陰陽之要，陽密乃固，兩者不和，若春無秋，若冬無夏。因而和之，是謂聖度」，認為陰陽平衡協調的關鍵在於陽氣外護。病理上，陽氣失常是引起陰陽失衡的先導，「故陽強不能密，陰氣乃絕」。《內經》尚陽思想，與當時中原地區寒冷氣候有關。〔註115〕若是陰陽失調則產生相應的種種的疾病，〈素問・痺論〉云：

　　　　其寒者，陽氣少，陰氣多，與病相益，故寒也；其熱者，陽氣多，

　　　　陰氣少，病氣勝，陰遭陽，故為痺熱。

陽氣暖熱，而陰氣寒涼。故陽氣少，陰氣多，則寒涼之氣勝於暖熱之氣，故兩相抵銷則寒，寒者遭病也；反之，陽氣多於陰氣，則暖熱之氣勝於寒涼之氣，兩相抵銷故熱，熱亦遭其病也。由此觀之，陰陽相稱，則熱寒亦相稱，則不致病，身強體健也。又〈靈樞經・五邪〉明確言及：

　　　　陽氣有餘，陰氣不足，則熱中善饑；陽氣不足，陰氣有餘，則寒中

　　　　腸鳴腹痛。陰陽俱有餘，若俱不足，則有寒有熱。

陽勝陰則「熱中善饑」，意指得熱病而常感飢餓。反之，陰勝陽則「寒中腸鳴腹痛」，意指得寒病而腸腹鳴痛。這還是在強調陰陽寒熱之調和，則身體才能應之以健全。且言陰陽俱有餘，或俱不足，或過或不及，則寒熱之病俱來，〈靈樞經・脈度〉將此種陰陽之失調，稱作「關格」，曰：「關格者，不得盡期而死也。」〔註116〕意指陰陽失調將會導致年壽折損而早夭。〔註117〕針對陰陽失

〔註115〕王欽鵬、徐志玉、李曉紅：〈試論《素問・生氣通天論》中的養生思想〉（北京 2009.3.5）。

〔註116〕「陰氣太盛，則陽氣不能榮也，故曰關。陽氣太盛，則陰氣弗能榮也，故曰格。陰陽俱盛，不得相榮，故曰關格。關格者，不得盡期而死也。」（〈靈樞經・脈度〉）

〔註117〕《黃帝內經》中關於陰陽二氣之調和，所論甚多，除上文所論外，復有〈素問〉「歧伯曰：『陽勝則身熱，腠理閉，喘粗為之俛仰，汗不出而熱，齒乾，以煩冤腹滿死，能冬不能夏。陰勝則身寒，汗出，身常滿，數慄而寒。寒則厥，厥則腹滿死，能夏不能冬。此陰陽更勝之變，病之形能也。』」〈素問〉又說：「陰者藏精而起亟也，陽者衛外而為固也。陰不勝其陽，則脈流薄疾，并乃狂。陽不勝其陰，則五臟氣爭，九竅不通……凡陰陽之要，陽密乃固。兩者不合，若春無秋，若冬無夏；因而和之，是謂聖度。故陽強不能密，陰氣乃絕；陰平陽秘，精神乃治。陰陽離決，精氣乃絕。因於露風，乃生寒熱。」《黃帝內經・素問・陰陽應象大論》：「陰勝則陽病，陽勝則陰病；陽勝則寒，陰勝則熱；重寒則熱，重熱則寒。」

調，《黃帝內經》亦發展出「逆治」之道，即「陽病治陰，陰病治陽」、「從陰引陽，從陽引陰」、「以右治左，以左治右」、「虛則補之」、「實則瀉之」、「寒者熱之」、「熱者寒之」（〈素問・陰陽應象大論〉），即權衡陰陽寒熱之情勢，依「高者抑之，下者舉之」（〈素問・氣交變大論〉），多則去之，少則補之的方法，來達到陰陽平衡的目的。

（二）順應四時

　　《內經》以爲人與自然是一個有機的整體，不可分割。〈素問・寶命全形論篇〉云：「人以天地之氣生，四時之法成。」此言人乃稟陰陽、天地之氣以生，承五行、四時之氣以長。因此「四時」對人身的長養關係重大。〈素問・生氣通天論〉也提出「天地之間，六合之內，其氣九州、九竅、五臟十二節，皆通乎天氣」，意指人與自然是相互牽動的整體。合此觀之，四時既長養人，又時時牽動人，那麼，欲求養生就應該順應四時的規律，以人合天，從而達到天人合一的養生目的。〔註118〕因此《內經》即言：「陰陽四時者，萬物之終始也，死生之事也，逆之則災害生，從之則苛疾不起，是謂得道。」

　　進一步說，四時之氣爲陰陽二氣所化成，所以四時的變化即代表陰陽的運行變化，是以〈素問・四氣調神大論〉曰：「四時陰陽者。」又〈素問・診要經終論〉：「正月二月，天氣始方，地氣始發，……三月四月，天氣正方，地氣定發，……。五月六月，天氣盛，地氣高……。七月八月，陽氣始殺，……。九月十月，陰氣此始冰，地氣始閉，……。十一月十二月，冰復，地氣合。」自正月至六月，乃天氣始發以至天氣正盛之時；而自七月至十二月，天氣始衰，而地氣且隨之而盛。正月至六月，爲春夏兩季；七月至十二月，爲秋冬兩季。天氣即陽氣；地氣即陰氣。是以春夏兩季陽氣盛，秋冬兩季陰氣盛，四時之運化，陽極而陰，陰極而陽，寒極而熱，熱極而寒，物極而反，陰陽寒暑循環往復不已，由此形成四時、歲月。由此亦可看出陰陽之化生四時之趨向。所以所謂的「順應四時」，以求天人合一，歸結到底，仍在順應陰陽的變化，〈素問・四氣調神大論〉曰：

> 四時陰陽者，萬物之根本也，所以聖人春夏養陽，秋冬養陰，以從其根，故與萬物沉浮於生長之門。逆其根，則伐其木，壞其眞矣。

〔註118〕王欽鵬、徐志玉、李曉紅：〈試論《素問・生氣通天論》中的養生思想〉（北京 2009.3.5）。

萬物之根本在於陰陽四時，因此爲從其根本，應當順應陰陽四時。春夏之時陽氣盛，因此當順應陽氣之盛，而養其陽氣。至於秋冬之時陰氣盛，應當順其陰氣之盛，而養其陰氣。若順應之，則根本固實，則得以繁榮。反之，春夏養陰氣，秋冬養陽氣，如此逆其根本，根本已壞，則終至凋零。〈靈樞・順氣一日分爲四時〉亦云：「春生、夏長、秋收、冬藏，是氣之常也，人亦應之。」強調養生要順應四時陰陽二氣「生殺」的情形，而從事「生」、「長」、「收」、「藏」的活動，在春夏陽氣（生氣）盛時「生長」，在秋陰氣（殺氣）盛時收藏。另有〈靈樞・本神〉篇云：「智者之養生也，必順四時而適寒暑，和喜怒而安居處，節陰陽而調剛柔。如是則僻邪不至，長生久視。」說明人應順應四時的變化，調陰陽，適剛柔，以趨利避害，從而達到延年益壽的目的。又說養生應隨春夏秋冬四時之氣，調肝心脾肺腎五臟的神志，起居有常。提出春時之氣宜「夜臥早起，廣步於庭，使肝志內生」；夏時之氣宜「夜臥早起，無厭於日，使志無怒，……使氣得泄」，心志平和，氣得以疏泄；秋時之氣宜「早臥早起，……使秋氣平，……使肺氣清」；冬時之氣宜「早臥晚起，必待日光，去寒就溫，無泄皮膚」。《內經》認爲，人體神志變化應與四時之氣保持一致。〈素問・四氣調神大論〉提出：「春三月，……生而勿殺，予而勿奪，賞而勿罰……夏三月，……無厭於日，使志無怒，使華英成秀，使氣得泄，若所愛在外……秋三月，……使志安寧，以緩秋刑，收斂神氣，使秋氣平，無外其志，使肺氣清……冬三月，……使志若伏若匿，若有私意，若已有得，去寒就溫，無泄皮膚，使氣亟奪……」充分體現《內經》順時調神的養生方法。此外，《內經》亦將一日視作四時，以爲一日之中亦有四時寒暑陰陽的變化，〈靈樞・一日分爲四時篇〉說：「以一日分四時，朝則爲春、日中爲夏、日入爲秋、夜半爲冬。」一日的時辰變化與四時變化相應和。那麼，爲順應一日陰陽寒暑之變，〈素問・生氣通天論〉說：「平旦人氣生，日中而陽氣隆，日西陽氣已虛，氣門乃閉，是故暮而拒收，無擾筋骨，無見霧露，反此三時，形乃困薄。」不僅四時要調適，一日之中也要注意時間節律。〔註119〕

（三）飲食有節

飲食與健康養生密不可分，依《內經》思維，飲食是後天來源的根本，

〔註119〕韓廷傑、韓建斌：《道教與養生》（台北：文津出版社 1997.8 初版一刷），頁 12～20。

水穀入於脾胃，或化為營氣，並利用血脈輸送其養分，化生精液氣血，使臟腑榮盛；或化為衛氣，護衛外邪的入侵，並溫養腠理，並調節腠理開合，汗液的排泄。營在脈中，衛在脈外，「營氣」榮於內，「衛氣」衛於外，各司其職，共同負起養護人身之職責，因此飲食的調攝在養生中至關重要，無論治病防身均要做到「食盡養之」。

　　關於飲食的調攝，《內經》指出飲食「量」和「味」要適宜，不論是飲食保養，還是病後調養，飲食都要「以味為核心，以養為目的」。以量而言，〈靈樞・五味〉說：「穀不入，半日則氣衰，一日則氣少矣。」〈素問・痺論〉說：「飲食自倍，腸胃乃傷。」由此可知，量少則氣衰；量多則傷臟腑，因此食量需適中，避免暴飲暴食，過饑過飽。

　　以味而言，在《內經》之中，五行之氣與五方、五味、五官以及五臟等互相搭配而成一繁複之系統，試從〈素問・陰陽應象大論〉以觀：

> 東方生風，風生木，木生酸，酸生肝，肝生筋，筋生心，肝主目。
> 南方生熱，熱生火，火生苦，苦生心，心生血，血生脾，心主舌。
> 中央生濕，濕生土，土生甘，甘生脾，脾生肉，肉生脈，脾主口。
> 西方生燥，燥生金，金生辛，辛生肺，肺生皮毛，皮毛生腎，肺主鼻。
> 北方生寒，寒生水，水生鹹，鹹生腎，腎生骨髓，髓生肝，腎主耳。

茲以圖表呈現：

表3-3：《黃帝內經》五行五臟相配表

五方	五氣	五行	五味	五臟	五內	五官
東	風	木	酸	肝	筋	目
南	熱	火	苦	心	血	舌
中	濕	土	甘	脾	肉	口
西	燥	金	辛	肺	皮毛	鼻
北	寒	水	鹹	腎	髓	耳

　　依其生成關係，則五方生五氣，五氣生五行，五行生五味，五味生五臟，五臟生筋血肌肉。五臟主導五官。在五方、五氣、五行、五官、五臟層層相配的嚴密系統下，任一環節產生變化，其所牽動的是整條體系的變化，張立文先生即以五行之相生相剋關係，來評述五臟之生剋關係曰：「自然界五行相

生相剋，萬物也處在『生剋制化』的整體聯繫之中，與此相應，人體內五臟的生理活動也相養相抑。」〔註120〕因此養生若能一方面順應自然環境之變化，一方面又可察知五行、五臟之生剋關係，使之趨於平衡，必可趨吉避凶，善養身體。〈靈樞‧天年〉也指出：「五臟堅固，血脈和調，肌肉解利，皮膚致密，營衛之行，不失其常，呼吸微徐，氣以度行，六腑化穀，津液布揚，各如其常，故能長久。」《內經》認為，五臟功能旺盛而協調，才能使人體處於健康的動態平衡之中，否則，任何一臟功能偏旺、偏衰都能打破動態的平衡，使人體患病，偏盛、偏衰到了一定的程度，使精氣離散、陰陽決絕，人體的生命活動也就因之而終止。

所以為使五臟、五行等趨於平衡協調，必須講究五味的均衡攝取，故〈素問‧生氣通天論〉說：「是故謹和五味，骨正筋柔，氣血以流，腠理以密，如是則骨氣以精。謹道如法，長有天命。」因此參合上表以觀，五味均衡，則五臟、五內也隨之協調健康，如此則長生可得。又〈素問‧藏氣法時論〉中指出：「五穀為養，五果為助，五畜為益，五菜為充，氣味合而服之，以補精益氣」。五穀、五畜、五果、五菜具有不同的五味，其對五臟的營養各有其相應的作用：「肝色青，宜食甘，梗米牛肉棗葵皆甘」、「心色赤，宜食酸，小豆犬肉李韭皆酸」、「肺色白，宜食苦，麥羊肉杏薤皆苦」、「脾色黃，宜食鹹，大豆豕肉栗藿皆鹹」、「腎色黑，宜食辛，黃黍雞肉桃蔥皆辛。」慎防五味偏嗜，偏嗜日久，臟氣就會出現偏盛，許多疾病由此而生。

（四）動靜有度

人體生命運動始終保持動靜和諧的狀態，從而保證人體正常的生理活動功能。《內經》的動靜協調觀正體現於其陰陽動靜的平衡協調。〈素問‧生氣通天論〉說：「陰不勝其陽，則脈流薄疾，並乃狂。陽不勝其陰，則五臟氣爭，九竅不通。」意指陽氣勝於陰氣，則血脈躁動發狂；陰氣勝於陽氣，則導致臟腑功能衰退、氣血運行不暢、筋骨不利等，從而加速衰老、死亡。是以陰陽固然應該平衡，動靜也應該協調，「動以養形，靜以養神」。

在「動」的方面，《內經》記載通過散步、導引、按蹻、吐納、冥想等方法，達到養生防病目的。如〈素問遺篇‧刺法論〉中記載以「冥想」預防與治療疫病，方法是在進入病室之前，想像：「氣出於腦，即室先想心如日。欲

〔註120〕張立文《氣》（北京：中國人民大學 1989.3 第一版），頁 50。

將入於疫室，先想青氣自肝而出……次想白氣自肺而出……次想赤氣自心而出……次想黑氣自腎而出……次想黃氣自脾而出……五氣護身之畢，以想頭上如北斗之煌煌，然後可入於疫室。」其次，可以做頭部按摩和漱咽運動，〈素問．刺法論〉說：「所有自來腎有久病者，可以寅時面向南，淨神不亂，思閉氣不息七遍，以引頸咽氣順之，如咽其硬物，始此七遍後，餌舌下津無數。」再把舌下的津液咽下去，甚有補益之效。〔註121〕

　　《內經》雖然主動，但是也重靜。《內經》以為一切病邪皆由「過用」引起，如飽甚、奪精、遠行、恐懼、勞苦等，「起於過用」，才出現「邪之所湊，其氣必虛」。〈素問・宣明五氣篇〉亦指出：「久視傷血，久臥傷氣，久坐傷肉，久立傷骨，久行傷筋。」即指勞力過度則傷氣，勞神過度則傷心脾，房勞過度則損傷脾腎，容易導致早衰。如〈素問・上古天眞論〉云：「醉以入房，以欲竭其精，以耗散其眞，不知持滿，不時禦神，務快其心，逆于生樂，起居無節，故半百而衰也。」故而提出要節欲，即「節陰陽而調剛柔」這樣才可以「長生久視」。對於房室，雖有節欲的理論，但不是禁欲。只要適度，還能調節陰陽，保養精氣，進而延年益壽。〈素問・陰陽應象大論〉中記載：「能知七損八益，則二者可調，不知用此，則早衰之節也。年四十，而陰氣自半也，起居衰矣。年五十，體重，耳目不聰明矣。年六十，陰痿，氣大衰，九竅不利，下虛上實，涕泣俱出矣。故曰：知之則強，不知則老。」總之，過勞則耗損形神，從而早衰；過度安逸則易致氣血不暢，脾胃功能減退，體質虛弱。〔註122〕所以《內經》主張「起居有常，不妄作勞」，使「形勞而不倦，氣從以順」。〔註123〕

（五）攝養精神

　　「神」是指人體的精神情志、思維活動。關於神與人身各部份的關係，〈素問・生氣通天論〉說：「蒼天之氣，清靜則志意治，順之則陽氣固，雖有賊邪，弗能害也，此因時之序。故聖人搏精神，服天氣而通神明。失之則內閉九竅，外壅肌肉，衛氣解散，此謂自傷，氣之削也。」由此段可知「神」關係到人

〔註121〕李曉紅、林存奇、李燁：〈《黃帝內經》養生思想探討〉，（廣西中醫學院基礎醫學院，廣西南寧 2008.10.22）。

〔註122〕姚曉玲：〈《黃帝內經》養生理論研究概述〉，中國論文下載中心 http://www.studa.net。

〔註123〕孟凡紅：〈《黃帝內經》養生思想初探〉，《醫藥月刊》（第 1 期 2007）。

身各部份的健康，包含氣、形，以爲神足則氣足，氣足則外邪不侵，外邪不侵則形體健全。所以學者党炳林即認爲，形統於神，神明則形安，養神以統形，神旺可通過清靜寧神、積精養神、四氣調神、修性怡神等達到。所以養身當以養神爲首務，神明則形安，這也影響到中醫養生觀即以調神爲第一。〔註124〕《內經》又說，神藏於心，爲心所主。《內經》云：「心者，五臟六腑之大主也，精神之所舍也。……心傷則神去，神去則死矣。」心健則神氣充足，神氣充足則身強，神氣渙散則身弱，說明人的生命是在「神」主導作用下完成的。〔註125〕

　　既然「神」之於人身如此重要，「養神」當爲養生之第一要務。然《內經》又注意到「情志」於「神」有極大的妨害。情志之害「神」，會引起連鎖反應，接連傷害到由「神」所主宰的「氣」與「形」等。

　　關於「情志」之傷氣，《內經》以爲情志偏激失常，喜怒失常，或憂思過度，都會引起臟腑精氣的紊亂，臟腑機能失調。〈素問·舉痛論〉曰：

　　　　百病生於氣也，怒則氣上，喜則氣緩，悲則氣消，恐則氣下，寒則

　　　　氣收，炅則氣泄，驚則氣亂，勞則氣耗，思則氣結。

任何疾病皆起於氣的不正常運動，發怒則肝氣則上逆，血隨氣昇，氣血逆行於上，可見氣粗、面紅耳赤，重者損傷血絡而嘔血、吐血，甚至氣血上逆，蒙蔽清竅，發爲暈厥；過喜則心氣緩散，心氣難以收攝，表現爲心悸、失神，甚至狂亂，譫語；悲憂則肺氣抑鬱，呼吸不暢，出現太息，胸膈滿悶痞塞、長嘆等上下氣機不通的表現；過於恐懼，易傷腎氣，腎主閉藏，司前後二陰，恐懼之後的傷腎，易致腎氣不固，精氣陷於下，二便失禁；寒冷則其氣收斂；大驚易傷心，使心氣散亂。心藏神，大驚之後的心不藏神，易導致神氣外越，多表現爲心悸，喘促，汗出，慌亂失措等症。〔註126〕；勞累則其氣耗弱；思慮過度，容易傷脾，致脾氣鬱結，因而飲食運化失常，出現脘腹痞塞、納呆、飲食無味、疲乏無力，甚或肌肉消瘦等症。總此，則「憂恐悲喜怒，……故令人有大病矣。」（〈素問·玉機眞臟論〉）因此，情緒之發動，皆須有所

〔註124〕姚曉玲：〈《黃帝內經》養生理論研究概述〉，中國論文下載中心 http://www.studa.net。

〔註125〕王欽鵬、徐志玉、李曉紅：〈試論《素問·生氣通天論》中的養生思想〉（北京 2009.3.5）。

〔註126〕韓廷傑、韓建斌：《道教與養生》（台北：文津出版社 1997.8 初版一刷），頁12～20。

節制，如此才能避免其氣受到不當的牽動影響，如此疾病也就無由產生。

　　關於「情志」之傷形，情況有兩種：一是由情志之傷氣，〈素問・陰陽應象大論〉說：「人有五臟化五氣，以生喜怒悲憂恐。故喜怒傷氣，寒暑傷形。暴怒傷陰，暴喜傷陽。厥氣上行，滿脈去形。喜怒不節，寒暑過度，生乃不固。」情志失調，將導致陰陽二氣失和，於是氣機衰弱，外邪入侵，形體因而隨之衰弱。二是《內經》認為，五臟藏五神，蓋肝藏魂，心藏神，脾藏意，肺藏魂，腎藏志。而情志會排擠寄存於五臟之五神，使得五神離開五臟，一旦形神相離，五臟將會受到傷害，五臟一旦衰微，人身就將不起。〈素問・陰陽應象大論〉即指出：「喜傷心」、「怒傷肝」、「憂傷肺」、「思傷脾」、「恐傷腎」。〈靈樞・本藏〉也說：「志意和則精神專直，魂魄不散，悔怒不起，五臟不受邪矣。」

　　根據上文之論述，關於養神之具體方法，其方向有幾：一是從「調情志」著手，〈靈樞・本神〉提出「智者之養生也，和喜怒而安居處」。意定神閑，心理安適，不因外界事物變化而產生情緒波動，大恐、大驚、大怒之心不起，此即為理想的心理狀態。〔註127〕其次，要求養生者應該過著清心寡慾、反璞歸真的生活。所以〈素問・上古天真論〉提出：「恬惔虛無，真氣從之，精神內守，病安從來。是以志閑而少欲，心安而不懼。」認為養生應該減少對物質的追求及對名利的妄想與貪念，如此才能安定性情，達到養生長壽的目的。〈素問・陰陽應象大論〉也說：「是以聖人為無為之事，樂恬淡之能，從欲快志於虛無之守，故壽命無窮，與天地終，此聖人之治身也。」此顯然承襲道家老子「虛靜無為」的思維，主張人應避免有違造作，如此才能避免沒必要的干擾與消耗，而保持清靜，進而益壽延年。其三，〈素問・上古天真論〉一段，曰：「余聞上古有真人者，提挈天地，把握陰陽，呼吸精氣，獨立守神，肌肉若一，此其道生。中古之實有至人者，淳德全道，和於陰陽，調於四時，去世離俗，積精全神，游行天地之間，視聽八達之外，此蓋益其壽命而強者也，亦歸於真人。其次有聖人者，處天地之和，從八風之理，適嗜欲於世俗之間，吳恚嗔之心，行不欲離於世，披服章，外不勞形於世，內無思想之患，形體不敝，精神不散，亦可以百數。其次有賢人者，法則天地，象似日月，辨列星辰，逆從陰陽，分別四時，將從上古，合同於道，亦可使益壽而有極時。」從此段話可知，全神之道除卻調平情志、虛靜無為之外，尚可透過呼

〔註127〕韓廷傑、韓建斌：《道教與養生》（台北：文津出版社 1997.8 初版一刷），頁12～20。

吸天地之間陰陽之氣，來充實精氣，之後將呼吸得來的精氣不斷的積累，則可精足氣滿，精足氣滿之後則可全神。

《內經》養生理論強調精神的調攝，認為必須保持身體和心理兩方面的健康，達到「形與神俱」，才能「盡終天年」。總之，《黃帝內經》包含了豐富的養生思想，為中醫養生學發展奠定了堅實的理論基礎。

四、《淮南子》養生思想

漢武帝時，淮南王劉安招集以道家為首的百家遊士，仿秦呂不韋著《呂氏春秋》，集體寫作《淮南內》二十一篇，又名《淮南子》或《淮南鴻烈》。《淮南子》內容雜揉儒、墨、法、名、陰陽以及道家，《漢書・藝文志》因此將它歸入雜家。針對此種分法，梁啓超在〈漢書・藝文志諸子略考釋〉中，曾評論道：「劉、班以《淮南》次《呂覽》之後而並入雜家者，蓋以兩書皆成於賓客之手，皆雜採諸家之說，其性質頗相類也。」〔註128〕此種不問思想脈絡，僅從成書方式，及內容雜揉特質來分類，可能有失草率。梁啓超於是就其各篇要點、排列次第、內容分類去考察，認為《淮南子》為「集道家學說之大成」〔註129〕且就其內容思想主軸，則該書每每稱「道」，又「其大較，歸之於道。號曰鴻烈，鴻，大也；烈，明也，以為大明道之言也。」〔註130〕可見其以「道家」自居。高誘也評「其旨近老子。」〔註131〕今人勞思光也說：「此書恰能代表漢代人心目中之『道家』。」〔註132〕足見《淮南子》雖則內容龐雜，但大抵歸其本於道家是不錯的。進一步說，《淮南子》是具備漢代特質的道家，也就是黃老道家，因此陳廣忠、梁宗華先生即直言《淮南子》是黃老道學的集大成。〔註133〕是以《淮南子》延續道家「重生」傳統，而延伸出諸多養生理論，關於《淮南子》養生思想，茲簡述如下：

〔註128〕梁啓超：《諸子考釋》（台北：台灣中華書局 1976.9 台五版），頁 104。

〔註129〕梁啓超：《諸子考釋》（台北：台灣中華書局 1976.9 台五版），頁 105。

〔註130〕〔漢〕高誘 注：《淮南子》（上海：上海古籍 1991.4 初版三刷）之高誘所作前序，頁 1。

〔註131〕〔漢〕高誘 注：《淮南子》（上海：上海古籍 1991.4 初版三刷）之高誘所作前序，頁 1。

〔註132〕勞思光：《新編中國哲學史》（二）（台北：三民書局 1996.3 增訂八版），頁 106。

〔註133〕陳廣忠、梁宗華：《道家與中國哲學》（北京：人民出版社 2004.6 第一刷），頁 82。

（一）養精調氣

　　《淮南子》將人身結構大別為形神兩部分，若單就「形」這部份來說，《淮南子》以為宇宙萬物皆由道生出虛廓，虛廓又生出宇宙，宇宙生出氣，氣分陰陽，其中陽者為天，陰者為地，天陽地陰之精氣復生四時，四時復生出萬物，從中可見其宇宙生成的進路大抵與先秦道家相同，蓋循道——氣——物的模式而來，然《淮南子》在道氣之間又加入虛廓與宇宙二個層次，使其生成進路益發細密。在整個生成圖式之中最重要的氣——陰陽二氣，萬物皆是陰陽二氣的相互激盪所產生，即萬物皆「陰陽之氣相動」〔註134〕所生，再者，陰陽二氣之相薄運動固然可以化生萬物，然而陰陽二氣無論如何的運動變化皆須遵循一個規則，那即是「和」，曰：「天地之氣，莫大於和。和者，陰陽調。」（〈氾論訓〉）天地陰陽之氣必須協調、調和，曰：「陰陽和，則萬物生矣。」（〈泰族訓〉）陰陽調和，萬物則能生生不息；反之，若有一方偏至，不是過度發展，即是過度沉寂，或過或不及，皆對萬物產生不良的影響。此外，人身亦以「和」為貴，講求形、氣、神的調和。其三，陰陽二氣是組成萬物之共同物質，基於此，故萬物得以陰陽二氣為橋樑，而達到同氣相應、同類相生的功效。

　　將《淮南子》的宇宙生成論落實到人身之生成，則人身之成，亦稟受天地陰陽之氣，所以〈精神訓〉說：「精神者受之於天，而形體所稟於地也。」同時，人身亦稟受精氣，所以《淮南子》也提出「精氣為人」的觀點。因此，就人身之存有而言，陰陽二氣以及精氣之存有與否，加上陰陽二氣之和合與否，都關乎性命之安危與存有與否？故〈原道訓〉說：「夫形者，生之舍也；氣者，生之充也；神者，生之制也；一失位，則三者傷矣。」因此形、氣、神任一受到損傷，其結果是全面的敗亡，因此形、氣、神三者皆須特別的注意個別的養護，避免因為連動性的影響，造成連鎖的反應。尤其形神之間具有相抱的關係，完整的生命是形神兼具的生命體，形與神缺一不可，又形神無法相抱而相離，生命也無法持續下去，人體的結構若就氣的觀點來說，則是精氣神三者所構成，精氣神三者異名而同為一氣之化，精者，氣之精華純粹者；神者，氣之靈明昇華者，健全的身體必須是精氣神三者充足而飽滿，且精氣神三者也絕非獨立之體，三者也是互為影響，精不足氣不滿則神不生。

〔註134〕〈泰族訓〉，〔漢〕高誘　注：《淮南子》（上海：上海古籍 1991.4 初版三刷），頁 213。此節所引述《淮南子》原文，皆出自本書，以下不再另標出處。

總言之，人身作為一複雜之結構，它實是精氣神三者的統一，也是形氣神三者的統一。

就宇宙生成論而言，形體稟受於地，〈精神訓〉在論述形體稟於地時談到：「一月而膏，二月而膚，三月而胎，四月而肌，五月而筋，六月而骨，七月而成，八月而動，九月而躁，十月而生，形體以成，五臟乃形。」這裏對人體胚胎發育過程的粗略記述，基本上是由液態而固態；由肌肉而筋骨；由靜而動，及至五臟俱全，形體以生。

關於形體之養生，分作外形的養生與內氣的養生。就外形的養生，乃專就已成之形體，做外在的養護，例如養護形體必定離不開飲食運動起居等，《淮南子》認為要做到節寢處、適飲食、便動靜、均勞逸，在各方面做到適宜的地步。然而值得注意的是：《淮南子》雖強調重生，但反對生生之厚，認為生生過厚，反而適得其反。就內氣的養生而言，《淮南子》以為養氣為養形的根本，所以〈精神訓〉說：「形勞而不休則蹶；精用而不已則竭。」一方面主張形體需適度的休息，一方面提醒養生之人，光是外形的養護不足以為生，更需注意精氣的保存與養護，兩者雙管齊下，形體才得以健全。至於養氣之方法，《淮南子‧精神訓》曾經提出一套氣功養生的方法，曰：

> 是故真人之所游。若吹呴呼吸，吐故內新，熊經鳥伸，鳧浴蝯躩，
> 鴟視虎顧，是養形之人也……。

此言深闇養生之道之真人，知道透過模仿動物的種種動作，以行呼吸導引之術，之後精足氣滿，形體也可因此而健全。具言之，這些動物的動作為：像熊一樣攀援大樹而引體向上；像飛鳥一樣伸展臂膀；像野鴨一樣浮游水上；像猿猴一樣跳躍；像貓頭鷹一樣反顧；像老虎一樣縱身跳撲，《淮南子》此說並為東漢華佗之「五禽戲」樹立基礎。〔註135〕此外，《淮南子‧說山訓》也說「人二氣則成病」，這是對陰陽失調病機的認識，可見追求陰陽二氣的調平也是養生養生的關鍵。

（二）虛靜養神

就形神之修養而言，《淮南子》顯然更重視養神，因此〈泰族訓〉提出「太上養神，其次養形」的養生主張。而關於養神，《淮南子》提出幾種方法：其一乃是透過養形、養氣以養神，因為〈原道訓〉提出「形備而性命成，性命

〔註135〕周一謀：〈《淮南子》論攝養與壽夭〉，《中國養生‧文萃釋讀》，頁8。

成而好憎生」的論點，以為形神之間，先有形後有神，神本於形，是生命的
主宰，形神的本質皆是氣。形氣神三者三位一體，且相互牽動影響。因此上
文所探討的養形，養氣之法，實際上也是養神之法，一旦精氣充足，陰陽和
合則形體健全，精神也因而強健。

其次，專就養神而言，《淮南子》強調靜以養神、無為以養神、和喜怒、
重視養心，以使精神內守。就靜以養神與和喜怒而言，〈原道訓〉說：

> 夫喜怒者，道之邪也。憂悲者，德之失也。好憎者，心之過也。嗜
> 欲者，性之累也。人大怒破陰，大喜墜陽，薄氣發瘖，驚怖為狂；
> 憂悲多恚，病乃成積；好憎繁多，禍乃相隨……故心不憂樂，德之
> 至也。通而不便，靜之至也。嗜欲不載，虛之至也。無所好憎，平
> 之至也。不與物散，粹之至也。能與五者，則通於神明。通於神明，
> 得其內也。是故以中致外，百事不廢。中能征之，則外能吸之。中
> 之得，則五臟寧，思慮平，精力堅強，耳目聰明。疏達而不悖，堅
> 強而不鞼。

〈原道訓〉指出在情志方面，喜、怒、好、憎、驚、憂、悲等過度之情緒，
會影響「氣」，使人身陰陽二氣失調，進而使人心性受累，道德喪失，積累成
病，災禍隨之。因此，為避免情志之致病，應當調平情志，修道養德。在嗜
欲方面，嗜欲亦會斲人心性，因此應當除去嗜欲，使內心虛靜。一旦能除情
去欲，「反其性命之宗」以「得其性命之情」，以中致外，則神明通，五臟寧，
思慮平，精力強。

就無為以養神而言，〈詮言訓〉以為「無為者，道之體也。」故人之養生
養神也應法道之無為，〈原道訓〉說：

> 是故聖人內修其本，而外不飾其末：保其精神，偃其智故；漠然無
> 為而無不為，澹然無治也而無不治也。所謂無為者，不先物也；所
> 謂無不為者，因物之所為。所謂無治者，不易自然也；所謂無不治
> 也，因物之相然也。

此言聖人養生當捨棄外在枝節，而重視內在根本，所謂內在根本，當指內修
精神，甚至是內修道德。進一步說，內修精神與道德的具體方法是：無為、
無治、無不為、無不治。且究其實，《淮南子》的無為、無治、無不為、無不
治，大抵正是老子所說的因循自然，無所干涉，而使萬物因自然而為，因自
然而然，而在無所干預的情況下，獲得最大之自由，最佳之發展。

　　就養心而言，《淮南子》以爲五臟與五竅、五臟與情志具有相互配屬的關係，認識到肝主筋，竅通於目；肺主皮革，竅通於鼻，肺主氣；腎主骨幹，竅通于陰；胃主膚肉，竅通於口。《淮南子》對「心」尤其具有較全面的認識，它指出心的生理功能有主血脈，主神，主九竅四肢等方面，提出「心爲五臟之主」的論點。〈精神訓〉也說：「心者，神之主也，而神者心之寶也。形勞而不休則蹶；精用而不已則竭。」這是強調心神的作用，指出過度勞形操神的害處。就精神內守而言，〈精神訓〉又說：「耳目淫于聲色之樂，則五臟搖動而不定矣；五臟搖動而不定，則血氣滔蕩而不休也；血氣滔蕩而不休，則精神馳騁於外而不守矣！精神馳騁於外而不守，則禍福之至雖如邱山而無由識之矣。」此言將精神外逐於外在的耳目聲色之欲，將使五臟血氣因而動盪不休，待精神外馳之後，則性命隨之，災禍將至。

　　《淮南子》的養生所要達到的最高境界，在〈精神訓〉中談到的是：

　　　　形若槁木，心若死灰……不學而知，不視而見……天澤焚而不能熱。
　　　　河漢涸而不能寒也。……居而無容，處而無所，……此精神之所以
　　　　能登假於道也。

此段與《莊子‧齊物論》所謂：「形固可使如槁木，而心固可如死灰乎？」〔註136〕以及「志人神矣！大澤焚而不能熱，河漢互而不能寒。疾雷破山而不能傷，飄風振海而不能驚。」〔註137〕在文字上是非常近似的，可見《淮南子》在精神的修養上，是承自於莊子的，皆主張養生的最高境界是：透過「虛靜」的功夫，忘卻形軀我與意識我，「經由『吾喪我』的體道活動，消解物我對立之我，方能超越有限執定之我（『成心』），以道觀之，達至『道通爲一』的齊物終極境域。」〔註138〕

（三）順應四時

　　《淮南子》認爲人體生命節律、身體構造與天地同。〈精神訓〉中即把人體比附天地：

〔註136〕《莊子‧齊物論》，〔清〕郭慶藩編；王孝魚 整理：《莊子集釋》（台北：萬卷樓 1993.3 初版二刷），頁 43。

〔註137〕《莊子‧齊物論》，〔清〕郭慶藩編；王孝魚 整理：《莊子集釋》（台北：萬卷樓 1993.3 初版二刷），頁 96。

〔註138〕伍至學：〈吾喪我與天籟〉，《第十屆儒佛會通暨文化哲學學術研討會》（2007.3.17），頁 4。

> 故頭之圜也象天，足之方也象地。天有四時、五行、九解、三百六
> 十日。人有四肢、五臟、九竅、三百六十節。故膽爲雲，肺爲氣，
> 肝爲風，腎爲雨，脾爲雷，以與天地相參也。

《淮南子》將頭與天相配；足與地相配；四時與四肢相配；五行與五臟相配；九解與九竅相配；三百六十日與三百六十節相配；雲與膽相配；氣與肺相配；風與肝相配；雨與腎相配；雷與脾相配，這是把「人副天數」的唯心主義，發展爲「人副天、地數」的唯心主義二元論。《淮南子》這種天人同構的思維，將人身視爲小宇宙，同時也認爲「天地宇宙，一人之身也；六合之內，一人之制」，建立起天人相感的整體觀。《淮南子》認爲天人除了同構以外，天人也同源於氣，且天人在同氣的基礎上，「天之與人有以相通」，具體的說，天人乃「陰陽同氣相動」，以氣相通，這實際上就是以氣爲中心的天人感應的思想。

　　天人既然同質同構且相互感應，那麼，人處於天地之間，該如何自處？《淮南子》明確提出「人與天地相參」的天人合一整體觀，認爲只有做到「遵天之道，循天之理，與天爲期，從天之則」，〔註139〕才是眞正的天人合一，人體與天地宇宙才能達到和諧統一。具體的說，人該如何「應天」，《淮南子》也提出了一些應時的養生方法，〈時則訓〉篇中說：

> 仲夏之月……可以居高明，遠眺望，登邱陵，處台榭。……仲冬之
> 月君子齋戒……處必掩身……。

此言人應配合時序的變遷以行人事活動，此與《管子》、《黃帝內經》「春生、夏長、秋收、冬藏」的應時養生法是一貫的。

第三節　道教之養生思想

　　道教的最早經典是《太平經》，它被認爲是道教形成的標誌之一。《太平經》非一人一時之作，西漢成帝時是始作期，《漢書・睢兩夏侯京翼李傳》說：「成帝時，齊人甘忠可詐造《天官曆》、《包元太平經》十二卷，以言『漢家逢天地之大終，當更受命於天，天帝使眞人赤精子，下教我此道。』」〔註140〕

〔註139〕《淮南子・詮言訓》：「故不爲善，不避醜，遵天之道；不爲始，不專己，循天之理；不豫謀，不棄時，與天爲期；不求得，不辭福，從天之則。」

〔註140〕〔唐〕顏師古 注：《漢書》（新校本廿五史）（台北：史學出版社 1974.5 台北影印一版），頁 3192。

甘忠可將此書教授夏賀良、丁廣世、郭昌等人，這是《太平經》第一次出現，然當時的《包元太平經》已亡佚，不可詳考。順帝時期，《太平經》又再次出現。《後漢書》說：「初，順帝時，琅邪宮崇詣闕，上其師于吉於曲陽泉水上所得神書百七十卷，皆縹白素朱介青首朱目，號《太平清領書》。其言以陰陽五行為家，而多巫覡雜語。有司奏崇所上妖妄不經，乃收藏之。」〔註141〕這一次是琅邪人宮崇獻上其師于吉所得的神書，號《太平清領經》，後經襄楷於桓帝時復獻，才漸為世人所知。至於《包元太平經》與《太平清領書》的關係，蒙文通說：「西漢今文學家夏賀良、甘忠可之流，始作《包元太平經》，是為早期道教經典《太平經》之權輿。」〔註142〕《太平經》總結老子、秦漢以來的方仙道、陰陽五行，哀平以來的讖緯，以及民間巫覡習俗，〔註143〕後來對張角重新創立和傳播太平道、組織黃巾之事起了重要的作用。張陵創立五斗米道也受此書的影響。

一、《太平經》之養生思想

《道藏》所收的《太平經》已經殘缺不全，其經以甲乙丙丁戊己庚辛壬癸為部經，經當代道教學者王明先生廣搜博證，成《太平經合校》〔註144〕，為當代研究者所遵用。

《太平經》延續道家「重生」、「貴生」的傳統，以為：「三萬六千大地之間，壽為最善。」（〈闕題〉）立定以長壽長生為善的目標，因此養生以致長壽長生即成它重要的思想內容之一。

（一）守一存神

「守一法」是《太平經》論述最多的一種功法，主要輯於〈太平經聖君秘旨〉中。守一法繼承老子「一」的思想，以為：「天不守一失其清，地不守一失其寧，目不守一失其明，……人不守一不生活。」此言天、地、目需仰賴「一」才得以成其特性與功能。其中「人不守一不生活」，更是道出「守一」於生活、生命的重要性。〈經鈔〉壬部中更云：「古今要道，皆言守一，可長

〔註141〕〔南朝宋〕范曄：《後漢書》（台北：新陸1964.元），頁490。
〔註142〕蒙文通：《古學甄微》（成都：巴蜀書社1987第一版），頁315。
〔註143〕龍晦、徐湘靈譯注：《太平經全譯》（貴陽：貴州人民出版社2000.1）前序，頁1。
〔註144〕王明編：《太平經合校》（上）（下）（北京：中華書局，1997.10初版五刷）。

存而不死。」又〈太平經聖君秘旨〉中云：「夫守一者，可以度世，可以消災，可以寧君，可以不死，可以理家，可以事神明，可以不窮困，可以理病，可以長生，可以久視。」這在在表明在《太平經》中，「守一」是一種重要的長生久視、成仙致眞的方術。

其次，談到什麼是守一法呢？趙中偉先生分析《太平經》之「守一法」具有兩個層次：「其一是形上層次，『一』是指宇宙化生的本體，與『元氣』有相同的位階。」〔註145〕「其二爲功夫義，『守一』是指必須經過個人的修養功夫，……以達到吾人的形體與精神相結合的地步。」〔註146〕就「守一」的形上層次來說，《太平經・五事解承負法》說：

> 以何爲初？以思守一，何也？一者，數之始；一者，生之道也；一者，元氣所起也；一者，天之綱紀也。故使守思一，從上更下也。

此以「一」爲宇宙本體，萬物生生之始。因此，所謂「守一」，即是反本還原，去復歸生命之本始，如能復歸生命之本始，即能掌握化生萬物的「玄牝之門」、「天地之根」，即能生生不息，此即「從上」而「更下」之意。這也就是《太平經・分解本末法》所言：「夫凡事毀者當反本，故反守一以爲元初」，就這個層次的守一法而言，其落實在養生的具體方法是講究虛靜以復歸自然之性，例如要求治身者修煉時用心清靜專一，所謂「求道之法，靜爲基先。」其他如調情志，節飲食，少私寡欲等，與道家養神之道是屬於同一路子。

再就「守一」的功夫義來說，〈經鈔〉壬部解釋得非常清楚：

> 人知守一，名爲無極之道。人有一身，與精神常合並也。形者乃主死，精神者乃主生。常合即吉，去則凶。無精神則死，有精神則生。常合即爲一，可以長存也。

此言人身爲形神二元之結構，其中形主死，而神主生，因此形神二元結構中，決定生死存亡的關鍵在於「神」，「神」合於「形」，形神相抱爲一則生，形神相離則亡。《太平經》中又反覆強調守神對於生命存在之重要，如說：「精神不可不常守之，守之則長壽，失之則命窮」。又如說：「人不守神，身死亡」，

〔註145〕趙中偉：《道者，萬物之宗——兩漢道家形上思維研究》（台北：洪葉文化 2004.4 初版第一刷），頁 306。

〔註146〕趙中偉：《道者，萬物之宗——兩漢道家形上思維研究》（台北：洪葉文化 2004.4 初版第一刷），頁 308。

〈太平經鈔〉辛部中說：「故天地之道，據精神自然而行。故凡事大小，各自保養精神，故能長存。精神減則老，精神亡則死。……凡事安危，一在精神。」由此可見，欲使形，神合一，關鍵在於使神不離形，即「存神」，可見存神爲長生之要術，守一之核心。

關於「存神」之道，其具體方術，主要有齋戒、存思、祭祀等方法。以齋戒而言，《三洞珠囊》卷一《救導品》引《太平經》佚文曰：「夫精神，其性常居空閑之處，不居污濁之處也；思欲還神，皆當齋戒，懸象香室中，百病消亡；不齋不戒，精神不肯還反人也。」卷九十六〈守一入室知神戒〉中說：「入茆室精修，然後能守神。」又「居閑處，宜重牆厚壁，不聞喧嘩之音。」皆強調居處要選擇僻靜之所，藉以隔絕嘈雜喧囂，使心神安而無擾，還返人身。就存思而言，〈眞到九首得失文訣〉言修道有九等事，其中第四等事專談守神之法，其言曰：「四爲神遊出去者，思念五臟神，晝出入，見其行遊，可與語言也；念隨神往來，亦洞見身耳。」又〈經鈔〉壬部中說：「常患精神離散，不聚於身中，反令使隨人念而遊行也。……念而不休，精神自來，莫不相應，百病自除，此即長生久視之符也。」依此，《太平經》將精神擬人化，言精神可出入，可行遊，可言語，可與人的意念相應，正因精神可與人的意念相應，是以透過意念反覆的凝思，念茲在茲，精神還返。《太平經·以樂卻災法》還介紹存思五臟神的方法，曰：

> 夫人神乃生內，返遊於外，遊不以時，還爲身害，即能追之以還，自治不敗也。追之如何？使空室內傍無人，畫像隨其藏色，與四時氣相應，懸之窗光之中而思之。上有藏像，下有十鄉，臥即念以近懸像，思之不止，五藏神能報二十四節氣，五行神且來救助之，萬疾皆癒。

《太平經》認爲，人神本來是佇居體內的，但由於世間衣食住行、交往、感官欲望、爭逐名利等行爲，因而遊散於外，甚而造成形體的傷害。因此，收攝心神，當爲養生之要務。又認爲五臟神能夠與四時、二十四節氣相應，因此須配合四時的顏色，畫下五臟神的畫像，具體說來，其相配的情形是：「男思男，女思女，皆以一尺爲法，隨四時轉移。春，青童子十；夏，赤童子十二；秋，白童子十；冬，黑童子十；四季，黃童子十二。二十五神人眞人共是道德，正行法，陽變於陰，陰變於陽，陰陽相得，道乃可行。」若能隨其四時季節不同而更換以不同的顏色，經常靜臥默想以接近神，就可以使神明

相助，「萬疾皆愈」。從這種方法的起源來看，反映出素樸的四時五臟陰陽相對應的天人一體觀。〔註147〕

　　此外，《太平經》也承襲了道家的養神之法，如因爲「眞神好潔」，所以飲食上要「少食爲根」，避免消化負擔過重，宿食停滯，阻礙人體氣機的運行。情志上要「不喜不怒」，以「喜怒爲疾」。《太平經》還把守一法擴大到宗教道德的範疇，宣揚「安貧樂賤，常內自求」、「外則行仁施惠爲功，不望其報，忠孝亦同。」等道德修養。鼓勵修道者持之以恆的漸修，以求日起有功，如〈太平經聖君祕旨〉中說：「守一之法，皆從漸起，守之積久，其一百日至。」〈經鈔〉乙部中亦云：「夫道者各爲其身，不爲他人也。故當各自愛而自親，學道積久，成神眞也。」又說行守一法，除長生不死，更可致仙通神，如「守一法，將與神遊，萬神自來，昭昭可儔。」這些都透露出《太平經》的宗教意味。

（二）胎息辟谷

　　《太平經》以爲萬物皆稟元氣而生，曰：「元氣酒包裹天地八方，莫不受其氣而生。」人身爲萬物之一，情況亦然。因此〈太平經聖君祕旨〉中云：「夫人本生混純之氣，氣生精，精生神，神生明。本於陰陽之氣，氣轉爲精，精轉爲神，神轉爲明。」此處所謂「混純之氣」，當指陰陽未分之氣，亦即元氣。元氣又生精，精又生「神」。嚴格說來，「精」、「氣」、「神」並非「相生」關係，而是「轉化」關係，既是「轉化」關係，表示「精」、「氣」、「神」必有相當程度的同質性，因此才可利用其同質性相互爲轉，是以〈經鈔癸部〉中說：「三氣共一，爲神根也。一爲精，一爲神，一爲氣。此三者，共一位也，本天地人之氣……相與共爲一治，故神者乘氣而行，精者居其中也。三者相助爲治。」從「三氣共一」、「此三者，共一位也」，的確可見其同質性。然而，無論精、氣、神如何的相互爲轉，「元氣」無可否認的是最初的源頭。因此，欲「守一存神」，也絕對離不開保守「元氣」。於是卷四十二〈四行本末法〉如是說：「故人有氣則有神，有神則有氣，神去則氣絕，氣亡則神去。故無神亦死，無氣亦死。」由此觀之，存神固然重要，保守「元氣」也不可忽視。《太平經》更從天地之大道來說明守元氣的重要。卷九十八〈包夫裏地守氣不絕

〔註147〕韓廷傑、韓建斌：《道教與養生》（台北：文津出版社 1997.8 初版一刷），頁21～26。

訣）言：「天地之道所以能長且久者，以其守氣而不絕也。故天專以氣爲吉凶也。萬物像之，無氣則終死也。子欲不終窮，宜與氣爲玄牝，像天爲之，安得死也。」這便是說，人與天地萬物一樣，皆稟元氣而生，天地守氣不絕，故能長久，人若想久生久視，亦當保守元氣。

那麼，如何保守元氣呢？《太平經》中提出胎息和辟穀兩種。關於胎息之法，《道典論》卷四《胎息》引《太平經》佚文云：

> 請問胞中之子，不食而氣者何也？天道乃有自然之氣，乃有消息之氣。凡在胞中，且而得氣者，是天道自然之氣也；及其已生，噓吸陰陽而氣者，是消息之氣也。人而守道力學，反自然之氣者生也，守消息之氣者死矣。故夫得眞道者，乃能內氣，外不氣也。是以內氣養其性，然後反嬰兒，復其命也。故當習內氣以內養其形體。

此將氣分作天道自然之氣與噓吸陰陽之氣，依其分類，天道自然之氣，大抵類似於元氣，是先天萬物始元之氣；而噓吸陰陽之氣，是後天透過呼吸吐納從人身之外所吸取或交換的氣。嬰兒在母腹之內，直接吸食自然元氣，與元氣相合，故能生，及其出生，開始吸納陰陽消息之氣，故有死。其次，又論到習氣之法，當如嬰兒不以口鼻呼吸，這也就是後世所謂「胎息」之法。至於內氣究竟爲何物，《太平經》沒有更進一步的說明，但根據其一般功能性之，所謂內氣，或即指聯絡形神的中介之氣，也就是指精、氣、神三者之中的「精氣」。《太平經》認爲這種氣既能聚合成形，又能散化爲神，故在性質上與元氣接近，甚至是元氣在人體結構中的直接體現。〔註148〕此外，《太平經》也部份承襲《內經》，以陰陽五行理論建構人身結構，認爲「天下凡事，皆一陰一陽，乃能相養。」

《太平經》中提出的另一種保守元氣的方術是辟穀食氣。卷四十二〈九天消先王災法〉中云：「夫人，天且使其和調氣，必先食氣。故上士將入道，先不食有形而食氣，是且與元氣合。故當養置茅室中，使其齋戒，不睹邪惡；日煉其形，毋奪其欲。能出無間去，上助仙眞元氣天治也。」經中又說：「古者上眞睹天神食氣，像之爲行，乃學食氣。」依此，所謂「辟穀」，「闢」者，避也。「辟穀」就是避絕食用有形粗穢之五穀雜糧食氣之法；「食氣」就是應吞吸無形清純之氣息，最後煉養其氣以與「元氣」相合。

〔註148〕韓廷傑、韓建斌：《道教與養生》（台北：文津出版社 1997.8 初版一刷），頁21～26。

（三）積善修道

　　《太平經》作爲宗教聖典，因此自然少不了宗教所具備的「勸善」功能，且爲使教徒積極行善，更將行善納入養身體系，成爲治身的基本原則之一。故論致仙方法時，自不能不主張行善立功。卷一百十四〈九君太上親訣〉中說：「天亦信善人，使神仙度之也。」又同卷〈不承天書言病當解謫誠〉中云：「不當見神仙之人，皆以孝善，乃得仙耳，其壽何極。」又同卷〈不用書言命不全訣〉中也說：「大化行善，壽亦無極。」從以上諸句，可以看出人欲長生不死，羽化飛升，除身形煉養功夫外，尚須善行的積累，雙管齊下，所謂「內以致壽，外以致理。」

　　其次，論到積善與養生何以具備關係？而爲長生成仙的必要前提，其理論依據是《太平經》中的人壽天定論。依《太平經》，人壽長短是由天曹、神吏控制的，最終爲天神所定奪。而增減年壽的根據是人的行爲善惡，卷一百十二〈有德人祿命訣〉中說：「太上善人，……令得天心地意，從表定裏，成功於身，使得長生，在不死之籍，得與大神從事對職。」又卷一百十〈大功益年書出歲月戒〉說：「如有大功，增命益年。」只要努力行善，多多積功，必得天佑，長生不死，白日飛升。至於天神如何知人善惡，《太平經》亦自有其解釋，它說「故言司命，近在胸心，不離人遠，司人是非。」又《經鈔》乙部中言：「爲善亦神自知之，惡亦神自知之，非爲他神，乃身中神也。」司命之神離人不遠，身中神更是內居體中，固能察人善惡，上報於天，以增減年壽。

　　既然行善能夠增年，而神靈又明察秋毫，蒙騙不過，因此欲得壽仙，唯有積善行德一途。至於《太平經》中所揭示的善行有幾：如強調孝道，言「不孝而爲道者，乃無一人得上天者也。又如強調「常懷慈仁之思，布恩有惠，利於眾人。」另外，《太平經》也重視懺悔、自責之事。卷一百十一〈善仁人自貴年在壽曹訣〉說：「念恩於天地，不敢忘報，自責而已。復有過失，承負所起，自責有歲數，乃感動耳。」如說：「使神見自責悔，人還上天道言，有悔過人啼淚而行，未曾有止時，恐見不活，以故自責。大神聞知，言天君常敕諸神曰，有功善之人爲忠孝順，所言進獨其人也。」又如說：「此本俗人耳，而自責過無解已，更爲上善人也。」〔註149〕透過懺悔自責之事，得以感動天神，積善累功，增加年壽。

〔註149〕王平：《《太平經》研究》（台北：文津出版社 1995.10 初版），頁 67～79。

　　《太平經》尚提出以修道治身之原則，如言「凡學者，乃須得明師，不得明師，失路矣。」此強調修道師承的重要，這對於教團組織的形成與強化具有功效，也指出修道應當至誠，誠實不虛，要求教徒對宗教信仰的虔誠，這些都頗具宗教性意涵。

　　另外，《太平經》也指出修道當修眞道，並針對當時流行的邪道僞術提出指斥。關於眞道，卷七十一〈眞道九首得失文訣〉中說：「道有九度，分別異字也，……然一事爲元氣無爲，二爲凝靖無爲，三爲數度分別可見，四爲神遊出去而還反，五爲大道神與四時五行相類，六爲刺喜，七爲社謀，八爲洋神，九爲家先。此前五事或可度世，或可知吉凶，或可降諸邪，當屬眞道。而後四事者，乃漸失眞道，淪爲邪術。」由此觀之，《太平經》所認定的眞道，大抵是煉養神氣，虛靜無爲，尊神順時之屬。

　　至於僞道，除上述之外，卷一百十七〈天咎四人辱道誡〉中言曰：「夫道乃天也，清且明，不欲見污辱也。而今學爲道者，皆爲四毀之行，共污辱皇天之神道，並亂地之紀，訖不可以爲化首，不可以爲師法，不可以爲父母。……第一曰不孝，第二曰不而性眞，生無後世類；第三曰食糞飲其小便；第四曰行爲乞者。故此四人者，皆共污辱天正道。」又曰：「今大中上古以來，人自言爲善，絕殊於俗人也。學爲道者，反多相示教食糞飲小便，相名爲質直善人，天與道大憎之。天上名此爲大反逆之子，天上不欲見其人形也。此大邪所著，犬豬之精所下也。」更曰：「下古多見霸道，乞匄棄其親，捐妻子，食糞飲小便，是道之衰，霸道起也。」按史書記載，漢時有方士爲求長生，「或飲小便，或自倒懸」，甚至「食糞」，而道士方藥常用糞便。王充《論衡》中亦載，道士劉春煢惑楚王英，使食不清。《太平經》從「天道清明」這一樸素原則出發，視之爲邪道僞術，極盡貶斥。而去家，行乞等行爲，因其與中國傳統道德相悖，亦在《太平經》指斥之列。

　　除上述所論外，《太平經》尚有服餌服符之方術，此乃受民間方術之影響。《太平經》卷四十七〈上善臣子弟子爲君父師得仙方訣〉中有言：「今天地實當有仙不死之法，不老之方，……天上積仙不死之藥多少，比若太倉之積粟也。」《三洞珠囊》卷四《絕粒品》引《太平經》佚文曰：「問曰：上中下得道度世者，何食之乎？答曰：上第一者食風氣，第二者食藥味，第三者少食。」由此觀之，《太平經》將服藥度世者列爲二等，並強調仙藥主要存在於天上，人不可直接得而食之，其重要性反而不如守一食氣等法。相較之下，《太平經》

對服符更需重視。卷八十七《長存符圖》中云：「天符還精以丹書，書以入腹，當見腹中之文大吉，百邪去矣。……守之積久，天醫自下，百病悉除，因得老壽。愚者捐去，賢者以爲重寶，此可謂長存之道也。」此言服符可以治百病，去百邪，因而長生久視，這應當也是受民間風氣所影響。

　　《太平經》主張嫻熟養生方術之後，尙需力行不倦，卷五十五〈力行博物訣〉中云：「吾道可睹意矣，得書讀之，常苦其不熟，熟者自悉知之。不善思其至意，不精讀之，雖得吾書，亦無益也；得而不力行，與不得何異也。」之後循序漸進，「宜有其心，持志不違，明其所爲，各見其功，各進所知。……精進趣志，常有不息，得勑乃止。」必能以漸進方式，經過善人、賢人、聖人、道人等一系列環節，一步步登上仙眞之路。

　　《太平經》於兩漢《老子》注中之《想爾注》影響最大，它們大講天人感應，符瑞災異，嚮往太平安寧的社會，亦主張「承負」報應；《想爾注》中的「奉道誡」，很明顯是承襲了《太平經》的思想。學者任宗權認爲從宗教戒律的角度分析，斷定它們的律統是一體的。〔註150〕

第四節　小結

　　中國文化中養生思想淵遠流長，本章試從三大方向探尋兩漢《老子》注養生思想之淵源，其一爲先秦道家思想，這是兩漢《老子》注思想的源頭，必然對其養生思想造成影響。其次爲秦漢黃老思想，這是兩漢《老子》注隨時代變遷所轉變的趨向，其脈動也與兩漢《老子》注養生思想的轉變息息相關。其三爲草創時期的道教思想，它與兩漢《老子》注養生思想之歸向宗教有關。

　　細言之，《老子》養生法是兩漢《老子》注共同的源頭，尤其「致虛守靜」幾乎被用作「養神」的共同法門。關於「專氣」，《河上注》所論最多，講求結聚元氣、精氣，使精足氣滿。關於「致柔」，同爲三家注所認同，強調當如嬰兒一般致柔，如此則得以勝強，得以和柔長生。關於「抱一」，《河上注》以爲是「抱一」是守太和之精氣，《想爾注》則以爲「抱一」是通道守誡。至於「自然無爲」，三家注字面上雖也承襲，但意義已不相同，其中《指歸》與

〔註150〕任宗權：《道教戒律學》（北京：宗教文化出版社 2008.2 第一版第一刷），頁94。

《河上注》以為自然無為是不任意妄為，而《想爾注》則把通道守誠、誠心信道等作為皆定義成自然無為。《莊子》養生法被《指歸》承襲得最多，尤其「安時順處」的處世法，「心齋坐忘」的心靈境界，「死生一如」的生死觀，「萬物一體」的群體觀，「逍遙自由」的人生境界，在《指歸》中時有所見。

黃老思想中，《管子》存「精」以養形，除舍以養心，「因」時以養生，對兩漢《老子注》養生法多有啟發。《呂氏春秋》節制物欲同為三家「養神」之法，「順應自然」在《指歸》與《河上注》也十分重視，至於重視「精」與「氣」，《河上注》與《想爾》亦有論及。《黃帝內經》「和陰陽」、「節飲食」養生法為《河上注》所承，「順四時」養生法同為《指歸》、《河上注》所繼，而「攝養精神」同為三家注所重視。《淮南子》養生法被《指歸》承襲得最多，其「安時順處」的處世法，「順應四時」，重視精氣神的養生法在《指歸》中時有所見。

而道教思想中，《太平經》「守一」、「辟穀」、「積善」、「守戒」養生法與《想爾注》同，但「守身中神」、「胎息」等養生法是《想爾注》所極力反對的。

※本章結論列表：

表3－4：兩漢《老子》注養生思想之淵源

	淵　源	對兩漢《老子》注之影響
老子	1.自然無為 2.致虛守靜 3.抱一無離 4.專氣致柔	《老子》養生法是兩漢《老子》注共同的源頭，尤其「致虛守靜」幾乎被用作「養神」的共同法門。「專氣」一點，《河上注》所論最多，「致柔」三家注皆十分認同。「抱一」，《河上注》以為是守太和之精氣，《想爾注》以為是通道守誠。至於「自然無為」，三家注字面上雖也承襲，但意義已不相同。
莊子	1.形全精復 2.安時順處 3.心齋坐忘 4.無為至樂	《莊子》養生法被《指歸》承襲得最多，尤其「安時順處」的處世法，「心齋坐忘」的心靈境界，「死生一如」的生死觀，「萬物一體」的群體觀，「逍遙自由」的人生境界，在《指歸》中時有所見。
管子	1.以德存精 2.敬除其舍 3.調養血氣 4.順應四時	《管子》存「精」以養形，除舍以養心，「因」時以養生，對兩漢《老子注》養生法多有啟發。

	淵　源	對兩漢《老子》注之影響
呂氏春秋	1.節制物欲 2.適宜其度 3.疏通精氣 4.順應自然	《呂氏春秋》節制物欲同為三家「養神」之法，「順應自然」在《指歸》與《河上注》也十分重視，至於重視「精」與「氣」，《河上注》與《想爾》亦有論及。
黃帝內經	1.法於陰陽 2.順應四時 3.飲食有節 4.動靜有度 5.攝養精神	《黃帝內經》「和陰陽」、「節飲食」養生法為《河上注》所承，「順四時」養生法同為《指歸》、《河上注》所繼，而「攝養精神」同為三家注所重視。
淮南子	1.養精調氣 2.虛靜養神 3.順應四時	《淮南子》養生法被《指歸》承襲得最多，其「安時順處」的處世法，「順應四時」，重視精氣神的養生法在《指歸》中時有所見。
太平經	1.守一存神 2.胎息辟谷 3.積善修道 4.守戒	《太平經》「守一」、「辟谷」、「積善」、「守戒」養生法與《想爾注》同，但「守身中神」、「胎息」等養生法是《想爾注》所極力反對的。

第四章　兩漢《老子》注養生之基礎

　　道家的「道」往往是集始源、本體、方法、價值、境界於一身者。因此，欲深入了解兩漢《老子》注的養生思想，則不得不從源頭問題開始了解起。其次，兩漢「氣」論思想極爲發達，「氣」思想在道家、道教思想中也獲得進一部的發揮，道家或道教學者，不但將「氣」落實在宇宙論的生成進程中，同時也肯定「氣」在人身之中所起的作用，因此欲論養生，亦不能忽略氣於養生之中所扮演的角色。故以下試論兩漢《老子》注養生之基礎——道論及氣論。

第一節　道論

　　在《老子》原典中，老子將「道」分作「體」、「相」、「性」、「用」四個面向來論述。就道之「體」而言，「道」是「天地之始」，「萬物之母」，有了「道」以後，才有「道生一，一生二，二生三，三生萬物。」或者說，才有「無」生「有」，「有」生「天地萬物。」總之，倘若沒有了「無」，造化無由開啓，足見「道」於宇宙生成之重要性。若從「道」之「相」而言，道之「相」爲視之不見，聽之不聞，搏之不得，是謂「恍惚」。就道「性」而言，道性虛無清靜、無爲自然、柔弱似水。就道之「用」而言，道體虛無，其用無窮。

　　到了兩漢《老子》注，在道之「體」上，『道』由抽象概念衍化爲至上神。」〔註1〕另外，由於兩漢在「形上思維重視宇宙化生論。」〔註2〕因此，

〔註1〕趙中偉：《道者，萬物之宗——兩漢道家形上思維研究》（台北：洪葉文化 2004.4 初版第一刷），頁 27～33。
〔註2〕趙中偉：《道者，萬物之宗——兩漢道家形上思維研究》（台北：洪葉文化 2004.4 初版第一刷），頁 27～33。

－139－

漢代《老子》注將宇宙生成論從「氣」的層次上開展，這樣的論述形式讓《老子》中的「道」原有的物質性更加突顯，整體論述也更加世俗化。〔註3〕以下就兩漢《老子》注的道論談起，於道論的論述又將偏重於「道體」與「道性」的論述，至於「道用」則放入養生思想中一併作討論。

一、《老子指歸》之「道」

（一）道體

　　《指歸》將《老子・第四十章》：「天下萬物生於有，有生於無。」一句，發揮成「以無爲本的本體論」，並影響魏晉時期何晏、王弼以「無」爲本的「貴無論」的思想發展。〔註4〕關於本體論，曾振宇以爲：

> 本體最主要的共同特徵就是：它是一切東西的主體或基質、基礎。本體是客觀獨立存在的，而不依賴于其他任何東西，它是一切屬性的承擔者，從語言和邏輯上說它屬於主詞地位，其他表示數量、性質的範疇依附於實體，處於賓詞的地位，只能用來說明主詞。……亞里斯多德認爲……個體，才是第一性的本體……；這些一般的「屬」和「種」則是第二本體。〔註5〕

根據此說，則本體是「基礎」，意指本體是「存有的存有」，或者說是萬物所以生層層上推之終極根源；言本體是「基質」，意指「本體」是存有之本質而非外在現象，存有之形象各殊，然本性皆統一於此本體；〔註6〕言本體客觀「獨立」，不「依賴」他物而存在，笛卡爾說：所謂「實體」〔註7〕爲「一個存在

〔註3〕　林俊宏：〈《老子指歸》之政治思想試論〉，《政治科學論叢第二十二期2004.12》頁95。

〔註4〕　王德有譯注：《老子指歸譯注》（北京：商務印書館2004.12第一版第一刷）自序，頁12～14。

〔註5〕　曾振宇：《中國氣論哲學研究》（濟南：山東2003.1第一版第二刷），頁16。

〔註6〕　馮契：《哲學大辭典》釋「本體論」：「大體上說，馬克思以前的哲學所用的本體論有廣義狹義之別，廣義指一切實在的最終本性，……從狹義說，則廣義的本體論中又有宇宙的起源與結構的研究和宇宙本性的研究，前者爲宇宙論，後者爲本體論，這是以本體論與宇宙論相對稱，這兩種方法在西方哲學中現仍同時存在。」（上海：上海辭海出版社1992第一版）。
案此則本質應指一切存有之共同本性。

〔註7〕　「本體」爲翻譯名詞，有時翻譯作「實體」，因此「本體」與「實體」實異名同實也。

的事物，而爲了存在，它只需要它自己，此外一無所需。」〔註8〕斯賓諾莎也說：「存在於自身之中，且透過自身而被理解的東西；我的意思是，實體的概念不依賴任何其他事物的概念。」〔註9〕本體不需其他因素而得以自存，然萬物卻須憑此本體方得以生成。又說本體範疇包含第一性本體與第二性本體：第一性的本體，即狹義的本體，也是眞正的本體，指的是本體不變的自己；而第二性的本體，即廣義的本體，指的是附屬於本體的種種屬性。簡言之，本體包含「體」、「性」兩部分，狹義的本體單指宇宙功能上、作用意義上的「體」，而廣義的本體則包含附屬於「體」的一切屬性。又辭海釋「本體」爲：「同『現象』相對，指只能用理性才能理解的本質。」〔註10〕這指出「本體」的一個重要概念，蓋現象界是經驗的，感性的，具象的世界，本體界若與現象界相對，那麼本體界所指則爲超驗的，知性的，抽象的世界。曾振宇先生也如此剖析道：「西方哲學中存在著兩個世界，一是感性的、現象的、經驗的世界，另一個是非感性的、本質的、邏輯的世界。本體論是對邏輯世界的描述，它只存在於邏輯世界之中。」〔註11〕這不只指出現象界與本體界之差異，同時也指出「本原」與「本體」的最大歧異之點，蓋本原是物質性的，而本體是抽象性的；本原是即現象界的一切來討論，而本體是超越現象界的一切作討論。簡言之，本原是「物」，客觀唯物；而本體是「理」，客觀唯心。

　　總結本體之特性有：其一，本原性，它是存有的存有，它是存有的根源。其二，本質性，它是存有的本性，它是存有的共同本質。其三，自因性，它是存有之存在根據，也是存有之生成根據。〔註12〕其四，唯心性，它是抽象的理則，超經驗界，超現象界的，只能以知性把握，無法以感官掌握。

　　若依據「本體」的四大特性，來檢視《指歸》的「道」，則《指歸》的「道」是「天地所由」，（〈卷一・上德不德〉），「由」，自，從也。因此「道」的確具

〔註8〕 Frederick Copltston 著；鄺錦倫、陳明福 翻譯；傅佩榮校定：《西洋哲學史》（第四卷）（台北：黎明 1993.8 初版二刷），頁 142。

〔註9〕 Frederick Copltston 著；鄺錦倫、陳明福 翻譯；傅佩榮校定：《西洋哲學史》（第四卷）（台北：黎明 1993.8 初版二刷），頁 274。

〔註10〕 轉引自曾振宇：《中國氣論哲學研究》（濟南：山東 2003.1 第一版第二刷），頁 15。

〔註11〕 曾振宇：《中國氣論哲學研究》（濟南：山東 2003.1 第一版第二刷），頁 20。

〔註12〕 王干才指出本體的特性有四：一、本原性；二、本質性；三、自因性；四、永恆性。見〈老子本體論性質淺議〉，收錄於《宗教哲學》（第三卷第四期 1997.10），頁 81。

備本原性。又「道」是「性命所由」(〈卷二‧道生一〉),的確具備本質性。
又《指歸》言「道德因於自然」(〈卷二‧道生一〉),而自然在《指歸》一書
中,即是「道」本身的內容規定,因此言「道德因於自然」,這就說明「道」
具備自因性。最後,「道」無法以感官得之,此學者那薇與張實龍所一再強調
的須以「直覺體悟」方式獲得。因此具備唯心性。因此,《指歸》的「道」,
是宇宙最高範疇,是宇宙的本原,為世界萬物存在的根源和原因,《指歸》確
實把「道」提升到「本體」的位置。

　　若就狹義的本體義談起,也就是「道」的宇宙功能,則從〈卷二‧道生
一〉:「萬物所由,性命所以。」以及〈卷一‧上德不德〉:「天地所由,物類
所以」二句幾可概括。

1. 萬物所由

　　「道」為「萬物所由」,意指「道」為萬物之來源。關於「道」為萬物之
來源,可從兩個方面看起:首先在〈卷二‧道生一〉中,嚴遵稱「道」為:

> 是故,無無無始,不可存在,無形無聲,不可視聽,稟無授有,不
> 可言道,無無無之無,始未始之始,萬物所由,性命所以,無有所
> 名者謂之道。(〈卷二‧道生一〉)

上文中所謂「無無無之無」以及「始未始之始」皆指「道」而言,用白話文
來理解,是空無的空無的空無的空無,未曾開始的開始的開始。雖然在語言
上嚴遵透過層層疊累的方式來敘述,但「道」終究不離最初始的空無。因此,
「道」是萬物之來源。

　　另外,從三段談及「無為」、「虛無」的文字來看,曰:

> 道德之化,變動虛玄。蕩蕩默默,汎汎無形,橫溏慌忽,渾沌無端。
> 視之不見,聽之不聞,開導稟授,無所不存。功成遂事,無所不然。
> 無為之為,萬物之根。(〈卷三‧為學日益〉)

> 無為者,道之身體而天地之始也。無為微妙,周以密矣;滑淖安靜,
> 無不制矣;生息聰明,巧利察矣;通達萬方,無不溉矣。故曰:有
> 為之元,萬事之母也。(〈卷三‧天下有始〉)

> 虛無無形微寡柔弱者,天地之所由興,而萬物之所因生也;眾人之
> 所惡,而侯王之所以自名也;萬物之原泉,成功之本根也。
> (〈卷二‧道生一〉)

此三段描述的主詞雖然不直接是「道」,而分別是「無為」、「無為」與「虛無

無形微寡柔弱」，然從「無爲者，道之身體」，可知「無爲」與「道」密不可分，且就上文本體論所論，狹義的本體單指宇宙功能上、作用意義上的「體」，而廣義的本體則包含附屬於「體」的一切屬性，則「無爲」、「虛無無形微寡柔弱」皆是道性，皆泛屬於廣義的道之「本體」，則從上引三段文字中可見「道」之本體爲「萬物之根」、「有爲之元」、「萬事之母」、「天地之所由興」、「萬物之所因生」、「萬物之原泉」、「成功之本根」，如此道之本體、始源地位則在鮮明不過了。

其次，就生成序列來看，《指歸》中涉宇宙生成序列的句子有：

故，虛之虛者生虛者，無之無者生無者，無者生有形者

（〈卷二・道生一〉）

天地所由，物類所以：道爲之元，德爲之始，神明爲宗，太和爲祖。

（〈卷一・上德不德〉）

夫天人之生也，形因於氣，氣因於和，和因於神明，神明因於道德。

（〈卷二・道生一〉）

一者，道之子，神明之母，太和之宗，天地之祖。（〈卷一・得一〉）

茲將上引生成序列以圖表呈現：

表4-1：《老子指歸》宇宙生成序列

篇　　章	宇宙生成序列					
《老子・第四十二章》	道	一	二	三		萬物
〈道生一〉	虛之虛	虛者	無之無者	無者	有形	
〈上德不德〉	道	德	神明	太和		天地
〈道生一〉	道	德	神明	氣	形	天地
〈得一〉	道	一	神明	太和		天地

試從上述表格觀之，無論從那一條生成序列來看，「道」爲萬物本原的位置始終不變。

2. 性命所以

「道」除了是「天地所由」、「萬物所由」外，同時也是萬物之「性命所以」，意即「道」是萬物性命之依據。關於此種觀點，可見於《指歸》中的數段文字：

> 所稟於道，而成形體，萬芳殊類，人物男女，聖智勇怯，小大脩短，
> 仁廉貪酷，強弱輕重，聲色狀貌，精粗高下，謂之性。
> （〈卷三・道生〉）
>
> 道以無有之形、無狀之容，開虛無，導神通，天地和，陰陽寧。調
> 四時，決萬方，殊形異類，皆得以成。（〈卷五・萬物之奧〉）
>
> （道）其於萬物也，豈直生之而已哉！生之形之，設而成之，品而
> 流之，停而就之，終而始之，先而後之。……天以之圓，地以之方。
> 陰以得陰，陽以得陽。日月以照，星辰以行。四時以變化，五行以
> 相勝。火以之熱，水以之寒。草木以柔，金石以剛。味以甘苦，色
> 以玄黃。音以高下，變以縱橫。山陵以滯，風雨以行。鱗者以游，
> 羽者以翔。獸以之走，人以聰明。殊類異族，皆以之存。
> （〈卷三・道生〉）

從此三段文字觀之，從「性」的角度而言，人物「萬芳殊類」，「殊類異族」；萬物「殊形異類」，各不相同；天地陰陽日月星辰「萬天殊狀」。這些本性千差萬別的差異，都是「所稟於道」，由道所成，由道所生形，所設成，所品流，所停就，所終始，所先後。由以上文字足證「道」是萬物性命之依據。進一步推論，天地萬物，殊形異象，「道」何以能成此千變萬化之本性。這就和「道」的特性有密切關係，就形象上來說，「道」無聲、無形、無象，因此「道」本身就是超越類別、表象的存在，因此萬物自生自化之時，不受「道」類別、表象之限制，而得以殊形異象。其次，就「道」的無為之性來說，道於萬物之生成無所干涉，而是任其自生自化，這就提供萬物極大之「自由」向度，因此萬物可以任其自己而有殊形異象的自我。

從「命」的角度而言，《指歸》言道「豈直生之而已哉！生之形之，設而成之，品而流之，停而就之，終而始之，先而後之。」因此隨著生命生成，人的命運開始流轉，而有「天命」，而有「隨命」，而有「遭命」，這一切的流轉皆離不開道的規律與原理。

（二）道性

在《老子指歸》的道論中，最突出的概念是「虛無」和「無為」，十分鮮明地體現了〈論六家要旨〉概括的黃老道家「以虛無為本」的特點。虛無和無為本是道性的兩個不可分割的層面，而《老子》對「無為」的理解主要在於「無為」的自然義層面。

1. 虛無

在《指歸》中，道超越於一切事物，不具有萬物的一切特性，其根本的屬性和規定就是「虛」和「無」。《指歸》在這裏所說的「虛」和「無」並非一種絕對的虛零，一無所有的虛無，而是具有一種虛無特性的實體，它是一切事物和現象的根據或原因。

嚴遵爲指出道體「虛無」的特點，反覆從各個角度作闡釋，就道之形象而言，《指歸》言：「道以無有之形，無狀之容，開虛無，……。」（〈卷五・萬物之奧〉）「道體虛無，……無有狀貌，……，寂然無音。」（〈卷四・方而不割〉）「道……無有形象。」（〈卷六・用兵〉）。「道之爲物，無形無狀。」（〈卷三・天下有始〉）道體是虛無的，虛無到無具體形象，具體相貌，無聲音可循，此番論述與《老子》之「道」「視之不見，聽之不聞，搏之不得」大致是相同的。正因爲道無具體形象，因此可以不受外在形象所限，於是萬物「殊行異類，皆得以成。」（〈卷五・萬物之奧〉）《指歸》又指出道在現象面的空無，曰：

> 是故，無無無始，不可存在，無形無聲，不可視聽，稟無授有，不可言道，無無無之無，始未始之始，萬物所由，性命所以，無有所名者謂之道。（〈卷二・道生一〉）

道是一種虛之又虛的東西，是不可名狀的「無無無之無，始未始之始」，「無無」是對「無」的否定，是虛。「無無無之無」則又是對「無無」的否定，是虛之又虛，所以，《老子指歸》不是簡單地把「道」的屬性歸結爲「虛」或者「無」，而是在「虛」和「無」的基礎上，把虛無進一步虛無化，強調道之虛無是「虛之虛」、「無之無」的虛無狀態。

就宇宙生成而言，嚴遵試從若干宇宙生成序列強調「道」之虛無，如嚴遵依《老子》「道生一，一生二，二生三，三生萬物。」的軸線開展而言：

> 有虛之虛者開導稟受，無然然者而然不能然也；有虛者陶冶變化，始生生者而生不能生也，有無之無者而神明不能改，造存存者而存不能存也；有無者纖微玄妙，動成成者而成不能成也。故，虛之虛者生虛者，無之無者生無者，無者生有形者（〈卷二・道生一〉）

在這裏《指歸》發揮了《老子》的本義，但不是簡單地否定「有」以肯定「無」，而是演化成一條天地萬物的生成軌跡：「虛之虛者」（即道）；「虛者」（即一）；「無中之無者」（即二）「有中之無者」（即三）；「有形者」（天地萬物）。這條

軌跡從順向看，它演示了「道生萬物」的生成線索；從逆向看，它反映了嚴君平逆向思維的軌跡。人類思維總是沿著事物本身發展的反向進行思考，總是從最後的結果開始，逆向而行，直至事物的本原。在這裏，嚴君平已經完全拋棄了事物的物質形態，而是運用概念來層層逆推，以否定的方逆向推出：「道」爲萬物的本原，而作爲本原的「道」即是虛之虛者。又〈卷二・道生一〉言：「虛之虛者生虛，無之無者生無。」所謂「虛之虛者」，就是虛之所以爲虛的根據，「無之無者」，就是無之所以爲無的根據。在《指歸》看來，無和虛的根據就是「無之無者」、「虛之虛者」，也就是「道」。依《老子》原文，道者「虛無」，到了《指歸》，「道」成了比「虛者」更「虛」的「虛之虛者」，比「無之無者」、「無者」更「無者」。因此，從宇宙生成的角度而言，《指歸》較《老子》更強調「道」之「虛無」特性。

又如，《指歸》發揮《老子》「天下萬物生於有，有生於無。」的思維，提出有生於無，實生於虛的思想，而這個虛無者正是「道」。於〈卷三・天下有始篇〉云：

> 夫道之爲物，無形無狀，無心無意，不忘不念，無知無識，無首無向，無爲無事，虛無淡泊，恍惚清靜。其爲化也，變於不變，動於不動，反以生復，復以生反，有以生無，無以生有，反復相因，自然是守。無爲爲之，萬物興矣；無事事之，萬物遂矣。是故，無爲者，道之身體而天地之始也。（〈卷三・天下有始〉）

此篇注解旨在強調實生於虛，有生於無，夫有者實者爲萬物，無者虛者爲道，此爲道爲虛無者之又一例。

又《指歸》談到宇宙生成的序列爲：形因於氣，氣因於和，和因於神明，神明因於道德，從生成過程看，《指歸》在漢代流行的氣化宇宙論的的原有次序中，在「氣」之前，增加了「和」到「神明」的幾個程序，嚴遵複雜化宇宙生成過程，無疑的是爲了深化「有生於無，實生於虛」的論點，這是他對《老子》的「道」以及道生萬物、無中生有等觀點進行改造和發揮的結果。

總之，道性虛無，是「道」的主要特點。然而，在《指歸》中，「虛無」之性不僅存在於「道」，更進一步下貫至「德」、「神明」與「太和」，不過在層次上，「虛無」的程度隨著宇宙生成的進程的向下推展，而逐漸減少，而形象的程度卻隨著宇宙生成的進程的向下推展，而逐漸增加。如嚴遵在注解《老子・第四十二章》時，他認爲「一」乃「道」之所生，道是「虛之虛」，那麼，「一」就是虛，「一」在恍恍惚惚之間孕育著萬物的起源。「一」之「有物」，

是相對於「道」的「虛之虛」而言的。由於「一」沒有輕重、表裏、上下、左右等具體形質的規定，它是無形無名，無始無終的，所以「一」的本質仍是虛，它是宇宙萬物產生的初級階段太初之開端，是有形質之始。

最後，談到「虛無」之用，「虛無」在《指歸》的宇宙生成論上，一則由於道性「虛無」，無所規定，因此，提供天地萬物在形象上，在性命上的千變萬化。一則《指歸》依循《老子》：「反者，道之動」的說法，認爲宇宙萬物運行所依循的規律不外「反覆相因」，因此，道之「虛無」，提供了天地萬物向「實有」的轉化，而構成了實有的世界。另外，在修養身心，還是治理國家，也都應該法道之虛無。正因《老子指歸》將道的虛無屬性提高到至關重要的地位，是以後人在評論《老子指歸》時，常以「虛無」論其注解宗趣。如三國時秦宓曾評價說：「書非《史記》、《周圖》，仲尼不采；道非虛無自然，嚴（君）平不演。」〔註13〕（《三國志・秦宓傳》）的確抓住了《老子指歸》的本質。總之，《老子指歸》的道體虛無的道論和宇宙論，是對《老子》道論和宇宙論的創造性發揮，體現了鮮明的漢代黃老學的特點。

2. 無爲

漢代注《老》作品都繼承了老子「道」的無爲屬性，《老子指歸》也不例外。無爲者就是否定人爲，順乎事物自然的規律而爲。反言之，只要是作僞、作假、藏私、爲己等情形，都是不合於無爲的條件。而無爲與自然是一體兩面的屬性，而所謂「自然」，自然即是指無目的、無意識、無爲無造的本然狀態，不假任何人爲因素在其中。誠如著名的老學專家張起鈞分析：「所謂『自然』，便是指的是這種自然而然，聽任自化的情形。」〔註14〕而欲「聽任自化」自然也不能有所爲。另外，金春峰先生也就《指歸》之「自然」義作剖析，他說《指歸》之「自然」包含有三種相互關聯的含義：

> 其一是萬物是自形自成自生自滅的，反對宇宙萬物之外的主宰者的存在。其二是反對宇宙之中有某種「目的」、「善」的存在。其三是自然是萬物自己存在、生長、變化的原因、規律和力量，是不以人的意識爲轉移的客觀過程。〔註15〕

〔註13〕轉引自王德有 點校：《老子指歸》（北京：新華書店 1997.10 初版第二刷），頁148。

〔註14〕張起鈞：《老子哲學》（台北：正中 2000.11 初版第十三刷），頁12。

〔註15〕金春峰：《漢代思想史》（北京：中國社會科學出版社 1997.12 第二版第一刷），頁420～421。

依此，則所謂「自然」，意指萬物的所有生滅變化，都是「自己如此」，而排除任何外力，任何意志的介入。如此說來，欲得自然，也自然必須無爲。因此，此處雖論「無爲」，但也離不開「自然」，自然與無爲此處一併論之。

其次，關於「道」與「自然」的關係，學者陳廣忠先生拿《老子》、《指歸》與《河上公注》作比較，他說《老子‧第二十五章》言：「道法自然。」《指歸》言：「道德因於自然。」（〈卷二‧道生一〉）而《河上公注》言：「道性自然，無所法也。」（〈象元‧第二十五〉）他說，《老子》的「自然」並沒有上升到宇宙本源和規律上去認識，而在《老子指歸》中，第一次提出「道德因於自然」，就是說，「道」也好，「德」也好，都是依循著「自然」，「自然」成爲《老子指歸》的最高範疇。它比「道法自然」、「道性自然」又向前推進一步。〔註16〕在這裡，筆者認爲正如張起鈞先生所解釋的「道法自然」，曰：

> 並不是在道上別有一個叫作「自然」的東西，而爲「道」所遵從效法。須知道已是萬物的本源了；豈能在「道」之上還有更高的東西？老子之意，道之所以發生一切平衡主宰的作用，不過是順乎自然毫無著力的現象而已。〔註17〕

我認爲《指歸》之「自然」，正如他所說的「無爲」一樣，是道的身體，它不會凌駕在「道」之上，而成爲宇宙最高範疇，但它可以是和「道」是一體無分的。所謂的「道德因於自然」並不同於「神明因於道德」、「太和因於神明」，「神明因於道德」與「太和因於神明」是他「物」構成自己生成的原因或依據，這是一種「他因性」，而「道德因於自然」，是自己不需他物來作爲自己存在的原因與依據，而是自己就能是自己存在的原因與依據，這是一種「自因性」。

其三，杜保瑞先生論到《指歸》道的無爲義，其來源有三：一是無形義，二是不可知義，三是人性現象。〔註18〕就無形義來說，在《指歸》中，嚴遵以「虛無」來表示道的無形義，實際上，無形不等於無爲，虛無也不盡然是無爲，因爲「無形」義偏向於客觀的現象，而「無爲」則偏向主觀意識的作

〔註16〕 陳廣忠：〈嚴遵《老子指歸》的思想特色〉，香港中文大學：《中國文化研究所學報》（第九期 2000），頁 251。

〔註17〕 張起鈞：《老子哲學》（台北：正中 2000.11 初版第十三刷），頁 12。

〔註18〕 杜保瑞：〈嚴君平《老子指歸》哲學體系的方法論檢討〉，《哲學與文化》（廿九卷第十期 2002.10），頁 911～915。

用，二者在邏輯上無法一概而論，然而嚴遵硬是直接將無形義轉爲無爲義。〔註19〕的確，在《指歸》中可見及這種「認知上的跳躍」、「獨斷的觀念」所形成的論述。如：

> 夫道體虛無而萬物有形，無有狀貌而萬物方圓，寂然無音而萬物有
> 聲。由此觀之，道不施與而萬物以存，無爲不宰而萬物以然。
>
> （〈卷四・方而不割〉）

這段話前半顯然在論道之「虛無」，承前所論，道因爲虛無，無形無象，使萬物不受道形象之限制，而得以各有形貌體性。然而，此段話後半，卻將道之「虛無」之用，歸因於道之「無爲」所致，的確在論述上有其不可解釋、無法圓融之處。

其次，就不可知義而言，杜保瑞先生以爲：嚴遵道的無爲義來自於道的不可識知性。〔註20〕然細查其所舉之例爲：

> 道德之化，變動玄虛。蕩蕩默默，汎汎無形，橫潏慌忽，渾沌無端。
> 視之不見，聽之不聞，開導稟授，無所不存。功成遂事，無所不然。
> 無爲之爲，萬物之根。由此觀之，不知之知，知之祖也；不教之教，
> 教之宗也；無爲之爲，爲之始也；無事之事，事之元也。凡此數者，
> 神明所因，天地所歸，玄聖所道，處士所傳也。（〈卷三・爲學日益〉）

由此段可看出道德之化，玄妙不已，不可識知。進一步說，道德之化的方式正是「無爲」，因此施用無爲，可以使萬物之化，達於玄妙不已，不可識知的境界。因此，通段的目的應該是在盛讚道化無爲之玄妙境界，無法看出，無爲義來自不可識知性此種推論或意圖。

再者，就人性現象而言，杜保瑞先生以爲道之無爲義，其眞正來源，源之於對人性觀察所得。嚴遵洞察人性貪利私欲的陰暗面，且由於貪利私欲於是有所爲，其結果往往自取敗亡。如《指歸》說：

> 自然之道，不可強致。水動下流，人動趨利。釋下任事，眾弱爲一，
> 出於不意，此強大之所以亡也。（〈卷四・大國〉）。

在《指歸》看來，自然是一種客觀的存在，是事物變化的原因和規律，同時

〔註19〕 杜保瑞：〈嚴君平《老子指歸》哲學體系的方法論檢討〉，《哲學與文化》（廿
　　　　九卷第十期 2002.10），頁 912。
〔註20〕 杜保瑞：〈嚴君平《老子指歸》哲學體系的方法論檢討〉，《哲學與文化》（廿
　　　　九卷第十期 2002.10），頁 913。

也是一種客觀過程，不以任何人的意志為轉移，人們只能遵循它，順應它，不能以自己的主觀願望來改變它，違背它，否則，就要自食其果。而筆者以為嚴遵無為義的來源，除了是自身人生的體會之外，大部分應該承自老子的思維，在老子中，人性的私欲貪利，固然使人們有為而自取敗亡，另一方面，老子其實也從現實面的觀察，觀察到「有為」有其侷限，凡是「有為」，必會招致「為」所帶來的負面效應，因此與其有為而導致得不償失的後果，莫若「無為」，在《指歸》中，嚴遵就論到：

> 天地之間，廣大修遠，殊風異俗，物類眾聚，變化無窮，利害謬詭，故能不能致，而為不能為也。我為天下，而天下為我，彼我相遇，則彼眾而我寡，則眾寧寡殆。故，以己知立，則知奪之；以己巧立，則巧伐之；以己力立，則力威之。唯無所為，莫能敗之。

> （〈卷三・善建〉）

就現實面來說，世事變化無窮，並非人力所能致、所能為。若是硬要憑一己微薄之利以「為」之，勢必在「為」的同時，遭遇阻力，而落得危殆的下場。即便是因為有為而得到成功，這種成功也只是短暫的成功，嚴遵觀察現實狀況，發現有為者因為何種作為而成功，最後也將因為該種作為而失敗，因此嚴遵觀察人性的問題以及現實狀況，得出無為，這才是無為義的真正來源。

其四，論道之無為特性具體落實於那些現象？概括說來，舉凡萬物之生成變化無不是道之「無為」所致。以萬物之生成而言，道雖為宇宙之元、天地萬物之本，但天地萬物並不是道的「施與」、「作為」而形成的。道是無為的，它沒有任何目的和意志，天地萬物都是「自然而然」形成的，《指歸》說：

> 道不施與而萬物以存，不為不宰而萬物以然。（〈卷四・方而不割〉）

> 不生也而物自生，不為也而物自成。（〈卷一・得一篇〉）

「道」在演化萬物過程的自然性，是自由自在，無有任何作偽在其中，《廣雅・釋詁》釋「然」云：「成也」。 [註21] 「自然」就是「自成」，是以在《指歸》中，「道」雖是萬物的本原，是「天地所由，物類所以」（〈卷一・上德不德〉），「萬物所由，性命所以」（〈卷二・道生一〉），但「道」對萬物只能「開導稟受」（〈卷三・為學日益〉），它並不能如西方神話中的上帝一樣創造天地萬物，萬物是自己成為自己那樣的，「道」是萬物自己成為自己的理由，是萬物賴以

〔註21〕張揖：《廣雅》（北京：中華書局 1985 北京新一版），頁 37。

存在的根據。在這裏，嚴君平有把老氏的宇宙生成論與本體論合而爲一的趨勢。此外，道生萬物也兼具必然性及偶然性：即是化生的規律是必然性，而化生的結果，則是殊形異象，具有偶然性。〔註22〕由此並可看出，在「道」的宇宙化生論之中，無爲屬性的彰顯，使萬物的化生，完全排除「道」的神格性和人爲性，展現形上自然、自本、自根等的功能。

　　此外，學者林俊宏拿《指歸》之「自生」與魏晉玄學思想中「自生」的論述來作比較，他以爲郭象的「無」是本體範疇，「有」是現象範疇，本體與現象不應該被混爲一談，存在於「無」與「有」之間並非從屬的關係，所以「無中生有」的命題就無法成立。且就「名實」來說，若「無」能生有，那麼，這個「無」也不能稱作「無」，而應稱作「有」。既然無不能生有，未有之時也不能生有，那麼天地萬物是如何產生的呢？郭象便提出了「自生」說、「獨化」論。他認爲天地間一切事物都是在不知所以然的自然之中，獨自生成變化的，萬物沒有一個統一的根據。如果說「自生」說是從發生角度否定了任何造物者的存在；「獨化」論則從事物變化動因的角度，否定了一切外在因素的決定作用。〔註23〕

　　依此，比對《指歸》的「自生」說，則嚴遵的「自生」說，並不否定「無中生有」此一命題，甚者，嚴遵其實用了許多篇章，在闡述《老子》的「天下萬物生於有，有生於無。」其次，《指歸》也認爲道是生化的依據。然而，《指歸》在描摹萬物自生的狀態時，曰：

> 天高而清明，地厚而順寧，陰陽交通，和氣流行，泊然無爲，萬物自生也。（《指歸輯佚‧天地不仁》）

> 道德變化，陶冶元首，稟受性命乎受太虛之城，玄冥之中，而萬物渾沌始焉。神明交輕濁分，太和行乎蕩蕩之野，纖妙之中，而萬物生焉。（〈卷二‧不出戶〉）

這裡描繪萬物之生化，是在一種「玄冥」、「渾沌」、「纖妙」等「不知其所以然」的氛圍之中，有了「氣化分離」，於是解析萬物自然而然，展開自生自化的運動〔註24〕。這樣的說法又類似於郭象的「萬物自生」，「獨化於玄冥」之

〔註22〕趙中偉：《道者，萬物之宗——兩漢道家形上思維研究》（台北：洪葉文化2004.4初版第一刷），頁20。

〔註23〕林俊宏：〈《老子指歸》之政治思想試論〉，《政治科學論叢》（第22期2004.12），頁100～102。

〔註24〕陳福濱：〈《老子指歸》中「道」思想之探究〉，《哲學與文化》（2003），頁90。

說，因此學者林俊宏認為郭象的「自生」說，顯然有來自於《指歸》的援引。
〔註25〕

　　道之「無為」特性還落實在萬物的生滅變化上，天地萬物的生生滅滅都是道自然無為的結果，〈卷六・勇敢篇〉即說：「天地之道，生殺之理，無去無就，無奪無與，無為為之，自然而已。」此言宇宙萬物的產生及其多樣性、豐富性和複雜性，甚至發展和滅亡過程，都是「道」自然而然的結果。自然是道的惟一原則，是道的根本性質和屬性，不論天地的變化，有無的相生，還是四時的代謝，道都是無為的，這些現象也都是自然而然產生的，沒有任何主宰者，也沒有任何目的和意志的作用。《指歸》言：

　　　　道德不生萬物，而萬物自生焉；天地不含群類，而群類自托焉；自
　　　　然之物不求為王，而物自王焉。……凡此九王，不為物主，而物自
　　　　歸焉；無有法式，而物自治焉；不為仁義，而物自附焉；不任知（智）
　　　　力，而物自畏焉。何故哉？體道合和，無以物為，而物自為之化。
　　　　天地之道，生殺之理，無去無就，無奪無與，無為為之，自然而已
　　　　（〈卷五・江海〉）。

這些論述，反覆闡明道德無形無狀、無心無意、無知無識、無事無為，而萬物自生、自托、自王、自治、自附、自畏、自化、自成、自滅、自亡。一言以蔽之：自然而已。這一思想排除和否定了一切超自然的意志和力量在世界演化過程中的作用。

　　然而值得注意的是，道於萬物之變化，雖無意為之，但是萬物的變化自有其規律，有其必然性。萬物變化的規律是循著相反方向轉化，這樣的思維實際上是承《老子》：「反者，道之動」的說法而來，《指歸》說：

　　　　道之為物，……無為無事，虛無澹泊，恍惚清靜。其為化也，變於
　　　　不變，動於不動。反以生復，復以生反。有以生無，無以生有。反
　　　　覆相因，自然是守。（〈卷三・天下有始〉）

　　　　道之至數，一之大方：變化由反，和纖為常，起然于否，為存于亡。
　　　　天地生于太和，太和生于虛冥。（〈卷一・得一〉）

《指歸》認為宇宙發展變化的終極法則是向著與自身相反的方向轉化，即「變化由反」，「反以生復，復以生反。有以生無，無以生有，反復相因。」並認

〔註25〕林俊宏：〈《老子指歸》之政治思想試論〉，《政治科學論叢》（第 22 期 2004.12），頁 100～102。

為這種變化由反的趨向，都不是道的有意為之，就像水流趨下、人動趨利等現象，都是「自然之道」。

總結說來，道無為於萬物之生化，使得萬物得以自生自化。正由於萬物得以自生自化，因此擁有極大之自由向度，能在形象上、性命上、生命的歷程變化上自主，於是乎宇宙萬物得以產生如此多樣且豐富的面貌。當然，為政者若能將無為之道，推行於政治，必然也能收「我無為而民自化」的功效。對此，谷神子的注說得十分明白，他說：

> 夫《指歸》所以屢歸指于自然者，明至道之體，湛然獨立，自古固存，其能然於眾物而眾物不能然之，故謂之自然。非言蟲鳥之分，以為至極，夫有體此自然之道者，則能同光塵，不立圭角，使物自化，悉歸於善，進其獨志，若性自然，所謂聖人不言而飲人以和。
> 〔註26〕

體道之人若能體察道體化生萬物之自然，那麼，應該法道之自然無為，將之推行於政治，則能使政治歸於至善，不言而化，無為而治。

二、《河上公注》之「道」

《河上公注》之「道」與《老子》之「道」在宇宙本體上所扮演的角色並沒有很大的出入。然而，在敘述時，《河上公注》往往融入「氣」的概念於其內，這固然是《河上公注》所謂創造性的詮釋，但是也造成道、氣角色、功能的混淆。因此，以下試以「道」為主體，並融入「一」、「氣」之說法，作觀念上的澄清。

（一）道體

1. 萬物之母

《河上公注》上承《老子》之說，也認為「道」於時間上具有絕對之先在性，其〈歸元・第五十二〉曰：「始，道也。」〈無源・第四〉曰：「道似在天帝之前，此言道乃先天地生也。」又〈道化・第四十二〉也說：「道始所生者一也。……天地人共生萬物。」在所有的生成運動開始之前，宇宙最初的本體即是「道」，《河上公注》說：不知道所從生？因此，「道」為萬物之始。有了「道」之後，一切萬物的生成才成為可能。

〔註26〕〔唐〕谷神子、〔清〕唐鴻學　注：《道德真經指歸校注》（台北：藝文 1970），頁 4。

其次「道」開啓一切生成，〈歸元・第五十二〉曰：「道爲天下萬物之母。」
關於道之生成萬物，論者分析其可能之型態有三：其一是實指的普遍義涵——
即出生之生；其二是不生之生，憑因之生。易言之，即生者是被生的充分
必要條件；其三是「派生」，即以道爲中心，從中所抽繹之物，層層分派，漸
次生成。〔註27〕試由《河上公注》中之生成說法以判斷其生成之方式，曰：

　　萬物皆恃道而生。(〈任成・第三十四〉)

　　言萬物皆須道以生成也。(〈法本・第三十九〉)

上述二說，以道言之，道是萬物生成的依據與憑藉，〔註28〕道是萬物之所以
生成之充分必要條件；以物言之，萬物皆依恃大道才得以生，無道不物。如
此說來，道之生成萬物，但提供一個憑藉，至於生與不生，在於萬物自己，
曰：「法道無爲而萬物自化成。」(〈遍用・第四十三〉)道於萬物之生成，不
採取主動，也沒有任何意欲的作用，萬物之生與不生完全在其自己，故道之
生物應屬於「不生之生，憑因之生」〔註29〕的生，亦即「不塞其源，不禁其
性」〔註30〕的自生。

進一步討論，《河上公注》作爲萬物生成的憑藉，又與《指歸》只單純的
提供一個玄之又玄的形上本體不太相同，相較之下，《河上公注》的「道」在
生成的運作又更具體一些，關於《河上公注》在生成運動中所提供之具體憑
藉情形有二：其一動生萬物。其二吐氣生物，以下細論之：

關於「動生萬物」，《河上公注》曰：

　　反，本也。本者道之所以動，動生萬物，背之則亡。

　　(〈去用・第四十〉)

〔註27〕論者江佳倩論《河上公注》之可能生成方式有三，其內容如上文所述，然而
　　　筆者認爲《河上公注》之生成方式或許有三，然此三種型態之任何一種皆不
　　　能完全用來說明其所有的生成方式，譬如「道」與「氣」在《河上公注》中
　　　分屬不同之範疇，因此「道」與「氣」於形上的意義、位置也不同，因此其
　　　生成方式亦不可一概而論。因此此處用三種型態來檢視《河上公注》之生成
　　　方式，但其對象也僅限於以「道」爲對象。江佳倩之說法見：《老子河上公注
　　　觀察》(台北：台大中研究所碩士論文 2001.5)，頁 28～29。
〔註28〕陳康先生分析《道德經》中「道」在形上學中的意涵，其中之一即指出「道
　　　乃一切生成所憑恃的原理」(the principle by which myriad things maintain their
　　　being) 轉引自袁保新：《老子哲學之詮釋與重建》(台北：文津 1997.12 初版
　　　二刷)，頁 26～27。
〔註29〕楊儒賓：〈先秦道家「道」的觀念的發展〉，收錄於《文史叢刊》(七十七)
　　　(1987.6)，頁 38。
〔註30〕〔晉〕王弼 注：《老子》(台灣：台灣中華書局 1970.9 台三版)，頁 6。

此句乃詮釋《老子》「反者道之動」一句，依老子本意，此句原在論述道之運行的法則是「反」，張起鈞先生曰：「反有三種意思，一是返，二是發展到反面，三是相反相成。」〔註31〕意思是說：道之運行的法則是返回原始，或朝向反面發展，或因作用力與反作用力使得萬物得以循環往復不已。到了《河上公注》，此「反」作了「本」的詮解，實則「本」之意，在《河上公注》中幾乎指「道」，〔註32〕如〈體道‧第一〉言：「始者道本也」，以「道」為天地之本始。又〈去用‧四十〉也說：「天地有形位，故言生於有也。……道無形，故言生於無。此言本勝於華。」此言道為無形，為無；而天地有形，為有。依生成之事理而言，無形能生有形，無能生有。蓋無形勝於有形，無勝於有，道勝於天地，此體現出本質勝於榮華的現象，如此可知道為本，天地為華。〔註33〕道為天地萬物之本，然有此本始之後，還未必能生萬物。原來「道」是可靜可動，道之「靜」，一如〈象元‧第二十五〉曰：「道清靜不言」；而道之「動」，應如〈任成‧第三十四〉所言：「言道氾氾，若浮若沉」，「道可左可右，無所不宜。」此言大道廣大無邊，一如水之氾行，可浮可沉，可上可下，可左可右，流動不已，且隨「道」之任意流布，即隨時提供萬物生成所資之憑藉，如此萬物便得以隨時化生，是以道之於萬物，不但提供了「憑藉」，同時也提供了「動力」〔註34〕。反之，「背之則亡」，可以有兩層意思，一則萬物順道

〔註31〕張起鈞：《老子哲學》（台北：正中 2000.11 初版第十三刷），頁7。

〔註32〕「道」在《河上公注》中每每因其性質的不同而有不同的代稱，譬如「元」者，表明「道」原始的性質；「微」者，表明「道」的幽微不易掌握；「真」者，表明道真，頗有道教意味；「樸」者，表明道之樸實、質樸無華……。

〔註33〕又〈守微‧第六十四〉曰：「眾人學問皆反，過本為末，過實為華。復之者，使反本實也。……聖人動因循，不敢有所造為，恐遠本也。（〈守微‧第六十四〉）」《河上公注》此段將眾人與聖人作一對舉，眾人所追求者為末，為華；聖人所追求者為本，為實。且聖人所求之本實，乃生命最初之根本，此本即為「道」。又〈法本‧第三十九〉：「言天得一故能垂象清明，……言萬物皆須道以生成也。」此章篇名為〈法本〉，章首一開始幾個句子皆在論「一」，而中間又穿插一句子談論「道」，因此篇名所謂「法本」之「本」，所指也許是「一」，也許是「道」，然若要論其根本，「道」是宇宙最終根源，當然比「一」更根本，又學者向來以此章之「一」所指即是「道」，關於「道」是否等於「一」，這個問題將俟後再討論，然而從學者多將此處之「一」理解作「道」，可見「法本」之「本」，所指為「道」，也極有可能性，因此依此判斷「本」為「道」的代稱。

〔註34〕陳康先生分析《道德經》中「道」在形上學中的意涵，又其中之一即指出「道乃一切事物產生的動力因」（the agent or the efficient cause）轉引自袁保新：《老子哲學之詮釋與重建》（台北：文津 1997.12 初版二刷），頁 26～27。

則生，背道則亡，呼應到〈修觀・第五十四〉所言：「吾何以知天下修道者昌，背道者亡？」二則可與上句作一個相應的反面詮釋，意思是說：若背棄了道，失卻了生成的本根、憑藉，同時也失卻了道動的動力，如此萬物則無以爲生。其次，若有了道，然道者寂然不動，如此有了本根、憑藉，卻沒有動力，萬物依然無法生成，如此分析起來，道實扮演一個動力因的角色，而氣則是扮演一個材料因的角色，氣之材料必須依靠道之動力因啓動，生化運動才有可能展開。

其次，是「吐氣生物」，譬如〈體道・第一〉，曰：「始者道本也，吐氣布化。」通句的意思是說：道爲萬物之始也，道爲萬物之根本，道吐布出氣之後，則任萬物之生化。又〈象元・第二十五〉曰：「道清靜不言，陰行精氣，萬物自成也。」所指爲道在健動不已的過程中，生出精氣，而且從敘述中可知，道在健動不已中生出精氣，似乎是一個主動的動作，因此道生精氣，絕非「不生之生，憑因之生」，而是一種從實體中抽繹分派之生，即所謂「派生」。接著再看通句「道清靜不言，陰行精氣，萬物自成也。」所謂「清靜不言」、「萬物自成」兩句乃前後照應，皆表現出道的一種無欲、無爲，不造作、不干預的態度，如果道對於精氣的態度是採取一種主動的態度，那麼，無欲、無爲，不造作、不干預的態度的對象又是誰呢？答案應是精氣之外的萬物，也就是說，道之生分作兩個形態，道生精氣是「派生」之生，而道生萬物是「不生之生，憑因之生」，然而道生萬物之所以能「清靜不言」，無爲無欲，一切順隨萬物之自然，這必須是有前提，有條件的，即是在此之前必須「陰行精氣」，即提供一個精氣流行的環境，在此環境之下，萬物即得以自生。又〈虛用・第五〉亦曰：「天地之間空虛，和氣流行，故萬物自生。」無論是「道」，或是「一」，抑或是天地，其化生萬物的方式，似乎是提供一個和氣流行的環境，「和氣」即太和之精氣，即「一氣」，這個「一氣流行」的環境是利於萬物生長的環境，有了一個有利於萬物存活的環境，萬物自然在不受禁制的條件下，自然而然的化生。這樣的說法，頗似地球生物的化生，地球早在距今四十六億年前誕生，但是在近一萬多年的時候，地球因爲有水、有氣、有溫度，在這樣的環境下，生物自然產生。這麼說來，「道」與「氣」除了是萬物化生的源頭，似乎也是化生萬物的條件，有了「道」與「氣」的條件允許，萬物自然而然的就會化生。

2.「道」與「一」

在《河上公注》中「一」蓋有幾個意思：一、指數字上的「一」；二、表心態上的「專一」；三、「一」有無爲之義；四、「一」，德也；五、「一」，道也。六、「一」，氣也。〔註35〕其中「一」，道也，這個說法，實在值得商榷。歸納論者之所以認爲「一」，道也，多依據〈法本・第三十九〉，原來該章本在詮釋《老子》：「天得一以清，地得一以寧，神得一以寧，谷得一以虛，萬物得一以生，侯王得一以爲天下正。」一段，《河上公注》在詮釋上大部分皆承《老子》原文作詮釋，唯「萬物得一以生」一句，《河上公注》跳脫的注解爲：「言萬物皆須道以生成。」若將《老子》原文與《河上公注》注文兩相對照之下，可以明顯的看出「一」就等於「道」。因此「道」與「一」的關係，實在值得討論，因爲它影響《河上公注》本體論的建構。關於「道」與「一」的關係，筆者打算採取兩個方向來辨析，其一從宇宙論方向，其二從「道」與「一」的性質來論。

從宇宙論方向來論，在《老子》原文中明確的表明「道」與「一」是不同的位階，曰「道生一。」在《河上公注》中，「道」與「一」位階也明顯不同，因爲《河上公注》不只一次說：「道」爲「一」之母，「一」爲「道」之子。曰：

> 道爲天下萬物之母。子，一也。（〈歸元・第五十二〉）

> 一，無爲，道之子也。（〈法本・第三十九〉）

「道」爲萬物之始，亦爲萬物之母，「道」生出「一」之後，無爲、無功、無名，任其子「一」「經營主化，因氣立質」（〈虛心・第二十一〉），這是說：「道」生出「一」之後，由「一」擔任主要生化經營的工作，而「一」生化萬物的方式就是布氣施德，使萬物承氣以生成，並且隨「一」所布化陰陽之氣的不同，因此萬物亦有不同的形象、質性、性命。類似於這樣的說明，也出現在〈養德・第五十一〉，曰：

> 道生萬物。德，一也。一主布氣而畜養，一爲萬物設形象也；一爲萬物作寒暑之勢以成之。（〈養德・第五十一〉）

此段言：道生萬物，「一」體現道生化之道，「布施爲德」（〈能爲・第十〉），不只「一」之能體現「道」可謂之「德」，人法道、行道，也可謂之「德」。

〔註35〕王清祥：《老子河上公注之研究》（台北：新文豐 1994.9 台一版），頁68〜73。

因此，「德」泛指「道」以外而能體現道行者。〔註36〕由此觀之，「道」與「一」在生化上所負責的工作有別，「道」負責生化「一」；「一」負責生化萬物。「道」負責最根本的生化工作；「一」負責形象、環境、成物等最具體的工作。總之，「一」是「道」之子。學者鄭燦山先生則說：「一」是「道」在生成宇宙時「自體的化身」，「一」是「道」「落實於現象界的實體」。〔註37〕

其次，〈能爲・第十〉中有言：「一者，道始所生……」又〈道化・第四十三〉也說：「道始所生者一。」（〈道化・第四十三〉）意指「一」爲「道」生成的第一階段，道在生出「一」之後，就由「一」來具體進行種種的生化運動，而此時「道」反而變成一作用微妙卻不顯明的精神存有。又〈虛心・第二十一〉又說：「道唯恍忽，其中有一。」《河上公注》一方面說：道生一，一方面又說：道中有一。實際上，說「道」中有「一」，是說道含藏萬物，爲萬物之所藏，那麼道在生出「一」之後，又以萬物母的姿態去包容「一」於其中，似無不可。因此，就此推論，道、一是不同的，道與一存在著生成的關係。

再者，再舉〈虛心・第二十一〉爲例，曰：

言道秉與萬物始生，從道受氣，我何以知從道受氣？此，今也。以今萬物皆得道精氣而生，動作起居，非道不然。（〈虛心・第二十一〉）

萬物皆從於「道」而受於「氣」，此氣對照到下文「萬物得道精氣而生」，則此「氣」所指應爲「精氣」，「精氣」即「太和之精氣」，亦即「一」，如此將「一」套入通句，意思即成：萬物始生，從道受「一」，今萬物皆得道「一」而生。細言之，則是萬物皆從於「道」而受於「一」，萬物皆得道所生之「一」而生，如此可看出「一」受命於「道」，「一」受「道」主宰之從屬關係，沒有「道」，「一」即失去其合法性；沒有「一」，「道」無法落實於現象界的生生滅滅。

再從「道」與「一」的性質頗爲接近，就形象來說，「一」無形、無象、無聲，〈贊玄・第十四〉曰：

無色曰夷，言一無采色，不可得視而見之；無聲曰希，言一無音聲，

〔註36〕戈國龍先生則謂：「『道』萬物中顯現的妙用爲『德』，德是道的『本性』在萬物中的體現。」見戈國龍：《道教內丹溯源》（北京：宗教文化 2004.6 初版一刷），頁 20。

〔註37〕見鄭燦山：〈老子河上公注長生思想析論〉，《孔孟學報》（第七十七期 1999.9），頁 180。

> 不可得聽而聞之；無形曰微，言一無形體，不可摶持而得之。三者
> 謂夷希微也。(〈贊玄・第十四〉)

「一」是一團混沌恍惚的太和之精氣，此「一」無具體的形象可見、可聞、
可摶持，故謂之「夷希微」。由此觀之，「一」之無形象性，與道之無形質，
曰：「道無形非若五色，有青黃赤白黑，可得見也。道非若五音，有宮商角徵
羽，可得聽聞也。」(〈仁德・第三十五〉)二者於此蓋無分別也，此正說明「一」
性繼承了「道」性。

此外，「一」的變化多端也令人無法掌握，《河上公注》曰：

> 言一在天上不皦，皦光明；言一在天下不昧，昧有所闇冥。繩繩者，
> 動行無窮極也。不可名者，非一色也，不可以青黃白黑別。非一聲
> 也，不以宮商角徵習聽。非一形也，不可以長短大小度之也。物，
> 質也。復當歸於無質。(〈贊玄・第十四〉)

《河上公注》此段兼論「一」的無形性與無名性，以無形性來說，「一」固然
無色、無聲、無形，沒有具體形象，但換個角度想，正因為「一」的形象是
無規定性，因此任何的形，任何的聲，任何的色皆可用以說明「一」之形象，
如此則將「一」的形象由「無」，而推至「多」，並且由「一」之形象紛多不
一，或青黃，或白黑；或宮商，或角徵，或長短，或大小，導引出「一」之
不可名，蓋形象多變，因此無法依其形象來命名，就算硬要命名，可能名不
副實。再者，「一在天上不皦」，「一在天下不昧」，不可以常理推，不受天地
之左右影響，且「動行無窮極也」，「無端末，不可預待也」，「無影跡，不可
得而看。」(〈贊玄・第十四〉)變化無形，無影無蹤，無窮無盡，因為它隨時
都在變化，「忽忽如過客」(〈仁德・第三十五〉)，所以也無法確切的掌握，彼
時之名也不盡然符合此時之名。由此觀之，「一」之「實」變化多端，因此無
「名」得以迄及其千變萬化，因此「一」不可名。而「一」之無名又正與「道」：
「無名者，謂道。道無形，故不可名也。」(〈體道・第一〉)相似。因為「一」
無形無象、無色無聲，因此不受自身形象的限制，可以這樣，可以那樣，而
可以幻化為萬物的種種形象。《河上公注》曰：

> 言一無形狀，而能為萬物作形狀也。一無物質，而為萬物設形象也。
> 一忽忽恍恍者，若存若亡，不可見之也。(〈贊玄・第十四〉)

強調「一」之恍惚無形，無形故於形象上無所規定，所以可以造就「萬形」，
由「一」以生「多」。在此再次比對道與「一」於萬物形象上的用途差異，「一」

為萬物設形象，誠如上文所言，而「道」者，為「其中獨有萬物法象。」（〈虛心・第二十一〉）其間的差異在於「一」確實去設萬物之形象，而「道」只提供萬物之萬形萬象之可能性。綜上所述，「一」的無形與無名，是與「道」相一致的。

就「自然無為」的特性來說，自然與無為實一體之兩面，《河上公注》書中提及「一」之無為，凡有兩處，其言曰：

> 一，無為，道之子也。（〈法本・第三十九〉）

> 道一不命召萬物布常自然，應之如影響。（〈養德・第五十一〉）

「一」為「道」之子，「道」無為，「一」亦復無為，是知「一」無為之性，乃承其母——「道」而來。「道」與「一」生化萬物的方式非常特別，並不是如儒家所說的上天有「好生之德」，基於「好生之德」，而積極的行其造化之功，「道」與「一」之生化萬物是沒有任何慾望、沒有任何利害、沒有任何好惡的，萬物之生是在「道」與「一」在不干涉的情況下，自然的自生的，當然，萬物之生命隨著生命的發展，而消耗，而衰歇，而死亡，「道」與「一」以沒有偏私，一視同仁的方式來看待萬物之生老病死，表現其大公無私的態度，也表現其超然客觀的態度。

從〈仁德・第三十五〉：「一者，去盈而處虛」一句，凡盈滿之處，「一」則去之；凡空虛之處，「一」則存之，可知「一」有「託空虛」的特性，此特點則與「道」有別。蓋「道」者「空虛」，故無所不包；「一」者「託空虛」，故凡空虛處，則無處不在，此說明「道」與「一」就如同容器與內容物的關係，可知「一」乃依存於「道」者。另外，「道」者本身清靜，「一」則喜託清靜，不喜煩濁。清靜則和氣生；煩濁則和氣去。由此觀之，「一」性與「道」性雖存在著承繼關係，然就「空虛」與「清靜」二點，則有明顯的差異，蓋「道」者空虛，而「一」者託空虛，「道」者清靜，而「一」者喜清靜，二者為依存者與被依存的關係。

從上文剖析，可知「一」的特性，與「道」幾乎一致，那麼，又為什麼「一」性與「道」性會如此貼近呢？那是因為「一」是「道」之子，是「道」之始，是「道」之要，「道」生化「一」之後，以「一」作為「道」實際的代勞者，因此就德性上來說，「一」也是「道」的代言者，因此，「一」、「道」之性幾乎並無二致。〔註38〕關於《河上公注》這種移「道」之性質以說明「一」

〔註38〕卿希泰先生以為：老子的「道」，「就是以實有的『氣』為模特兒的，……老

的詮釋的方式，學者陳麗桂以爲：《河上公注》在論及本體範疇的「道」義時，往往以「一」稱代「道」，而牽涉到宇宙論範疇的「道」義又與「一」不同。〔註39〕杜保瑞先生也解釋這種狀況爲：

> 《河注》將道以氣存在始源之「一」概念落實之後，「一」概念又竊佔了本體論義的德概念的角色。〔註40〕

意指「一」作爲「道」於現象界的具體落實之後，「一」同時也竊據了道的某些特性。

總體說來，「道」與「一」具有本末、體用、先後的關係，那就是道爲本，一爲末；道爲體，一爲用；道爲先，一爲後。「一」作爲以「道」爲體，其作用是實際化生萬物、爲萬物設形象、爲萬物設性命、爲萬物布名，萬物成物之後，如能循「一」而動，以「一」御「萬」，則萬物都可各遵其性命，各行其事，也就合其「常」軌，宇宙就沒有紛亂，一切秩序井然。當一切都合乎宇宙之「常」，合乎宇宙之秩序，久而久之，習慣成其自然，不再有勉強，去有爲而反無爲，則合於道。

3.「道」與「氣」

兩漢時氣化思想極爲盛行，《河上公注》也不能自外於時代風潮之外，因此《河上公注》在注解時往往將「氣」也融入「道」的概念中，造成道、氣概念的混淆，許抗生先生注意到這個問題，因此說「河上公《老子》注一會兒把精氣說成是『道』，一會兒又把精氣說成是『道』所產生的東西，前後是有矛盾的。」〔註41〕但他終究舉出《河上公注》中之四處注句：1.道「其中有精」（〈虛心・第二十一〉）2.道「言存精氣」（〈虛心・第二十一〉）3.道「陰行精氣」（〈象元・第二十五〉）4.「今萬物皆得道精氣而生。」（〈虛心・第二十一〉），並以此四處論斷《河上公注》的道，並非虛無，而是物質，發揮了唯

子以『氣』的特點盡情描繪『道』，卻始終不點穿『道』就是『氣』，以保持『道』不同於具體事物的高度概括性和神秘性。」此爲説明「道」性與「氣」性相似的一種説法，聊備一說。見卿希泰：《中國道教史》（卷一）（台北：中華道統 1997.12.12 初版），頁 80。

〔註39〕陳麗桂：〈《老子河上公章句》所顯現的黃老養生之理〉，《中國學術年刊》（第二十一期 2000.3），頁 190～191。

〔註40〕杜保瑞：〈《河上公注》的哲學體系之方法論問題檢討〉（上），《哲學與文化》（廿九卷第五期 2002.5），頁 403。

〔註41〕許抗生先生：《老子研究》（台北：水牛 1993.3.15 初版二刷），頁 210。

物主義思想。〔註42〕此外，論者之所以以「道」爲「氣」，往往是依據〈養身‧第二〉一段而來，曰：

> 元氣生萬物而不有。道所施爲，不恃望其報也。功成事就，退避不
> 居其位。夫惟功成不居其位。福德常在，不去其身也。
>
> （〈養身‧第二〉）

從《老子》原典的角度來看，其所敘述的主體應該同爲「道」。然而，《河上公注》詮釋的主體，卻前後不一，《河上公注》把「生而不有」一句的主體改成「元氣」，而後面數句，保持《老子》原典「道」的說法，就《河上公注》此處突然天外飛來一筆，插入了「元氣」的概念，可能有幾種合理解釋：一是《河上公注》的「元氣」就等於「道」，大抵主張此說的學者有張運華、劉鋒、熊鐵基、許抗生等人，〔註43〕其中可以張運華先生的說法最具代表性，他以爲道即是「元氣」的理由有：1.合「道生萬物」（〈能爲‧第十〉）與「元氣生萬物」（〈養身‧第二〉）而觀之，則道等於元氣。2.根據〈成象‧第六〉：「根，元也。言鼻口之門乃是通天地之元氣所從往來。」文中以爲「元」即元氣，而「元」又等於「根」，而「根」又有原始、始祖之義，故「元氣」等於原始、始祖，而原始、始祖正爲道，故「道」等於「元氣」。〔註44〕關於這樣的說法，筆者以爲是混淆了本體論與養生論的說法了。細言之，在《老子》原典中，「玄牝之門，是謂天地根」，玄牝爲「微妙的母性」〔註45〕，蓋以母性之生殖力以狀道之生物，因此通句爲道爲天地所以生之本體。到了《河上公注》，玄牝不再具有道意，而變作「天地」之義，曰：「玄，天也，……；

〔註42〕許抗生先生：《老子研究》（台北：水牛 1993.3.15 初版二刷），頁 209。

〔註43〕張運華先生即以「元氣」解道，把「元氣」視作「道」，見其〈身國並重的道家養生論——論《老子河上公章句》〉，收錄於《宗教哲學》（第二卷第一期 1996.1），頁 97～98。

　　　劉鋒先生亦以爲「道生萬物」即「元氣生萬物」，故「道」與「元氣」無異，見其《道教的起源與形成》（台北：文津 1994.4 初版），頁 69。

　　　熊鐵基先生也說：「無形混沌的『道』，是一種原始狀態的氣，名之曰：『精氣』，或者叫做『元氣』。見其《中國老學史》（福建：福建人民 1995.7 初版一刷），頁 188。

　　　許抗生先生也把「道」解作「元氣」，並說以「元氣」與「精氣」解道，乃是先秦稷下黃老學進一步的發揮。見其所著《老子研究》（台北：水牛 1993.3.15 初版二刷），頁 209。

〔註44〕張運華：《先秦兩漢道教思想研究》（長春：吉林教育 1998 第一版），頁 291。

〔註45〕張松如：《老子說解》（濟南：齊魯書社 2003.3 初版第三刷），頁 45。

牝，地也」（〈成象·第六〉），以此角度爲訓，那麼通句則成：天地之門，是謂天地根，且依《河上公注》通篇思想，蘊生天地的本體應是道，因此無論言天地之門，或天地根，應皆指道而言，因此此句同《老子》原典，同在強調道之本體位置。然《河上公注》實際注解此句爲「根，元也。言鼻口之門，乃是通天地之元氣所從往來也。」（〈成象·第六〉）極顯然的將《老子》的句子轉作養生論之解。細言之，它將玄牝，解作「鼻口」，之所以如此，乃從「玄，天也，於人爲鼻；牝，地也，於人爲口。」（〈成象·第六〉）一句而來，由此可知，玄牝之本義實爲天地，之所以將玄牝說成「鼻口」，只是天人結構的一種對應，或云一種「天人類比」〔註46〕。再者，鼻口之門，依據〈能爲·第十〉：「天門謂鼻孔。」則鼻口之門即謂鼻口之孔竅，通句言鼻口之門，乃是通天地元氣之所從往來，只是在說明天地之間之元氣，或天地之間流行之和氣，透過鼻口這個門戶、孔竅相互流通，因此此處「根」、「元」應不具宇宙本根的意味，只是表明出處、管道的意思。試將上文論述以表格呈現：

表4-2：《老子》與《河上公注》於「玄牝之門，是謂天地根」
　　　　之比較表

《老子》	玄牝	玄牝之門	是謂天地根	《老子》原文
《老子》	生殖	道	是謂天地根	本根論解釋
《河注》	鼻口	鼻口之孔竅	是通天地元氣之所從往來	養生論解釋
《河注》	天地	道	是謂天地根（元）	本根論解釋

於是當論證元氣不等於「道」之後，唯一可以解釋「元氣生萬物而不有」的，只有第二個解釋了，那就是「元氣生萬物」與「道生萬物」的情形是一樣的，都是「生而不有」，當然下文如說「元氣」「所施爲不悕望其報也。功成事就，退避不居其位。夫惟功成不居其位。福德常在，不去其身也。」也是沒有什麼不妥，但是跟第一說差異在於，「道」不等於「元氣」，但「道」的特性與

〔註46〕呂理正提出：「在漢文化中的人體小宇宙觀念，大體上包含三個主要的思想：一是認爲人是萬物之靈，二是人可以用多種方式與宇宙相類比（天人類比），三是人可以用多種方式與宇宙相感應。見其《天、人、社會：試論中國傳統的宇宙認知模型》（台北：中研院民族學研究所 1990.3 初版）第四章〈人：人體宇宙及其均衡和諧〉。

「元氣」是相同的。因為，從宇宙生成論來說，「道」和「元氣」畢竟是不同的，「元氣」是「道」所化生的初始之氣，〔註47〕道的第一順位繼承者，在特性上理所當然的繼承了「道」的特性。因此，不管是「道」或者「元氣」，都是生而不有，功成不居，施恩不圖報的，也唯有如此，才能長久享有福報。

其次，再舉〈虛心‧第二十一〉為例，曰：

言道精氣神妙甚真，非有飾也。……以今萬物皆得道精氣而生。

（〈虛心‧第二十一〉）

同樣是道生萬物的歷程，在此章之中，《河上公注》刻意加入「精氣」的因素，以道的觀點來說，道以精氣生萬物；以萬物的觀點來說，萬物得之於道者乃精氣也。那麼，此精氣是道本身所有，抑或是由道所生出的另一物質？若從前後文之「道」與「精氣」連用，似乎是說，此精氣即是道本身所有，亦即道的內涵即是精氣，若此，則不免推出道等於精氣，這樣，宇宙之初始即是一個唯物性、氣本論的始源。〔註48〕然而，事實上道是否真的等於氣，仍需參看其他的注句，如〈去用‧第四十〉曰：「天地神明，蜎飛蠕動，皆從道生。」言天地從道而生，這是《老子》原典已有的概念，至於「神明」之意，學者意見多有不同，或以為是「神仙」，〔註49〕或以為是某種精神性的意識、智慧、靈明，如果此處之神明為神仙，則相當於「道似在天帝之前」（〈無源‧第四〉）的「天帝」，亦指宗教上的神靈。如果此處之神明為意識、智慧或靈明，則相當於《河上公注》中所言之「精神」，依筆者之見，「神明」應把它視作「精神」，一種普遍性存在於萬物身上，作為與「形體」相對的「思維」、「精神主宰」。此外，「蜎飛蠕動」，或以為泛指一切昆蟲類，〔註50〕或以為是代表「氣」

〔註47〕李養正先生亦以為：「『虛極』與『恍惚』之『道』產生元氣（即『一』），元氣生萬物。」明顯指出「道」與「元氣」，或「道」與「一」有生成先後之關係。見其《道教與諸子百家》（北京：燕山 1993.11 初版一刷），頁 21。

〔註48〕許抗生先生以為：「河上公注本所理解的『道』決不是一個絕對的虛『無』，而是一種原始的物質（元氣或精氣）的存在。這就發揮了老子思想中原有的唯物主義成分，克服了老子的唯心論思想。」見其所著《老子研究》（台北：水牛 1993.3.15 一版二刷），頁 209。

〔註49〕鄭燦山先生以為神為無形的神明，「具有人格，故能佑善懲惡。……具有人格意味。」見其〈老子河上公注長生思想析論〉，見《孔孟學報》（第七十七期 1999.9），頁 184。

〔註50〕趙中偉先生言：「蜎，指蚊蟲；蠕，指蟲類微動貌。此兩者比喻為一切昆蟲類。」見《道者，萬物之宗──兩漢道家形上思維研究》（台北：洪葉 2004 初版），頁 210。

的狀態或現象，〔註51〕筆者依據《河上公注》全書的中心主旨來看，「蜎飛蠕動」當是後者較爲合理，因爲〈遍用・第四十三〉爲《河上公注》作者從萬物現有現象反推其始，由萬物上推至天地之「有」，再由天地之「有」，逆推其上一層的根源爲道之「無」，最後歸結起來說：「天地神明，蜎飛蠕動，皆從道生。」天地者形之大者也，神明者精神之主宰也，從天地而神明，沒有理由陡地轉至昆蟲之說法，且「氣」爲《河上公注》中的重要範疇，因此言「天地神明」，又「氣」皆從道生，在層次上似乎較爲合理。歸結而論，〈遍用・第四十三〉一篇，特別凸顯出「神明」與「氣」的觀念，可以看出《河上公注》把《老子》原本道物之生成理序，細分爲更細微的步驟，提出「神明」與「氣」爲道物間的仲介層次。

又〈體道・第一〉言道吐布出氣，氣爲道所吐布，顯然說明道不等於氣，氣爲道所生成，且〈體道・第一〉又進一步說道：「吐氣布化，出於虛無」，蓋氣是由道所生，又「出於虛無」者，兩相對照，可知「虛無」正是「道」也。〈無用・第十一〉亦言：「道者空也。」又《河上公注》「言虛空者乃可用盛受萬物。」又「道爲萬物之藏，無所不容也。」（〈爲道・第六十二〉）依此，整理道與氣的關係爲：道之虛無能生出氣，又道體之虛空無形可以盛受萬物，又道是萬物蘊藏之所，猶如母親一樣具有極大的包容力與承受力，無所不包，無所不容。〔註52〕因此，道生氣之後，道又將氣包覆於其中，如此可知道與氣的空間結構關係，爲氣蘊藏在道之中。

綜上所論，道與氣原則上是不同的，其原因有：一、「道」、「氣」是生成關係，道生氣。二、「道」、「氣」是從屬關係，氣從屬於道。三、「道」、「氣」是含容關係，道含氣於其中。

（二）道性

1. 虛靜

《河上公注》的「道」具有「虛靜」的特性，「虛靜」可分爲「虛無」與「清靜」兩個問題來討論，而「虛」的問題又可從形象上、空間上、德行上

〔註51〕鄭燦山先生言：「『蜎飛蠕動』正是漢代氣化宇宙論的標準用詞。」見其〈《河上公注》成書時間及其思想史、道教史之意義〉，收錄於《漢學研究》（第八卷第二期 2000.12），頁 95。

〔註52〕陳康先生分析《道德經》中「道」在形上學中的意涵，又其中之一即指出「道乃一切事務的貯藏之所。（the storehouse of myriad things）」轉引自袁保新：《老子哲學之詮釋與重建》（台北：文津 1997.12 初版二刷），頁 26～27。

幾個要點來討論。以形象而言，《河上公注》的「道」是無形的，一則同於《老子》，表明道之混沌不可以感官掌握；二則言道之無形，故可以隨物賦形；三則說明道由於無形，故可無所不通，無處不在。曰：

> 道無形非若五色，有青黃赤白黑，可得見也。道非若五音，有宮商角徵羽，可得聽聞也。（〈仁德·第三十五〉）

> 道惟恍惚，無形之中，獨爲萬物法象。（〈虛心·第二十一〉）

> 道無形質，故能出入無間，通神明濟群生也。（〈遍用·第四十三〉）

> 謂道無形混沌，而成萬物，乃在天地之前。寂者無音聲，寥者空無形。（〈象元·第二十五〉）

歸納上文所列舉關於道之無形性，蓋分作兩部分以說明，一部份是道的無形之體；另一部份則是道的無形之用。以道的無形之體來說，道的無形性具體的表現爲不若五色之「有形」，不若五音之「有音聲」，蓋不可見，不可聽，不可以感官掌握也。以稱謂來說，道的無形性姑且稱之爲「恍惚」、「混沌」、「寂寥」，三者皆異名同實也，關於「混沌」，此概念亦見於《易緯·乾鑿度》，曰：「氣形質具而未相離，故曰混沌。混沌者，言萬物相混成，而未相離。」〔註53〕英國史蒂芬·霍金在《時間簡史》中認爲：「宇宙初始態的選擇純粹是隨機的。這意味著，早期宇宙可能是非常混沌和無序的。」〔註54〕這些皆在指涉宇宙之本始狀態——道——之玄妙不可捉摸之狀。以道的無形之用來說，道者恍惚、混沌、迷離，無具體形質，正因爲無具體形質，故能爲形形色色的萬物設法象。反之，若道具有具體形質，即成一個「有限」的概念，若爲「有限」，則不能應萬物之千變萬化。再者，道因無形質，故能不受形體之拘限而相容於萬物之中，自由出入天地之間。此說如同《莊子·齊物》所云：「道」在屎溺，在瓦甓、在稊稗……，亦同於《管子·內業》所謂：道「遍流萬物」，「普在民所」，以及《管子·心術上》所云：「上天下地，遍九州」。

由道「無形」的特性，自然導出道「無名」的結果。道之所以無名，一則道無形故不可名；二則因爲道玄妙之甚而不可言說；三則道自身含光藏暉、黯昧若不可見。《河上公注》曰：

〔註53〕 趙芃：《道教自然觀研究》（四川：四川出版集團巴蜀書社 2007.11 初版第一刷），頁 16。

〔註54〕 〔英〕史蒂芬·霍金著；許明賢、吳忠超譯：《時間簡史》（湖南：湖南科學科技出版社 2001 第一版），頁 159。

常道……含光藏暉，滅跡匿端，不可稱道。……無名者，謂道。道
無形，故不可名也。……有名，謂天地。天地有形位，陰陽有柔剛，
是其有名也。（〈體道・第一〉）

始，道也。有名，萬物也。道無名，能制於有名。

（〈聖德・第三十二〉）

道潛隱，使人無能指名也。（〈同異・第四十一〉）

道之所以無名，其一是因為道無形，因此無法因其「形」賦其「名」。視之不
見、聽之不聞、搏之不得，是無法描摹的混沌狀。其次，道不如天之常在上，
地之常在下，有其固定形位，蓋道之氾氾，「若浮若沉，若有若無，……可左
可右」（〈任成・第三十四〉），變化不定；又道不如天地有其陰陽剛柔之固定
質性，蓋「道能陰能陽，能施能張，能存能亡」（〈聖德・第三十二〉），所以
也無法因其形態來命名，如果強為之名，則會因為其名無法切合道的內涵而
失真，故此名也無法成為固定不變的常名。道無形體、無名稱是與萬物相互
對舉的，道無形、無名適其所以成為道，道之玄妙無法以形、名含括、框架；
而萬物有形、有名適其所以成為萬物，萬物之平凡正如形、名之所指涉。如
此說來，道之所以無名，在許多層面上皆牽涉到名實的問題，在名的部分，「名」
自有其侷限性；在實的部分，道有其無限性，而道之無限性正是「名」之有
限性無法企及的部分，是以言不可名。關於名實問題，先秦道家之莊子論者
甚多，譬如〈知北遊〉即言：「道不可言，言而非也！知形形之不形乎！道不
當名。」〔註 55〕道不可言說，可言說者道意已失；道不可名，可名者道意亦
即失。再者，常道含光藏暉，潛藏不露，不欲人知，此道即具倫理學的意味。

其次，就空間上來詮釋「虛」，虛者空虛，「空虛」所指涉的是空間上的
空無，實際上也等同於「無」，《河上公注》中倡言「空虛」以及「空無」之
用，以為「空虛」或「空無」，其用不窮。《河上公注》曰：

始者，道本也，吐氣布化，出於虛無，為天地本始也。

（〈體道・第一〉）

道無形，故言生於無也。（〈去用・第四十三〉）

道性空虛、空無，所以能生出天地、神明、精氣等，天地萬物之「有」，並不

〔註 55〕〔清〕郭慶藩編；王孝魚 整理：《莊子集釋》（台北：萬卷樓 1993.3 初版二刷），
頁 757。

是由「有」生出的，而是由「無」生出的，因為「有」必受制於形體的侷限，不能隨意的賦予萬物的各種形象、質性。因此，唯有「無」才能無所侷限的隨物賦形。再者，「空無」者，蘊含無限生機，不會枯竭，不曾窮盡，「言空虛無有屈竭時，動搖之，益出聲氣也。」（〈虛用・第五〉）隨著道之健動不已，則可以源源不絕地化生出天地萬物，造化之機，生生不息。道之「空無」一方面生化出天地萬物，且在生出天地萬物之後，又盛受了天地萬物。曰：「虛空者，乃可用盛受萬物，故曰虛無能制有形。道者空也。」（〈無用・第十一〉）「虛空」可為盛物之用，譬若車轂中「空」，因此能為行車之用；輦中「空虛」，因此能為承載之用；器皿「空虛」，因此能為盛物之用；戶牖「空虛」，因此能為觀視之用；屋室「空虛」，因此能為居住之用。綜言之，「虛空」者，其用無窮。同樣的道理，「道」性「空虛」、「虛無」，也因為「空虛」、「虛無」，因此可以將氣、天地、萬物容受於其內，所謂「道為萬物之藏，無所不容也。」（〈為道・第六十二〉）呈現出其為天地萬物之母的無限的承受力與包容力。

其三，就德性上來詮釋「虛」，「虛」者，謙虛也，因為謙虛，所以能無所不包、無所不納、無所不用。《河上公注》曰：

> 道常謙虛不盈滿。道淵深不可知也，似為萬物之宗祖。
>
> （〈無源・第四〉）

道雖生成萬物而有造化之功，然不以其有功而驕恣，反而謙虛下人，是以萬物樂推之，以道為宗祖，久而久之，便成就道之淵深廣博。同樣的道理，江海雖然其水豐沛廣大，然而仍謙虛卑下，不厭涓滴，無不包容，因此百川匯歸，而成為百谷王。是以聖人當法道謙虛、法江海卑下，治國須能謙卑下人，「無所不容，能受垢濁，處謙卑也。」

靜者，安靜、清靜也。「靜」的相反是「躁」是「煩」。「道」安靜、清靜，而萬物自化。「道」不煩，不躁，則沒有必要的消耗，因此能存養而不衰，故能長久而不亡。治國安靜，政令不煩，則民知所遵循；國君靜而不躁，則不失其威，不失其位，國能長治久安。治身清靜，不勞煩，不浮躁，寡嗜欲，則神清氣明，長生久視。《河上公注》曰：

> 言道湛然安靜，故能長存不亡。……道清靜不言，陰行精氣，萬物自成也。（〈象元・第二十五〉）
>
> 道……。至今在者，以能安靜湛然，不勞煩，欲使人修身法道。
>
> （〈無源・第四〉）

道一方面清靜無爲，不干預萬物的生長，任其自生，使得萬物在無所拘束的情況下自生；即便是萬物的自滅，道也以超然的態度看待，視萬物爲芻狗，不偏私，不仁愛，任其自亡，使得天地萬物在不受干預的情況下，維持一種自然的秩序。另一方面道的清靜無爲，使得道不勞煩，所以能保存它的能量，因此能自先天地生以迄於今仍長存不亡。反之，若躁煩，不愛惜其生命能量，那麼，能量很快就消耗殆盡，也就會死亡了。治國法道清靜，則能長存；治身法道清靜，亦能長存。

2. 無爲

無爲、自然乃一體之兩面，無爲則合乎自然；欲自然則必得無爲。在《老子》中道性是自然無爲的，到了《河上公注》亦復如此，且此自然無爲之性，可放諸四海而皆準，用之生成、化育萬物，用之治身、治國，無所不宜。因此，自然無爲的道性不僅是作爲「道」的德性，更是立身處事的一種高妙的準則。就《河上公注》道之無爲來說，它具體體現在幾個方面，其一，在生成上「無爲而自化」；其二，在萬物生成後，「功成而弗居」。

「道」在生成上，無爲而自化。無爲即不任意妄爲，而任萬物自生自長，也唯有順物生長，沒有干預，沒有造作，才能使萬物獲得最好的生長。《河上公注》說：

> 吾見道無爲而萬物自化成，是以知無爲之有益於人也……法道無爲治身則有益於精神，治國則有益萬民，不勞煩也。天下人主也，希能有及道無爲之治身治國也。（〈遍用・第四十三〉）

道對於萬物之生成，乃是採取一種不干預、不主動、不主宰、不有爲的態度，生與不生，亡與不亡，一切都任隨萬物其自己，這樣的生成方式是一種「憑因之生，不生之生」，然而這樣的生成方式其實是有前提的，前提即是道必須提供一個「本始」、「根據」、「動力」，甚至是「氣化流行」（〈虛用・第五〉）的環境，在此環境下，萬物自能自生自滅。反過來說，任何的有爲妄作，皆爲違反自然的規律，這對萬物而言，只是一種干預、阻礙，非但對萬物沒有幫助，反而攪亂了它生成的秩序。瞭解「無爲」之用後，可法道「無爲」，並用以治國及治身。治國能無爲，百姓無事，能自營生，即可家給人足，人和年豐，此就是所謂的「我修道承天，無所改作，而民自化成也。」「我無徭役徵召之事，民安其業，故皆自富。」（〈淳風・第五十七〉）治身能無爲，那麼，身心就不必遭受沒有必要的耗損，而能保存精氣神的生命能量，使生命得以

長生久視。相反地，萬物若是順從其慾望而無所節制，甚至任意妄為，便會自取敗亡。

道在萬物生成後，「功成而弗居」。道之無功表現於三個方面：一則造化萬物之後，退居幕後，不稱名，不表功，使萬物知其生，不知其所以生；二則道生萬物之後，不以其有功，而宰制萬物，把萬物視作它的所有物；三則道生萬物後，不要求萬物有所回報，不與萬物爭利。這些觀點都說明天道、人道皆應在功成名遂之後，急流湧退，如此才能保全其事功；相反地，若是戀棧功名而不放，那麼，依事物發展的規律觀之，所謂「反者，道之動」（《老子‧第四十章》），任何事物當發展達於鼎盛之時，也必定是開始衰弱之時，盛極必衰，泰極否來，此時若生而宰制，功成而居，施恩求報，則功過相抵，「即失功於人也」（〈苦恩‧第二十四〉），甚者還「遇於害」。因此，深諳事理、明識道理之人，必定懂得洞燭先機，在功事衰敗之前，退居幕後，這也是道家以「無功」來「存有」的功夫，夫惟無功，是以有功。道不僅要功成不居以成全其功，甚者，要將其功化為無形，「含光藏暉，滅跡匿端」（〈體道‧第一〉），使萬物不知有之。因此，《河上公注》有言：

> 道所施為，不恃望其報也。道長養萬物，不宰割以為利也。道之所行恩惠，玄黯不可得見。（〈養德‧第五十一〉）

道生成、長養萬物不恃其功，當然也就不求回報，也不會與萬物爭利。甚至，使萬物在無形中承受它的恩惠，卻不知是它的功勞，這不僅是功成不居，更是為善不欲人知。因此，聖人法天道無功，治理百姓，「匿德藏名」（〈任成‧第三十四〉），百姓卻不知其有功，所謂「百姓不知君上之德淳厚，反以為己自當然也。」（〈淳風‧第十七〉）

最後，必須強調的是，《河上公注》雖然用了許多篇幅在強調道的無為特性，但有少數注句，指出「道意」，道有意志，這顯然與「無為」說是背道而馳的，因為「無為」說強調的正是道無意志。試觀《河上公注》的「道意」說，凡有幾處：

> 深思遠慮，味道意也。（〈恩始‧第六十三〉）

> 獨畏有所施為，失道意。（〈益證‧第五十三〉）

> 小人不知道意而妄行，強知之爭，以自顯著，內傷精神，減壽消年也。（〈知病‧第七十一〉）

> 人能強力行善，則為又意於道，道亦有意於人。（〈辯德‧第三十三〉）

《河上公注》以爲道先天地生，實際上已否定殷周時代天帝神權之信仰觀，〔註56〕不過從上文所引述的注句，可以看出《河上公注》受漢代天人感應思潮的影響，已悄悄的將「道」擬人化，說道有意志，希望人能無爲行善，甚至符合道意則能蒙受天道之厚賞，曰：「修道行善，絕禍於未生。」（〈恩始〉‧第六十三）又說：「德不差忒，則長生久壽。」（〈反朴‧第二十八〉）等論述，這種說法頗具宗教氣味，以後爲《想爾注》所繼承與發展，是《河上公注》爲道家思想向道教理論過渡的一重要標誌。〔註57〕

3. 其他

道的特性復可從道的一些別名觀其端倪，如道又名「樸」，蓋道者質樸無華，如：《河上公注》釋《老子‧第三十七章》「吾將鎮之以無名之樸。」云：「無名之樸，道（德）也。」（〈爲政‧第三十七〉）又有以「道」爲質者，蓋與質樸義相近，如：「賢謂世俗之賢，辯口明文，離道行權，去質爲文也。」（〈安民‧第三〉）離道行權，爲去質爲文，是把道當作「質」，把權當作「文」，此可證道爲質樸者之又一例。道又名「大」，蓋道者廣大無邊，無所不包。如：「不知其名，強名曰大。大者，高而無上，羅而無外，無不包容，故曰大也。」（〈象元‧第二十五〉）言道其高無上，其大無外，無邊無際，因此有「大」之別名，且由其「無所不容」〔註58〕，可知道因其大而具有無限的包容性。道又名「眞」，乃以道爲眞，蓋天地萬物遷流不息，唯有道能常住不移，故以道爲最眞實之存在。如：「聖人言：我修道守眞，絕去六情。」（〈淳風‧第五十七〉）「聖人學治身，守道眞也。」（〈守微‧第六十四〉）甚者，修道守眞，即成眞人。道又名「象」，〈仁德‧第三十五〉言：「象，道也。」蓋以道爲無象之象，因爲道在形象上的無規定性，因此也可以反過來說，道是形象最豐富者，萬象無一不是道，萬象無一不可說是道。另外，《河上公注》也承襲《老子》，言道性柔弱，曰：

> 柔弱者，道之所常用，故能長久。……弱勝於強。（〈去用‧第四十〉）

> 柔弱者久長，剛強者先亡也。（〈微明‧第三十六〉）

〔註56〕萬榮晉先生以爲：「老子提出道是用以對抗意志之天，用以否定神權至高地位的。」見其《中國哲學範疇導論》（台北：萬卷樓 1993.4 初版一刷），頁85。

〔註57〕卿希泰 主編：《中國道教史》（第一卷）（四川：四川人民出版社 1992.5 第一版第二刷），頁82。

〔註58〕又〈象元‧第二十五〉另一段可與此相參照，曰：「道大者，包羅天地，無所不容也。」

柔弱能寧靜以致遠，剛強只是一時的現象，不如柔弱之長久。《河上公注》
又舉水為例，說明水性柔弱，幾近於道。雖然水是天下之至柔，「圓中則圓，
方中則方。擁之則止，決之則行。」（〈任信‧第七十八〉）似乎毫無意志，
能任隨環境的變化而變化，然而即便是堅硬如金石、襄陵，也能滴水穿石、
磨鐵消銅，此足證柔弱之勝剛強。〈任信‧第七十八〉進一步論證水火、陰
陽、舌齒的關係，以水、陰、舌為柔弱，火、陽、齒為剛強，以「水能滅火，
陰能消陽。舌柔齒剛，齒先舌亡」，論證柔弱者長存，剛強者早亡，柔弱勝
剛強。

三、《老子想爾注》之道論

關於《想爾注》之道，鍾肇鵬先生論到其不同於《老子》之道及一般《老
子》注，特點有三：

> 其一，《想爾注》中特別提出「眞道」，把眞道與「邪文」、「僞伎」
> 　　　對立起來。
> 其二，《想爾注》是天師道的經典，不是一般的哲學著作。
> 其三，反對祀鬼神及存思五臟神。〔註59〕

此說揭示了《想爾注》道論的一大方向是對《老子》之「道」進行了一番神
學的改造，要求人們信行「眞道」，奉持「道誠」，關於「道」的多面向意義，
在《想爾注》中多有討論，以下析論《想爾注》中之道論內涵。

（一）道體

就「道」此一概念而言，《老子》之「道」為宇宙萬物的根源，並為事物
所依循之規律，不容絲毫違逆，否則將自遺其咎。到了《想爾著》，作為道教
經典，《想爾注》透過疏解《老子》的方式，賦予《老子》宗教神學的特性。

1. 道之神化

《想爾注》之「道」部分延續《老子》原著思維，以「道」為宇宙本體，
是生化之本，是萬有根據，是萬物之母，天下所有事物的發生與發展都本於
道。它說：「道者天下萬事之本。」（〈第十四章〉），「道雖微小，為天下母。」
（〈第四十章〉）「嘆無名大道之巍巍也，眞天下之母也。」（〈第二十五章〉）

〔註59〕鍾肇鵬：〈《老子想爾注》及其思想〉，《道教研究》（第 2 期 1995），頁 57～62。

即是，在這方面《想爾注》保存「道」的部份自然屬性，作為神學思想之本體〔註60〕。

其次，《想爾注》又使「道」人格化。《想爾注》把原來《老子》中「吾」、「我」的文字，強解成「道」，透過「道」、「吾」、「我」的同位，使「道」人格化，如：「吾，道也。帝先者，亦道也。吾，道也。我者，吾同。」在這個句子中，吾、我、道，三位一體。道既有「吾」、「我」的人稱代詞，那麼，「道」即成了人。「道既獲得人格屬性，也就有了人的情感意識與道德評價、行為規範。」〔註61〕道有情欲喜好，並且具有主人生死，賞善懲惡，鎮邪制頑，教導遣使的無上權威。《想爾注》中屢稱「道心」、「道意」、「道真」，反覆告誡君民要「順道意，知道真」，一切唯「道」是信，唯「道」是奉，唯「道」是守，唯「道」是行。〔註62〕進一步說，道的情感意識是什麼呢？《想爾注》又云：

> 疵，惡也，非道所喜。銳者，心方欲圖惡；忿者，怒也，皆非道所喜。情慾思慮怒喜惡事，道所不欲。（〈第十五章〉）

從上述句子觀之，道所喜者，乃良善清靜；道所惡者，乃情慾喜怒惡事。道之喜好進一步也成其道德評價之標準，為其所喜者乃賞之，為其所惡者乃罰之，於是賞善懲惡成為「道」的最高意志之一，「道設生以賞善，設死以威惡。」其次，「道」亦能命人行事，如遣奚仲製造車子，命黃帝製作宮室。《想爾注》說：「古未有車時，退然；道遣奚仲作之」，「道使黃帝為之（製作宮室）」，這裡將文明的成果歸之於「道」的作用。如此觀之，「道」是一種有意志、有喜怒、有好惡，能夠賞善罰惡、主宰人世的人格神。

《想爾注》除了將「道」人格化，更將「道」神格化，賦予道神靈性，認為道散形為氣則經營萬有，聚形為神則是太上老君。《想爾注》中說：

> 一者，道也。一在天外，入在天地間，往來人身中。一散形為氣，聚形為太上老君，常治崑崙。（〈第十章〉）

此將《老子》抽象的「道」，具象為「老上老君」的形象，使太上老君和至尊

〔註60〕孫以楷編，陳廣忠、梁宗華著：《道家與中國哲學》（漢代卷）（北京：人民 2004.6 初版一刷），頁 379。

〔註61〕顧寶田、張忠利：《新譯老子想爾注》（台北：三民書局股份有限公司 1997.1 初版），頁 5。

〔註62〕卿希泰 主編：《中國道教史》（第一卷）（四川：四川人民出版社 1992.5 第一版第二刷），頁 188～189。

之道合而爲一，成爲道教最高之神祇。而「老君」即老子，「太上」既是尊稱也可視作封號，對道教徒而言，「太上老君」之形象讓「道」或「一」可以在群眾的思維中沒有困難地呈現。「道」就此轉化成了具有人格化特徵的神，成了一種神道。另外值得探討的是：太上老君，常治崑崙一句。探討崑崙山在古代神話傳說的意義，如：屈原「邅吾道夫崑崙兮」，〔註63〕經修遠而艱辛的路途，乃得「陟陞皇之赫戲」，〔註64〕即隱喻著昇仙理想。又：《山海經》中，「崑崙」不但是西王母之治所，〔註65〕又是「帝之下都」，〔註66〕這些無非都說明了崑崙山在神話時期的神聖地位。又在《太平經》以崑崙山爲大地之中央大山，爲昇天必經之地。〔註67〕M・耶律亞德（Mircea Eliade）指出，古代許多地區的神話中，普遍存在著具有象徵意義的中央大山，這座中央大山，非但是宗教宇宙論的世界中心，更是天上、人間和地下三者的交界處，而歷盡險巇最終得以登臨大山，意即完成超凡入聖，由死返生，獲得眞實而恆久的生命，如其書名：「永恆回歸的神話」。〔註68〕綜此說法，崑崙山具備修仙、仙道、宗教的象徵意義，而《想爾注》言太上老君，常治崑崙，將古代泛稱意義的仙山，變成道教聖山，又將《山海經》中的統領崑崙山的西王母，換成老子，一方面使老子在道教神譜中具有極爲尊崇的地位，另一方面也將老子提升至所有宗教神祇中最尊崇的位置。此外，《想爾注》將《老子・第二十

〔註63〕 見〔戰國〕屈原 撰，〔漢〕王逸 注，〔宋〕洪興祖 補注：《楚辭》（《四部備要集部》據汲古閣宋刻洪本校刊，台北：中華書局 1965），頁 33b。

〔註64〕 〔戰國〕屈原 撰，〔漢〕王逸 注，〔宋〕洪興祖 補注：《楚辭》（《四部備要集部》據汲古閣宋刻洪本校刊台北：中華書局 1965），頁 36b。

〔註65〕 〈西山經〉、〈海內北經〉，袁珂校注：《山海經校注》（成都：巴蜀書社 1996年初版二刷，增補修訂版），頁 59、358。

〔註66〕 〈西山經〉、〈海內西經〉，袁珂校注：《山海經校注》（成都：巴蜀書社 1996年初版二刷，增補修訂版），頁 55、34。

〔註67〕 王明：「天者以中極最高者爲君長，地以崑崙墟爲君長，……」「惟上古得道之人，亦自法度未生有錄籍，錄籍在長壽之文。當昇之時，傳在中極，中極一名崑崙。」見王明編：《太平經合校》（下）（北京：中華書局，1997.10 初版五刷），頁 384、頁 532。
關於從神話崑崙轉變爲仙話崑崙，以及崑崙山在道教中的地位與意義，李豐楙：〈神仙三品說的原始及其演變——以六朝道教爲中心的考察〉有詳細論述，李豐楙：《誤入與謫降：六朝隋唐道教文學論集》（台北：學生書局 1996初版），頁 33～92。

〔註68〕 楊儒賓譯：《宇宙與歷史：永恆回歸的神話》（台北：聯經出版事業公司 2000初版）之第一章〈原型與反覆〉，頁 1～46。

一章》「孔德之容」之「孔」，由原來的「大」意，解成「孔丘」，藉以貶抑儒家，抬高道教。從道教信徒的角度來看，則修道者「積精成神」與奉道守誡後可成仙，〔註69〕成仙意即是歸復理想的境界，如此，崑崙山即為成仙後的去處、居所、樂園。因此「太上老君，常治崑崙」一句，明顯具有宗教神話學上的含義，這就是《想爾注》宗教化特徵的主要表現之一。

　　在將「道」化為神靈之後，《想爾注》更強調其神威靈感，曰：「道尊且神，終不聽人。」（〈三十五章〉）此言「道」乃至高無上，又富神靈，其神威凌駕在人之上，可以主宰人世。又言：

> 王者行道，道來歸往，王者亦樂行道，知神明不可欺負，不畏法律也，乃畏天神，不敢為非惡。（〈三十五章〉）

> 天子乘人之權，尤當畏天尊道。（〈二十六章〉）

就人間秩序而言，天子為人間最富權力之人，然即便是貴如天子，亦不得不臣服於天道之神威。又言天神之降禍比之於刑罰之加諸於人，更令人敬畏。要之，把道之神靈、賞罰，提至最高，因此人不僅應敬畏「道」，更須遵行「道」，「道」與「誡」聯繫起來，從而產生了一系列早期道教道戒。這種宗教性的聯繫和發揮，可以說是道家思想向道教理論轉變的重要標誌之一。

　　《想爾注》此種將「道」具體的神格化為「太上老君」，是宗教神學上的創舉，目前並無文獻顯示《想爾注》前有所承，太上老君之名號，當始見於此。後來道教神系中的三清聖祖等，均與《想爾注》之將「道」神格化有關。〔註70〕「太上老君」概念的提出，在道教發展史上具有極其重要的意義。它不只神化老子其人，也神化《老子》其書，樹立道教的無上權威，對鞏固道教的思想和組織，有著不可替代的作用。從此，道教同其他宗教相區別有了無可爭議的權威標誌。〔註71〕不過陳兵先生在《道教之道》一書中也從另一角度評論道：「對道的具體詮釋，是從有神論的角度，以道為最高教主神。這可謂本來具有無神論意義的道家之道的退化。」〔註72〕李養正亦談及：道教將宇宙本原——元氣，同宗教神靈相結合的觀念，也是受儒家緯書的啟示而

〔註69〕《老子想爾注・第十三章》：「奉道誡，積善成功，積精成神，神成仙壽，以此為身寶矣。」

〔註70〕李遠國：〈論《老子想爾注》中的養生思想〉，《中國道教》（2005.6），頁23。

〔註71〕唐明邦：《論道崇真集》（湖北：華中師範出版社 2006.2 第一版第一刷），頁34。

〔註72〕陳兵：《道教之道》（北京：今日中國出版社 1995 第一版），頁3。

產生的。在緯書中，元氣既是宇宙萬物之本原，又是神靈之根本。道教將「一」解釋爲「道」，把「元氣」、「道」、「神」三者結合起來，構成它關於宇宙本原與「最高主宰者」的神學觀念。〔註73〕

2. 道即「一」、「氣」、「自然」

在《河上公注》中，「道」、「一」、「氣」的關係仍模糊不清，待《想爾注》，則把「道」、「一」、「氣」三者等同起來。

首先，談「道」即「一」，此說乃在強調道的無偶性〔註74〕。《想爾注》云：「一者，道也。」（〈第二十九章〉）又言道「或言虛無，或言自然，或言無名，皆同『一』耳。」（〈第十章〉）「一」不在人身上，「一者道也，今在人身何許？守之云何？一不在人身也。」（〈第十章〉）又言「一在天地外，入在天地間，但往來人身中耳。」（〈第十章〉）可知「一」無處不在，無時不在，在人身、天地、宇宙之間行跡不定、來去自如。

其次，論「道」即是「氣」，《想爾注》依循漢代以來所流行的氣化宇宙論，將「道」與「氣」概念結合，《想爾注》云：「一散形爲氣」（〈第十章〉），認爲「一」之形質可聚可散，聚則爲太上老君，散則爲氣，又「一」即是「氣」，因此，「道」、「一」、「氣」本質相同，三位一體。《想爾注》又化「道」爲氣，認爲：「樸，道本氣也」（〈第二十八章〉）。又說這種「氣」是不可見而又無所不在的「清微」之氣，曰：「道氣在間，清微不見，含血之類，莫不欽仰。」（〈第五章〉）「道氣歸根，愈當清淨矣。」（〈第十六章〉）「道氣常上下，經營天地內外，所以不見，清微故也。」（〈第十四章〉）「不可以道不見故輕也，中有大神氣。」（〈第二十一章〉）道氣流行於天地和萬物當中，卻因幽微清靜，因此並非常人所能體察。同時，它又稱這種氣爲精氣，它說：「有道精，分之與萬物，萬物精共一本」（〈第二十一章〉）。「精者，道之別氣也」（〈第二十一章〉）。道、氣、精，其實是一個東西。在《想爾注》看來，「道精」就是化生萬物的根本，《想爾注》云：「萬物含道精，並作，初生起時也。吾，道也。觀其精復時，皆歸其根，故令人寶愼根也」（〈第十六章〉）。可見，《想爾注》化道爲精氣，使之具有了生命之源的意味。這樣一來，便爲天地萬物的生成

〔註73〕李養正著；張繼禹編訂：《道教經史論稿》（北京：華夏出版社1995第一版），頁331。

〔註74〕孫以楷編，陳廣忠、梁宗華著：《道家與中國哲學》（漢代卷）（北京：人民2004.6初版一刷），頁381。

找到了一個共同的本源「道精」，亦為道教的保精長生學說提供了本體論基礎。其實最早以「精氣」釋「道」者，當推《管子·內業》，〔註75〕《想爾注》承此，將《老子》中抽象的「道」，轉化為具體的「精」或「氣」，並從精、氣、神去講修煉長生之道。

《老子·第二十五章》言：「道法自然。」《指歸》言：「道德因於自然。」（〈卷二·道生一〉）而《河上公注》言：「道性自然，無所法也。」（〈象元·第二十五〉）皆言道之運行莫不遵循著自然的法則。至於《想爾注》曰：「自然者，與道同號異體，令更相法也。」（〈第二十五章〉）「自然，道也，樂清靜。希言，入清靜。合自然，可久也。」（〈第二十三章〉）「人舉事令如道，道善欲得之，曰自然也。」（〈第二十三章〉）《想爾注》訓「自然」為「道」，認為自然與道「同號異體」，遵道守誠即是順乎自然，一方面又令自然「更相法」道，這樣的說法，顯然存在義理上的矛盾，〔註76〕再者，《想爾注》的自然與《老子》，或者《指歸》的「無為」並不相同，《想爾注》作為宗教聖典，自然有其宗教教義的規定與規範，因此不可能全然的無為以順乎自然，於是《想爾注》用牽合的方式，將宗教上的道誠、道意規範納入自然的範疇，認為順道守誠就是順應自然，所以陳廣忠先生評論的極恰切，他說：

　　《想爾注》中的「道」，雖然亦是無形無狀，空無所有，不可名狀，

　　但失去了自然而然、無為而為的特性，至尊無上，無所不能。〔註77〕
因此這種形式的自然，並沒有使道更超然於世俗之外，反而賦予了「道」更高的地位和權威。

3. 真道、偽道

《想爾注》書中有崇真道、斥偽道的內容。推敲其之所以需要這樣的內容，其動機有幾：一為宣教目的，為避免信徒在信仰時受到一些似是而非的觀念所影響，因此有必要強調真道與偽道的不同，對於一些似是而非的觀念，予以明確的辨偽，以利信徒遵行。二為避免不肖之徒藉道教名義招搖撞騙，

〔註75〕〔明〕凌汝亨輯評；陳立夫等編修：《中國子學名著集成——《管子》輯評》（明萬曆庚申吳興凌氏刊朱墨套印本）（中國子學名著編印基金會 1978 初版），頁 5539。
〔註76〕孫以楷編，陳廣忠、梁宗華著：《道家與中國哲學》（漢代卷）（北京：人民 2004.6 初版一刷），頁 380。
〔註77〕孫以楷編，陳廣忠、梁宗華著：《道家與中國哲學》（漢代卷）（北京：人民 2004.6 初版一刷），頁 380。

混淆視聽，敗壞天師所創道教，原來道教立教之初，巫覡淫祀之故俗紛擾百姓，諸般邪說迷惑人心，因此天師以眞道整治邪僞，教道民摒棄邪僞，從正以合眞，亦即是信行眞道。〔註78〕基於這樣的需求，《想爾注》一再強調「眞道」、「僞道」（邪文）（僞伎）不兩立，信徒若是從僞道邪文，則身危國傾，曰：

> 道絕不行，耶文滋起，貨賂爲生，民竟貪學之。身隨危傾，當禁之。
> 勿知耶文，勿貪寶貨，國則易治。（〈第三章〉）

> 眞道藏，邪文出，世間常僞伎稱道教，皆爲大僞不可用（〈第十八章〉）

學道奉道，要在修眞，修眞成眞即是得道，所以歷代修眞得道者皆被尊稱爲眞人眞君。既是如此，「眞道」與「僞道」的分野在哪裡？

首先，《想爾注》以爲「眞道」不在人身；而「僞道」則以「道」固附於人身。對此，《想爾注》訓道：

> 人等當欲事師，當求善能知眞道者，不當事耶僞伎巧耶知驕奢也。
> 一者，道也。今在人身何許？守之云何？一不在人身也，諸附身者。
> 悉世間常僞伎，非眞道也。一在天地外，人在天地間，但往來人身
> 中耳。都皮裏悉是，非獨一處。（〈第十章〉）

> 又言道有戶牖，在人身中，皆耶僞不可用，用之者大迷矣。
> （〈第十一章〉）

「一不在人身」即是說，道的處所是無所不在的，絕非固存於人身當中，即「道非獨一處」。可見，「眞道」不僅流布於天地萬物之中，甚至超越於天地宇宙之外，人欲留「道精」於身，但須遵道守誡而行。此說應是就當時所流行的存思以守五臟神的說法提出反駁。

其次，「眞道」，無具體形名，而僞道有具體形名，曰：

> 今世間僞伎，指形名道，令有服色名字狀貌長短，非也。悉耶僞耳。
> 道明不可見知，無形像也。（〈第十四章〉）

「眞道」視之不見，聽之不聞，搏之不得，無具體形象，且飄忽不定，正因爲無具體形象，因此也難以以言語指涉、形容，那些能指出「道」之形象、顏色、長短等外在特徵者，皆是「僞道」。

再者，「眞道」並非智識，而智識多入僞道。曰：

〔註78〕唐明邦：《論道崇眞集》（湖北：華中師範大學出版社 2006.2 第一版第一刷），頁 32。

> 何謂耶文？其五經半入耶，其五經以外，眾書傳記，尸人所作悉耶
> 耳。(〈第十八章〉)

九流十家之中，儒家之「五經」尚且泰半爲邪說僞伎，遑論其他流派說法，
更不可信。

其四，在修道方面，《想爾注》反對「仙自有骨錄」的邪僞之說，就當代
流行的修仙說法，提出種種反駁，曰：

> 今人無狀，裁通經藝，未貫道眞，便自稱聖，不曰本，而章篇自揆，
> 不能得道言；先爲身，不勸民眞道可得仙壽，修善自慰。反言仙自
> 有骨錄。非行所臻，云無生道，道書欺人。(〈第十九章〉)

作爲宗教聖典，爲求道誡、道法，能夠獲得全面性的普及，《想爾注》明確的
向信徒信心喊話，告訴信徒只要遵道守誡，人人都有機會可以得仙壽，成神仙。

其五，在養生方面，《想爾注》反對「人身有轂」以及存思五臟神之說法，
在人身有轂方面，《想爾注》如是說：

> 今世間僞伎，因緣眞文，設詐巧言。道有天轂，人身有轂，專炁爲
> 柔。輻指形爲錧轄，又培胎練形，當如土爲瓦時。又言道有戶牖，
> 在人身中，皆耶僞不可用，用之者大迷矣。(〈第十一章〉)

此當爲反駁當時養生家所謂煉氣之說，所謂「道有天轂，人身有轂，專炁爲
柔。」「轂，車輪中心之圓木。轂周圍安插輻條，中空以置車軸。」〔註79〕在
《老子》書中，「轂」一字乃取其空無之用，言車轂因爲空無，所以得以安插
車輻，使車得以運行。所以「道有天轂，人身有轂」，應指道與人身皆同有類
似於車轂這樣「空無」，或者「中空」的結構，配合「專炁致柔」之說法，道
與人身中中空的結構，可以使氣相通往來，人身可以利用道與人身中空的結
構，與氣得以流通往來的特性，煉氣養身，下文「道有戶牖，在人身中。」
意思也是一樣。關於這樣的說法，在當代中，《河上公注》即有此說法，《河
上公注》以爲人身中有鼻口這樣中空的結構，天與道亦有中空的結構，於是
天人之間得以精氣相貫，人若能善用天人之間精氣相貫的特性，便得以煉養
精氣神，而得以長生久視。至於「培胎煉形」之說，語焉不詳，在《想爾注》
其他注文也找不到相關的佐證，因此後人並不是很清楚其內容所指，或有猜
測疑似所謂「胎息」之說，或可聊備一說。

〔註79〕顧寶田、張忠利：《新譯老子想爾注》(台北：三民書局股份有限公司 1997.1
初版)，頁 45。

《想爾注》又以當代流行的存思五臟神之說法爲僞說，曰：

> 世間常僞伎，指五藏以名一。瞑目思想，欲從求福，非也，去生遂
> 遠矣。(〈第十章〉)

所謂「存思五臟神」之法，認爲道生神明，神明入於五臟，分爲五臟神，
五臟神與五臟「形神相抱」，則人身得以長存；反之，人若是多欲躁動，則
五神去之，五神去之，五臟則隨之傾頹，人身亦離死不遠。因此，欲保有
五臟神，除了除情去欲，虛靜以守外，仍需積極地以「意念」存思、存想
「五臟神」，存思其貌，存想其狀，藉此確保五臟神之貞固於內，如此五臟
得以安，身體亦得以安。原則上，《想爾注》極力反對這種說法，它認爲道
無有形名，亦非安居一處，《想爾注》也駁斥五臟神之存在，也駁斥五臟神
有其形貌的說法，更反對存思五臟神以養身之說法，因此透過存思，於養
生並無助益。

其六，在宗教儀節上，《想爾注》反對淫祀。其禁淫祀的立場，與當時官
府的立場是一致的。〔註80〕曰：

> 天之正法，不在祭餟禱祠也。道故禁祭餟禱祠，與之重罰，祭餟與
> 耶通同，故有餘食器物，道人終不欲食用之也。有道者不處祭餟禱
> 祠之間也。(〈第二十四章〉)

《想爾注》反對不合禮制的祭祀，巫教的淫祀，以及當代巫教與民間宗教所
保留的如殺人、殺牲等野蠻習俗，並視這些淫祀爲邪教，堅決反對信徒從事
這類的淫祀，若有違反，則重加責罰。

4. 生道合一

生道合一是仙道貴生的信仰追求，一旦將生道合而爲一，那麼，信徒若
能在宗教上對「道」採取絕對信仰的態度與作爲，那麼，在信道的報酬上，
就能同時得到長生。《太上老君內觀經》即曾明確提出：

> 道不可見，因生以明之；生不可常，用道以守之。若生亡則道廢，
> 道廢則生亡。生道合一，則長生不死，羽化神仙。〔註81〕

司馬承禎〈坐忘論〉也引《妙眞經》說：

〔註80〕顧寶田、張忠利：《新譯老子想爾注》(台北：三民書局股份有限公司 1997.1
初版) 導讀，頁14～15。

〔註81〕胡道靜等編：《藏外道書》(第九冊)(成都：巴蜀書社 1992.8 第一版第一刷)，
頁335。

　　　　養生者慎勿失道，爲道者慎勿失生。使道與生相守，生與道相保，

　　　　二者不相離，然後乃長久。〔註82〕

如此可見道教經典是「生」爲「道」的具體體現，凡「生」者即得「道」，失
「道」者即不存。關於《想爾注》生道合一的情形，可從其改變《老子》原
文的注解形式看出，其一，《想爾注》改《老子》原文之「王」作「生」，並
注云：

　　　　四大之中，何者最大乎？道最大也。四大之中，所以令生處一者。

　　　　生，道之別體也。（〈第二十五章〉）

《想爾注》中說：「生者，道之別體也。」亦強調生就是道的體現。其次，《老
子・第十六章》：「知常容，容乃公，公乃王，王乃天，天乃道，道乃久，歿
身不殆。」想爾本亦將「王」字作「生」，分析《想爾注》之將「王」作「生」，
視「生」爲域中四大之一，明顯提升「長生」在道教中的重要性，也使「長
生」成爲道教中所欲追尋的目標之一；又注「生，道之別體也。」將生道合
一，那麼從「道」即能長生，長生亦可得「道」。《想爾注》揭示了「長生」
的重要之後，也影響《想爾注》對《老子》的注解朝長生不死之術作發揮。
在《想爾注》中又可見表達出「行道者生」的句子，如：「知常法意，常保形
容；以道保形容，處天地間不畏死，故公也；能行道公政，故常生也；能致
長生，則副天也。」（〈第十六章〉）「悉如信道，皆仙壽矣」（〈第三十章〉），「能
法道，故能自生而長久也。」（〈第七章〉）進一步說，「道」即是「一」，道即
是「氣」，道即是「太上老君」，因此欲求生道，則當「守一」、「寶精」、信仰
「太上老君」。反之，「失道者死」。

　　5. 道誡

　　　在道教史上，漢代《太平經》、《周易參同契》、《老子想爾注》三書被認
爲是道教信仰和理論形成的標誌。其中，《老子想爾注》借助對先秦道家經典
文本《老子》的注釋，提出了一系列道教教理教義方面的初步原則。其注解
以脫離老子原義爲基本方法，是最早最徹底將《老子》予以宗教化的老子注
本，無論是在道教史上還是在老學史上，都佔有重要的地位。特別是注文圍
繞「道誡」所作的宗教化注釋，具體表現在注文一再強調道誡的重要性，規
定道教徒要通道守誡，論證爲善以及爲善必須至誠等方面。

〔註82〕〔清〕董誥等纂修：《全唐文》（上海：上海古籍出版社 1993.11 第一版第一刷），
　　　　頁 4267。

關於「道」即是道誡，《想爾注》說：

> 今佈道誡教人，守誡不違，即爲守一矣；不行其誡，即爲失一也。
> （〈第十章〉）

其中「守誡不違，即爲守一矣。」如此則「誡」即等同於「一」；又「不行其誡，即爲失一也。此從反面論證，亦可得「誡」即是「一」，又在《想爾注》中，「道」、「一」、「氣」、「太上老君」四位一體，那麼，誡即是「道」，即是「一」，即是「氣」，即是「太上老君」。因此，所謂守誡，即包含守道，守一，守氣與信仰太上老君。如此看來，道誡的內涵極爲廣泛，凡是書中對「道」、對「一」、對「氣」的一切規定，都屬於道誡的範疇。具體的說，舉凡道的清靜、無爲、中和、致柔、隱微等種種規定，都是信徒必須執守而無違的。

探討《想爾注》之所以將「道」與「誡」等同一起，除了有其宗教上的考量，期望信徒確實恪守大道，使《想爾注》具備至上神、怖慄意識、教條誡律的宗教形式。筆者認爲另一個原因，恐怕是受兩漢天人感應的時代氛圍所影響，以漢儒來說，漢儒在儒學地位獲得獨尊之後，進一步爲確保其地位屹立不搖，運用宗教上天人感應與讖緯災異種種說法，使人們不但因爲儒學有其精深微妙而遵信儒學，更讓人們害怕不遵儒學而遭到災異處罰種種厄運而遵信，使儒學具有宗教化的趨勢。同樣的情形，在先秦《老子》中，道是宇宙之間玄妙的原理準則，大道對於人們的採不採信，奉不奉行，完全採取無爲放任的態度，但是當《老子》透過注解而成爲宗教聖典之後，道即成爲信徒無可選擇而必須絕對奉行的戒律。〔註83〕因此，《想爾注》透過「道」即是誡，並配合一些賞善罰惡的說法，即能很迅速的讓經典達於宗教化的目的。

（二）道性

就「道」的本質屬性而言，《想爾注》主要闡述了以下幾點：

首先，道者無限。在《想爾注》說：「夷者，平且廣；希者，大度形；……此三者欲歎道之德美耳。」（〈第十四章〉）其中，「平且廣」及「大度形」，皆象徵廣大無限，無邊無際，對「道」無限性的描述，是承繼《老子》的說法而來。

〔註83〕陳廣忠也作類似的評論：「《想爾注》在道家特有的道德準則基礎上進一步發揮，使之宗教化，道家所提倡清靜無爲、少私寡欲的道德準則遂演爲宗教戒律。」孫以楷編，陳廣忠、梁宗華著：《道家與中國哲學》（漢代卷）（北京：人民 2004.6 初版一刷），頁 386。

　　其次，道者隱微。道是神秘的，無狀貌形，道「如是不可見，如無所有也」（〈第十四章〉），「道明不可見知，無形像也」（〈第十四章〉），《想爾注》認為：「道至尊，微而隱，無狀貌形像也；但可從其誠，不可見知也。」（〈第十三章〉）即是說，「真道」是至尊無上的東西，其存在狀態乃無形無色，非如實物有形有狀，它隱藏在深淵之處，以至於人既不能感知它，也不能通過理性認識它。人只可以按道誠行動，以順道意。《想爾注》還指出：「道真自有常度，人不能明之，必復企慕，世間常偽伎，因出教授，指形名道，令有處所，服色長短有分數，而思想之，苦極無福報，此虛詐耳。」（〈第十六章〉）此即說明，道本身之法，道之常法是不能以人為的標準去衡量、估價的，否則，就必然是「強欲令虛詐為真矣」但道是看不見摸不到的，只可知之不得見之。雖則大道隱微不可見，但並不影響其實存性，《想爾注》言：

　　　　何以知此道今端有，觀古得仙壽者悉行之，以得知今俗有不絕也。

　　　　能以古仙壽若喻，今自勉屬守道真，即得道綱紀也。（〈第十四章〉）

《想爾注》由古代傳說之仙人因行「道」而得仙壽，證明大道確實存在，非但具有實存性，且有其實質功能。

　　其三，《想爾注》說「道氣清」，指元氣清明，亦是「道」的清明性，又說：「道氣常上下，經營天地內外，所以不見，清微故也。」（〈第十四章〉）道以清微之氣經營天地內外的萬事萬物，雖然不得見，但道氣卻蘊含在其中，是造化萬有的因數。然而，至尊的道以清微之氣經營天地內外雖然沒有形像，但道之氣卻無處不在，無時不有。

　　其四，道貴中和。《想爾注》曰：「道貴中和，當中和行之」〈〈第四章〉〉。「不如學生，守中和之道。」（〈第五章〉）實質上是主張守道全身，反對「數數」，「數數」即多思神不寧，多知浮華，非道一也。

　　其五，道樂質樸。「道」之質樸是它本身的一種存在之特色，一種類似于嬰兒本樸的境界，《想爾注》云：「道樂質樸，辭無餘」（〈第三十五章〉）；「道之所言，反俗絕巧，於俗人中甚無味也。無味之中有大生味，故聖人味無味之味。」（〈第三十五章〉）道本性真實不飾，無巧言令色，純之又純，以至「無味」；而無味之中有大生味，即是說真實本樸之道恰是萬物眾生的生命之源泉。反之，「偽道」只重「道」之名而不符其實，自飾以各種神聖的外衣，流光溢彩，其實是外言行善求道，內懷凶惡求己私利及功名利祿之心，乃詐巧之術，非真行道也。

第二節　氣論

「氣」從字源上來看，從甲骨文之「氣」字向上推論，作為「乞求」、「迄至」「終訖」之義的前身應該是「煙氣」與「熱氣」，這是氣之始義。自此古人順著「煙氣」、「熱氣」的性質進一步將其推擴，將大自然中性質相似於氣的東西另取別名，譬如：「風」、「雨」、「暖氣」、「寒氣」……也有其義與「氣」性質相似的，並進一步影響其造字者，如「氛」者。而歸納氣之始義，大抵為自然之氣，試以直觀方式理解自然界之氣，從中可以剖析氣的若干特點：其一，自然界之氣就其形象來說，為無形、無聲、無臭，是為沒有形體的形體。其二，自然界之氣變化不定，或聚或散，變化不已。其三，自然界之氣具有流動性，並無固定之所。其四，氣之為物，無孔不入，無處不在，則具備周遍性。總說，氣之始義原指自然界之氣，其性質有無形性、變化性、流動性、周遍性，此四個性質並成為後世氣之普遍性質。

至於先秦道家氣論由老子首開其端，在《老子》中關於「氣」的說法僅有三處，即「專氣致柔，能嬰兒乎？」「萬物負陰抱陽，沖氣以為和。」「益生曰祥，心使氣曰強。」等，但於後代道家氣論之發展，乃至道教氣論之發展，實扮演著啟蒙角色，尤其《老子·第四十二章》談及宇宙生成的歷程，曰：「道生一，一生二，二生三。」由於老子未將「一」、「二」、「三」作實解，是以後世思想家每以己說套入老子說法之中，以至於眾說紛紜。

《老子》的氣論有沖氣、專氣、和氣、使氣之說。以沖氣而言，沖氣即道所生之陰陽二氣相互激盪沖搖之氣，陰陽沖搖激盪和合則生，謂之和氣，萬物在生成的過程中和則生，萬物在成形之後，和則繼續生存，失和則逐漸走向毀滅。萬物成形之後何以會由中和而走向失和，其原因在於「使氣」，使氣即有為、造作，或者因為意志上的堅持、執著，導致先天之和氣喪失，和氣喪失，則形體堅強，堅強者早逝也。因此為避免使氣對生命所造成的傷害，必須以「專氣」的方式修養之，一方面專心致志，心無旁騖，不受外物情志的影響干擾，一方面以無心的方式，揉合陰陽二氣，使之達於協調，專氣以致柔，則可如嬰兒一般，形柔而氣專，長生而久壽。日本學者福永光司先生並對先秦道家「氣」論特點作了精闢地闡述，曰：

> 先秦時代道家的「氣」論，將其大致區分一下，可分為用「氣」來說明世界之始，天地開闢和萬物生成的宇宙生成論和天地宇宙間稟生的人怎樣保存自己之生，用「氣」來說明怎樣得到「一受其成形，

不忘以待盡」(《莊子·齊物論》)之睿智的養生(或養性)論兩部分。
而宇宙生成論的「氣」論和養生(性)論的「氣」論儘管大致被區
分，但在其根基上還有著相互的關聯，在終極上仍可視爲一體之物
──這被認爲是道家「氣」論的特點。〔註84〕

如此說來，氣論在先秦道家已由宇宙生成論之氣論本「體」，發展而爲養生論
之氣論之「用」，並以回歸氣論本「體」爲養生最高境界，而這樣的思維在兩
漢《老子》注中皆可見其痕跡。

一、《老子指歸》氣論

(一)宇宙之氣

　　《指歸》受漢代氣化氛圍影響，並承襲《淮南子》對宇宙生成論的闡釋，
在道性虛無的基礎上，通過注釋《老子·第四十二章》「道生一，一生二，三
生萬物。」以及《老子·第四十章》「天下萬物生於有，有生於無。」詳細闡
述了虛無生宇宙的過程。在「道」、「物」之間加入「神明」、「太和」、「氣」
等因素，使生成過程愈發細密化。爲釐清「氣」於宇宙生成中之地位，首先
就《指歸》所論及生成序列作一分析，《指歸》所論生成序列有：

表4-3：《老子指歸》生成序列

篇　　章	宇宙生成序列				
《老子·第四十二章》	道	一	二	三	萬物
〈道生一〉	虛之虛	虛者	無之無者	無者	有形
〈上德不德〉	道	德	神明	太和	天地
〈道生一〉	道	德	神明	太和	形	天地
〈得一〉	道	一	神明	太和	天地

　　依此，生成的第一個階段，在《老子》稱作「一」，在《指歸》或稱「一」，
它是「道之子，神明之母，太和之宗，天地之祖。」(〈卷一·得一篇〉)它是
僅次於「道」之萬物宗祖。在《指歸》中，或稱「一」爲「虛者」，雖然「一」
是「懷壞空虛、包裹未有」的虛無之體，但是道德的「開導稟受」歷程畢竟

〔註84〕日人·小野澤精一等編：《氣的思想》(上海：上海人民出版社 1990)，頁 120。

開始了，所以也叫「太初首者」，是「有中之虛」，王德有先生引《列子・天瑞》：「太初者，氣之始也。」以爲這個「太初」，正是宇宙演化過程中氣始形成的時期。〔註85〕當代《周易乾鑿度・卷上》也說：「太初者，氣之始也。」〔註86〕「一」又稱「德」，《指歸》言：「一，其名也；德，其號也。」（〈卷一・得一篇〉）證「德」等同「一」，異名同實也。

「一」就其狀態而言，《指歸》言：

> 有物混沌，恍惚居起，輕而不發，重而不止。陽而無表，陰而無裏。既無上下，又無左右，通達無境，爲道綱紀。懷壤空虛，包裹未有。無形無名，芒芒漁漁，混混沌沌，冥冥不可稽之。亡于聲色，莫之與比。指之無響，搏之無有。浩洋無窮，不可論諭。潢然不同，無終無始。萬物之廬，爲太初首者，故謂之一。（〈卷二・道生一〉）

「一」就狀態而言，渾沌恍惚、混混沌沌、芒芒冥冥，無形無名，無聲無色，指之不得，搏之無有，若要進一步分析它的內容，則非輕非重，非陰非陽，無上無下，無左無右，無始無終，總之，宇宙的「太初」原始狀態是全然的渾沌不明。是以，在這裏，《指歸》借用了《老子》對道描述的若干辭彙來描述「一」，這種描述與漢代道家對氣的特點的描述如出一轍，於是更可證明「一」所指爲氣的原始狀態。

就「一」與「萬物」之關係，《指歸》論道：

> 天地之外，毫釐之內，稟氣不同，殊形異類，皆得一之一以生，盡得一之化以成。（〈卷一・得一篇〉）

> 神之性得一之靈，而神之所爲非靈也。不思不慮，無爲無事，以順其性。無計無謀，無嚮無首，以保其命。是以消息自起，存亡自正。（〈卷一・得一篇〉）

> 不多不少，不貴不賤，一爲綱紀，道爲楨幹。故能專制天下而威不可勝，全活萬物而德不可量。（〈卷一・得一篇〉）

> 故一者，萬物之所導而變化之至要也，萬方之準繩而百變之權量也。（〈卷一・得一篇〉）

「一」作爲僅次於「道」的萬物宗祖，因此於萬物之生成，有其必然之重要

〔註85〕王德有 點校：《老子指歸》（北京：中華書局 1994.3 初版一刷），頁 52。

〔註86〕《周易乾鑿度・卷上》，〔漢〕鄭康成 注；〔民國〕王雲五編：《易緯辨終備》（臺北：臺灣商務 1975），頁 6。

性，但比之於「道」所高懸的崇高性質、縹緲虛無，「一」對「萬物」生成之作用相對更顯具體。具言之，萬物稟氣不同，殊形異類，千變萬化，其變化之至要，皆本之於「一」。易言之，「一」決定萬物之千變萬化，並且使萬物成其各自之體性。細言之，「天」之所以爲「天」，乃本於「一」，「地」之所以爲「地」，亦本之於「一」，萬物千變萬化，各有稟性，各不相同，亦本之於「一」。

再就「一」之性質而論，《指歸》云：

> 一，……無有，其舍也；無爲，其事也；無形，其度也；反，其大
> 數也；和，其歸也；弱，其用也。故能知一，千變不窮，萬輪不失。
> 不能知一，時凶時吉，持國者亡，守身者沒。（〈卷一·得一篇〉）

「一」之「無有」、「無爲」、「無形」、「反」、「和」、「弱」……與《老子》之「道」，所謂「無爲而無不爲」，「視之不見，聽之不聞，搏之不得」，「反者，道之動」，「弱者道之用」……之性質之相似的。但比之於道之「常」，《指歸》更強調「一」之變化無窮。《指歸》中另一段關於「一」之性質描述云：

> 故其爲物也，虛而實，無而有，圓而不規，方而不矩，繩繩忽忽，
> 無端無緒，不浮不沈，不行不止，爲於不爲，施於不與，合囊變化，
> 負包分理，無無之無，始始之始，無外無內，混混沌沌，芒芒汎汎，
> 可左可右。虛無爲常，清淨爲主，通達萬天，流行億野。萬物以然，
> 無有形兆，窅然獨存，玄妙獨處，周密無間，平易不改，混冥皓天，
> 無所不有。陶冶神明，不與之同，造化天地，不與之處。稟而不損，
> 收而不聚，不曲不直，不先不後，高大無極，深微不測，上下不可
> 隱議，旁流不可揆度。潢爾舒與，皓然銲生，銲生而不與之變化，
> 變化而不與之俱生。不生也而物自生，不爲也而物自成。

（〈卷一·得一篇〉）

「一」之虛無、清靜、渾沌迷濛、玄妙深微、變化莫測、無爲而爲、無窮無盡，無所不包，無所不在、不有之有、不生之生……與「道」之性質亦是相似的。或許可以說，「一」作爲生化萬物之次要階段，就生化的角色而言，雖不同於「道」，但就性質上而言，卻是一脈相承的，不過就程度而言，「一」是「無無之無」之虛無，「道」是「無無無之無」，或許就程度上而言，正如《指歸》所言：「道有深微，德有厚薄」（〈卷一·上德不德篇〉）恐怕仍有「深微厚薄」差異。

其次，神明是生成的第二個階段，在《老子》稱之爲「二」，在《指歸》稱之爲「無之無者」，或稱爲「神明」。「神明」之所以稱作「無之無者」，仍在指涉其處於無形空無的階段，當然「無之無者」，相對於「道」之「虛無」與「一」之「虛者」，或許爲「有」，但相較於「太和」之「無」與萬物之有，仍是虛無。其次，「神明」之所以稱作神明，意指它具有變化莫測之性質。《指歸》對此描述說：

> 二物並興，妙妙纖微，生生存存，因物變化，滑淖無形，生息不衰，光耀玄冥，無響無存，包裹天地，莫其無，不可遂以聲，不可逃以形，謂之神明。（〈卷二・道生一〉）

> 有物俱生，無有形聲；既無色味，又不臭香。出入無戶，往來無門。上無所蔕，下無所根。清靜不改，以存其常。和淖纖微，變化無方。與物糅合而生乎三。爲天地始，陰陽祖宗。生物物亡，去物物亡，無以名之，號曰神明。（〈卷七・生也柔弱〉）

若就「神明」之性質而言，上述兩段引言，所提及之無形、無色、無香、變化、玄冥、微妙，仍與「道」、「一」相似，尤其「清靜不改」一句，顯然是就「神明」與「一」、「道」之情形相比而言，仍舊不改，此更能證實「道」、「一」、「神明」性質之下貫情形。其次，所謂「妙妙纖纖」、「變化無方」等乃在強調其神妙不測。然而，此處值得注意的是：「二物並興」、與「陰陽宗祖」二句，關於「二物並興」，對照到〈卷一・上德不德〉：「道有深微，德有厚薄，神有清濁，和有高下。」可知二物所指爲清濁二物，當然也指陰陽二物，蓋清者爲陽，濁者爲陰，「二物並興」、「陰陽宗祖」意指神明之中有清濁二氣合而未分，有陰陽二氣隱而未顯。至於陰陽二氣的屬性，《指歸》中論道：陰氣入，陽氣出；陰氣寒，陽氣熱；陰氣靜，陽氣動；陰氣主刑，陽氣主德。

再者，「太和」是生成的第三個階段，在《老子》稱之爲「三」，在《指歸》稱爲「無者」，或稱爲「和」。無論稱作「和」與「太和」皆在強調其性質極其和諧，而稱作「無」者，則表明相對於萬物之有形，「和」者無其形質，故謂之「無」，但相對於生成的第二個階段「無之無者」，以及生成的第一個階段「虛者」，乃至於宇宙本始「虛之虛者」，則爲「有」。且就生成歷程來看，「太和」處於「虛而實」、「無而有」的臨界階段，王德有先生還說：《指歸》借用「化」的概念，幾乎在每一個臨界變化的階段，透過「化」的概念屬性，

以一種近似乎跳躍的方式，交代了「由漸化到突變」的重要轉折。〔註87〕林俊宏先生也說：從「虛無」向「實有」是《指歸》對於宇宙圖像的基本理解，這個過程並不是突然斷裂或是突然出現的，而是漸進的，從絕對的虛寂到勃然生機的眾有出現，是連續的而不是死寂不動。〔註88〕

　　釐清「太和」之性質與宇宙生成的位置後，進一步要釐清的是：「太和」究竟為何物？《指歸》云：

> 天地未始，陰陽未萌，寒暑未兆，明晦未形，有物三立，一濁一清，清上濁下，和在中央。三者俱起，天地以成，陰陽以交，而萬物以生。(〈卷七・天之道〉)

「三者俱起」，即云陰陽由隱而未顯，轉而顯明，清濁之氣由合而未分，轉而分化，於是和清濁之氣俱現，且伴隨著和清濁三氣之運動，三氣上中下之形位也確立，天地萬物再藉和清濁三氣之移動變化和合，於是生成。「太和」即是由清濁合和而成的和諧之氣，是「陰陽交通」之下，陰陽和合所形成的「和氣流行」，〔註89〕是一種「妙物若神，空虛為家，寂泊無常，出入無竅，往來無間，動無不遂，靜無不成，化化而不化，生生而不生也」(〈卷七・谷神不死〉)的「妙氣」。

　　在漢代「氣」論學術氛圍下，《指歸》透過「氣」的仲介物質來說明「虛而實，無而有」這個過程的開展：檢視《指歸》之生成順序，「道」、「物」之間，無非都是「氣」的運動變化，「一」是未分的氣之原始狀態，「二」所說的陰陽未顯，清濁未分，「三」則是陰陽已分，清濁已定，和清濁形位立焉。總之，《指歸》藉重「氣」的屬性來談論「道」在現象層次的開展，往一個更能夠具象化的方向移動，「氣」無疑是從天地到人的重要仲介物質。〔註90〕

（二）萬物之氣

　　宇宙生成是從一個原始混沌之氣到神氣、和氣再到萬物之生成，整個宇

〔註87〕王德有　點校：《老子指歸》(北京：中華書局 1994.3 初版一刷)，頁 11。

〔註88〕林俊宏：〈《老子指歸》之政治思想試論〉，《政治科學論叢》(第二十二期 2004.12)，頁 96。

〔註89〕《指歸・卷七・天地不仁》：「天高而清明，地厚而順寧，陰陽交通，和氣流行，泊然無為，萬物自生也。」

〔註90〕林俊宏：〈《老子指歸》之政治思想試論〉，《政治科學論叢》(第二十二期 2004.12)，頁 94～96。

宙的具象化、實質化，就是「氣」狀態的轉變以及內在交互作用變化的結果。

　　就宇宙之氣而言，《指歸》在論到「太和」之時，言當其時「天地未始，陰陽未萌，寒暑未兆，明晦未形」（〈卷七·天之道〉），待「三者俱起」，清濁和三氣形成之後而天地開始，陰陽發萌、寒暑有兆、明晦成形，進一步則有萬物，自此進入「有形」世界。以嚴遵思維，「形體」的產生，是生成序列中的重要分野，而有形世界中以「天地」與「人」最為重要，以天地的形成來說，《指歸》言：

> 故天地億萬，而道王之；眾陽赫赫，而天王之；陰氣漻漻，而地王
> 之。（〈卷五·江海〉）

《指歸》此處因襲《莊子》「至陰肅肅，至陽赫赫」的說法，言「眾陽赫赫，……陰氣漻漻」﹝註91﹞（〈田子方〉），意指清氣質量輕，因而上揚，形位在上，清揚之陽氣不斷積累實體化，即成天；相反地，濁氣質量重，因而下沉，濁重之陰氣不斷積累實體化，即成地。〈卷一·上德不德〉亦言：「清者為天，濁者為地。」以四時之氣而言，《指歸》云：「華實生於有氣，有氣生於四時，四時生於陰陽。」（〈卷五·萬物之奧〉）意指四時由陰陽清濁之氣所形成，進一步說，陽氣成暑熱，陰氣成陰寒，且隨著四時的遞嬗，陰陽清濁之氣因而互有消長，這也就是漢人以陰陽論四時的「消息」說。

　　就人身之氣而言，《指歸》就天生稟氣與人身之氣兩方面論起。就天生稟氣說，《指歸》對「稟氣」的基本認知是：

> 天地之外，毫釐之內，稟氣不同，殊形異類。（〈卷一·得一〉）

> 道德天地，各有所章，物有高下，氣有短長。各勞其所樂，患其所
> 患，見其所見，聞其所聞，取舍殳繆，畏喜殊方。
> （〈卷一·上士聞道〉）

天地之間，殊形異類，互有高下，各有喜好，見聞不同，取捨相異，……皆源於稟氣之不同。細論之，「氣」在「質」方面有清、濁、和、陰、陽之分，在「量」方面有長短厚薄之別。這幾個屬性變化分離即和合成為不同的人。〈卷一·上德不德〉云：

> 道有深微，德有厚薄，神有清濁，和有高下。清者為天，濁者為地，
> 陽者為男，陰者為女。人物稟假，受有多少，性有粗精，命有長短，

﹝註91﹞《莊子·田子方》，〔清〕郭慶藩編；王孝魚 整理：《莊子集釋》（台北：萬卷樓 1993.3 初版二刷），頁 712。

情有美惡，意有大小。或爲小人，或爲君子，變化分離，剖判爲數
等。故有道人，有德人，有仁人，有義人，有禮人。

（〈卷一・上德不德篇〉）

以男女而言，陽氣成男，陰氣成女。氣之陰陽清濁分配，不但影響萬物之屬
性，氣之多寡，亦影響萬物之性質，於是萬物有性命情意之別，人有小人、
君子、道人、德人、仁人、義人、禮人之分。總歸而言，萬物之生成變化，
皆「氣」之「變化分離」的結果。且《指歸》對於上述的屬性有著清楚的價
值判斷，層次上從體現「無爲」（和）的道人向下開展，不斷地世俗化與盪落
（這個過程當是「失道而後德」邏輯的詮解）。〔註92〕

就人身之氣而言，人身中有「血氣」、「神氣」、「陽氣」、「和氣」等。關
於「血氣」，《指歸》曰：「是以，人始生也，骨弱筋柔，血氣流行。」（〈卷七・
人之飢〉）《指歸》以嬰兒爲例，嬰兒身中有血氣，其血氣不但充沛，甚至通
暢，是以生機暢旺。關於「神氣」，或云「神」，或云「神明」，在《指歸》中
常以神氣與陽氣並論，言神氣與陽氣同爲人身強健的條件，《指歸》曰：

人之始生也，……神氣和平。面有榮華，身體潤光，動作和悅，百
節堅精。時日生息，旬月聰明。何則？神居之也。及其老也，形槁
容枯，舌縮體伸。何則？神去之也。草木之始生也，枝條潤澤，華
葉青青，豐茂暢美，柔弱以和。何則？陽氣存也。其衰也。華葉黃
悴，物色焦殃。及其死也，根莖枯槁，枝條堅剛。何則？陽氣去之
也。故，神明所居，危者可安，死者可活也；神明所去，寧者可危，
而壯者可煞也。陽氣之所居，木可卷而草可結也；陽氣之所去，氣
可凝而冰可折也。故神明、陽氣，生物之根也；而柔弱，物之藥也。
柔弱和順，長生之具而神明、陽氣之所託也。萬物隨陽以和弱也。
故堅強實滿，死之形象也；柔弱滑潤，生之區宅也。

（〈卷七・人之飢〉）

《指歸》以爲「神氣」、「陽氣」之生存之根本，「神氣」、「陽氣」存則萬物和
柔空虛而得以生，「神氣」、「陽氣」去則萬物堅強實滿，而導致死亡。養生除
存神氣、陽氣之外，《指歸》也強調須使神氣貞定於人身之內，言「神氣和平」、
「神氣不作」，勿使散逸而出。

〔註92〕林俊宏：〈《老子指歸》之政治思想試論〉，《政治科學論叢》（第二十二期
2004.12），頁 96。

關於「和氣」，《指歸》認爲「和氣」同「神氣」、「陽氣」一樣，皆爲生存之根本，曰：

> 夫和之於物也，剛而不折，柔而不卷，在天爲繩，在地爲繩，在陽爲規，在陰爲矩。不行不止，不與不取，物以柔弱，氣以堅強，動無不制，靜無不與。故，和者，道德之用，神明之輔，天地之制，群生所處，萬方之要，自然之府，百祥之門，萬福之戶也。
>
> （〈卷七・天之道〉）

萬物因「和」而得以生，生成之後亦需存有和氣，如此才得以柔弱而長生。而存和氣之道，仍爲不使和氣浮動而去，《指歸》以爲「和氣易動，若病在人，陽泄神越，……精神去之，音聲內竭，外實有餘，道德離散。」（〈卷四・知者不言〉）若是和氣浮動，陽氣神氣也隨之而泄，最後道德離散，也就離死不遠了。

（三）氣化連通

由生成序列觀之，道物之間無非是氣，氣生萬物之後，又內在於萬物之間，於是「氣」成爲宇宙間最大之介質，在加上「氣」具備滲透性、廣袤性、包容性，[註93]可以在宇宙間來去自如，於是宇宙間萬事萬物得以通過「氣」而相互影響感應。《指歸》曰：

> 道德神明，清濁太和，天地人物，若末若根。數者相隨，氣化連通，逆順昌衰，同於吉凶。（〈卷五・善爲道者〉）

道德神明、清濁太和、天地人物，因爲同時具備「氣」，於是彼此之間就像樹木的根末，互相牽連，相互影響，逆順昌衰、吉凶禍福，無所不同。具言之，道德是藉著「氣化連通」，連通神明、清濁、太和、天地、人物等種種變化。〈卷六・言甚易知〉亦言：

> 神道蕩蕩而化，天地默默而告；蕩而無所不化，默而無所不告；神氣相傳，感動相報。（〈卷六・言甚易知〉）

神道無所拘制，天地默默無言，雖則無言無爲，但卻無所不化，無所不告，且在無言無爲之中，憑恃著「氣」的傳遞連通，而相互感應，相互影響。

進一步說，天人之間的氣化連通情形又是如何？《指歸》曰：

> 故天地之道，一陰一陽。陽氣主德，陰氣主刑，刑德相反，和在中

〔註93〕張立文：《氣》（北京：中國人民大學 1989.3 第一版），頁 15～17。

央。春生夏長，秋收冬藏，終而復始，廢而又興。陽終反陰，陰終
反陽，陰陽相反，以至無窮。（〈卷四・以正治國〉）

《指歸》受《春秋繁露》之「刑德」思想影響，以爲陽氣主德，陰氣主刑，
春夏陽氣盛，於是萬物生長；秋冬陰氣盛，於是萬物收藏。且依「物極必反」
之法則，萬物盛極而衰，衰極而盛，陽氣盛極而衰，陰氣衰極而盛，於是陰
陽反覆終始，天地刑德並用，四時得以遞嬗，萬物而有盛衰消長。天地除了
以陰陽刑德配合自然之運行外，若萬物不尊「自然無爲」之大道，天地復以
其陰陽之氣，連通諸氣，以行其刑德，並落實於現象界的盛衰消長，舉例言
之，若地不尊自然無爲之道，則：

使地有爲，動不順一，爲直得枉，爲寧得發。山川崩絕，剛柔卷折。
氣化不通，五行毀缺。百穀枯槁，群生疾疫。（〈卷一・得一〉）

道德透過「氣」的連通，使氣阻滯不行，斷絕氣生之源，於是地不成其爲地，
隨著氣之阻滯不通，連代影響山川之崩裂，作物之枯槁，萬物之疾疫，因之，
隨著「氣化連通」的連帶影響，牽連的層面不只是「地」而已，而是萬物之
生機問題。以人爲例，則：

夫何故哉？主者，天下之心也，氣感而体應，心動而身隨，聲響相
應，形影相隨，不足以爲喻。（〈卷四・以正治國〉）

人主之於百姓，一如心之於人身，人主所爲，將隨氣化連通，氣感體應，如
聲響、形影之應隨，隨感隨應，影響百姓。所以人主治民當尊自然無爲之道，
使百姓無志無欲，曰：

是故，安者，民之所利也；生者，民之所歸也。民之所以離安去生
而難治者，以其知也。民知則欲生，欲生則事始，事始則功名作，
功名作則忿爭起，忿爭起則大姦生，大姦生則難治矣。故以知爲國，
則天下智巧，詐僞滋生，奇物並起，嗜欲無窮。奢淫不止，邪枉纖
纖，豪特爭起，溪谷異名，大禍興矣。臣惑其主，子亂其，父以白
爲黑，以亡爲，有名變實異，劫殺生矣。恍恍不可安，易易不可全。
卷甲輕舉，海內相政，死者無數，血流成川。悲痛怨恨，氣感皇天，
星辰離散，日月不光，陰陽失序，萬物盡傷，山枯谷竭，赤地數千，
天下窮困，至於食人。非天之辜，上好智能而教萬民也。

（〈卷五・善爲道者〉）

人主好智，則百姓爭相好知以應上，隨著百姓之好知，奸邪興起，欲望滋生，
爭奪日起，以至於爭鬥戰亂，血流成河，哀鴻遍野。隨著人間之失和，天人

相感，氣化連通，氣感體應，四時失序，陰陽失調，天地失理，又反過來影響人間，使人間益發困苦。《指歸》又言：

> 故人君失道，好戰自損，正事不修，邪事作起，強大憍奢，紀滅綱弛；雕琢宮室，盈飾狗馬，高臺大囿，聲色在後；刳屠忠諫，尊寵姣好，簡傲宗廟，欺侮諸，父殘賊暴虐，孤人稚子；反逆天地，刑戮陰陽，黥劓道德，破碎神明，和氣潰濁，變化不通；冬雷夏霜，萬物夭傷，縱橫擊搏，謀圖不詳，大國驚怖，小國奔怖，老弱離散，啼哭而行，天下憤怨，萬民思兵，相率而起，我為後行。夫何故哉？
>
> （〈卷六・用兵〉）

人君失道，貪圖聲色，妄作有為，使政治不明，將連帶影響社會動蕩，道德淪喪，神明破碎，道德神明在氣化連通的情形下，以陰氣行其刑，使得自然也跟著失序，於是又反過來牽連社會、政治，使社會、政治越發紊亂不安。

二、《河上公注》氣論

氣論是《河上公注》的思想核心之一，《河上公注》將氣貫穿於其宇宙論、身體觀、養生論、人生論諸方面，因此，欲研究《河上公注》之養生論，實不能忽略其氣論思想。關於其氣論思想，拙作《《老子河上公注》氣論研究》〔註94〕一書，有詳實的討論，此處僅就其氣論擇要作說明。

（一）宇宙之氣

根據李增先生之說法，漢代流行宇宙觀思想源流有三：

> 即老、易、陰陽。其一即《老子》之「一、二、三」之「道生一，一生二，二生三，三生萬物，萬物負陰抱陽，沖氣以為和。」（《老子・第四十二章》）。其二為《易》之「一、二、四、八」，即「太極生兩儀，兩儀生四象，四象生八卦。」而又再添加《易》之天地形位、剛柔（此為《易》、《老》共有之，易傳言剛，老子則守柔）。其三為「一、二、五」，即「氣、陰陽、五行」。〔註95〕

《河上公注》以《老子》之「一、二、三」為主體，再揉合「一、二、五」

〔註94〕參見拙作《《老子河上公注》氣論研究》（高師大國文系碩論 2005.11）。
〔註95〕李增：〈論河上公注老之氣化宇宙觀特色〉，收錄於《哲學與文化》（第卅卷第九期 2003.9），頁 97。

之「氣、陰陽、五行」宇宙圖式，以演化其生成圖式。且綜觀《河上公注》之生成圖式，則於道物之間，皆是氣的升降、聚散、圓道變化。〔註96〕

　　《河上公注》中，關於萬物之生成，最重要的的一條生成軌跡爲〈道化・第四十二〉一段的注句，曰：

　　　　一者，道始所生者一也。一生陰與陽也。陰陽生和、清、濁三氣，

　　　　分爲天、地、人也。天地人共生萬物，天施地化，人長養之。

　　（〈道化・第四十二〉）

就縱向論《河上公注》之生成運動，《河上公注》把《老子》「抽象」之「一」、「二」、「三」的數字，落實到「氣」的分合之上，完成「氣化生成」論。以下分作一、二、三以說明之。

　　道始之生爲「一」，而「一者」，一爲「道之子」，一爲「太和之精氣也」，把「一」說成「氣」，使得「一」多少具有「唯物」的意味，那麼，由「道」而「一」的過程，就是由一個抽象不明的混沌狀態，既非物質亦非精神，含糊不可言說的狀態，逐步具體化、物質化的過程，《河上公注》曰：

　　　　一者，道始所生太和之精氣也。故曰一，布名於天下。

　　（〈能爲・第十〉）

名爲「一」，意指它身是一團結聚爲一體，又恍惚渾沌不可區分之一體。「一」是道初生時所變化而生成的氣，謂之「太和之精氣」，所謂「太和」，指的是此氣「極」其「中和」，由於不偏不倚所達到的一種「和合」，烏恩溥注《河上公注》之「和氣」作：「陰陽沖和之元氣。」〔註97〕。其次，談到「一」是「精氣」，所謂「精氣」指的是最純粹、精純、毫無雜質的氣，而「精氣」的相反正是「煩氣」，煩氣指的是質較劣的氣，《淮南子・精神訓》即說道：「煩氣爲蟲；精氣爲人」〔註98〕。再者，「一」也是「元氣」。其理由有幾：其一，「元氣」之「元」有「元始」、「初始」之義，蓋《易經》中所謂：「大哉乾元，萬物資始。」〔註99〕乾卦爲《易經》初始之卦，而「元」亦爲初始之義，此外《易經》亦有「元、亨、利、貞」之說，蓋以元、亨、利、貞代表萬化生

〔註96〕參見拙作《《老子河上公注》氣論研究》（高師大國文系碩論 2005.11）之第五章之第二節「生成之運動」。

〔註97〕烏恩溥：《氣功經典譯注》（長春：吉林文史出版社 1993.1 初版第一刷），頁26。

〔註98〕劉安等編著；高誘 注：《淮南子》（上海：上海古籍 1991.4 初版三刷），頁68。

〔註99〕黃壽祺、張善文：《周義譯註》（台北：頂淵 2000 初版），頁5～6。

成發展的歷程，其中「元」爲所有階段之初始，〔註100〕又《春秋繁露‧王道》明確道：「元，始也。」〔註101〕再者，東漢時「元氣」說大盛，而在東漢這些氣論典籍中「元氣」的確是代表初始之氣。如：「元者，氣之始。」〔註102〕（《古微書‧春秋緯》）又「上古之世，太素之時，元氣窈冥，未有形兆。」〔註103〕（《潛夫論‧本訓》）又「元氣乃包裹天地八方，莫不受其氣而生。」〔註104〕（《太平經‧分解本末法》）又「夫物始於元氣。」〔註105〕（《太平經‧六罪十治訣》）……這些都把「元氣」視作宇宙本體下初始之氣，至於王充則言：「萬物之生，皆稟元氣。」（《論衡‧言毒》）〔註106〕更把它視作宇宙之本體，正式邁入氣本論。再者，《河上公注》中「一」的確是道所始生之氣，而「始」之義與「元」之義並無不同，又據《河上公注》之敦煌唐寫本作：「一，元氣，爲道之子。」〔註107〕此又更爲明確。又再者，《河上公注》中往往稱「道」爲「元」，譬如〈象元‧第二十五〉之標題爲「象元」，顧名思義乃狀「元」之「象」，而觀該章之內容，通章皆離不開「道」的主題，如此可知，象「元」，實與象「道」無異，「元」即是「道」。又〈歸元‧第五十二〉開宗明義即言「始，道也。道爲天下萬物之母。」可知〈歸元〉，即回歸本始，本始爲道，因此「歸元」即是「歸道」。道又稱爲「元」，蓋取其本始義，然「元」並不必然等於「元氣」，「元氣」當由「元」所生。因此從訓詁字義，以及東漢氣論說法，以及《河上公注》本身對「一」的定義認知，從以上種種角度之剖析，可知「一」即是「元氣」，於是在歸結太和之精氣的說法，可知「一」之

〔註100〕關於《易‧乾卦》之「元亨利貞」，其句讀方式有諸種，有「元、亨、利、貞」爲四；以「元，亨，利貞」爲三；以「元亨，利貞」爲二；以「元亨利貞」爲一，不同的句讀方式，其解釋即有不同。今取「元、亨、利、貞」爲四之斷句法，並引唐‧李鼎祚《周易集解》所引《子夏傳》所言：「元，始也；亨，通也；利，和也；貞，正也。」（台北：成文 1976）。

〔註101〕〔清〕蘇輿：《春秋繁露義證》（清宣統庚戌刊本）（河洛圖書 1974.3 台景印一版），頁 71。

〔註102〕《古微書》（一）（北京：中華 1985 新一版），頁 112。

〔註103〕〔漢〕王符著；彭丙成 注釋：《新譯潛夫論》（台北：三民 1998 初版），頁 373。

〔註104〕王明編：《太平經合校》（北京：中華書局，1997.10 初版五刷），頁 78。

〔註105〕王明編：《太平經合校》（北京：中華書局，1997.10 初版五刷），頁 254。

〔註106〕〔清〕惠棟批校：《論衡》（台北：中國子學名著集成編印基金會 1978 初版），頁 974。

〔註107〕轉引自陳廣忠：《中國道家新論》（合肥：黃山 2001.11 初版一刷），頁 555。

實質即為精氣、和氣、元氣。「精」蓋狀一氣之精粹，「和」蓋狀一氣之調和，「元」蓋狀一氣之初始，精氣、元氣、和氣三者混沌而為一。〔註108〕

　　道生一之後，由一布氣而生成萬物，因此，《河上公注》進一步說：

　　德，一也。一主布氣而畜養。（〈養德‧第五十一〉）

「一」散佈其「氣」以完成所有生化運動，氣之於萬物，氣聚則生，氣散則亡。因此，「因氣立質」不妨可以闡發出幾個意義：一則萬物之生成是因為「氣」作用而形成。二是萬物的本質是由「氣」樹立的，這樣的觀點與古希臘學者以為萬物統一於某種或某些基質，如出一轍，只是中西對於此基質本身的觀點仍有差異，就希臘學者而言，此基質是絕對的物質；而中國人眼中的「氣」，卻複雜得多，它不只是一種物質，而是介於物質與精神中間的無可名狀的東西，它具有種種的可能性，具有種種的能動性，它可以凝固成物質，也可以昇華成精神，當然所謂的凝固成物質，或昇華成精神，必須具備相應前提，凝固成物質，代表的是執著或凝滯不通所造成的結果；相反地，昇華成精神，則必須是流通、開通或是自由才可達成的境界。三是萬物在「一」的作用下，因「氣」之不同，而樹立萬物不同的質性。因此，從「因氣立質」的多重詮解，可以瞭解到，萬物的生成、其生成的本質、其生成的結果都離不開「一」的作用，都離不開「氣」的作用。「一」在以「氣」生成萬物之後，更以「氣」延續對萬物的畜養，因此，萬物在被生成之後，或有耗損，或有摧折，或有傷害，也當以「氣」以自養。

　　其次，《河上公注》言：一生陰與陽是謂「二」，意指太和之精氣在運動中又「散」為陰陽二氣。陰陽二氣又「化」為清濁之氣，陰陽清濁皆以狀氣之屬性：陰氣為涼寒之氣，陽氣為暖熱之氣；濁氣為濁重之氣，清氣為清輕之氣。又氣涼寒之氣原本質量重，是以陰氣作濁氣，實非生成所致，而是陰氣自然之轉「化」；同樣的道理，陽氣暖熱之氣原本質量輕，是以陽氣變作清氣，也是陽氣自然之轉「化」所致。其中陰氣化濁重之氣，先下「降」而後積「聚」以成「地」；陽氣化清輕之氣，先上「升」而後積「聚」以成「天」。戰國末至西漢初之醫家經典《黃帝內經》亦言：「清陽為天，濁陰為地。」〔註

〔註108〕孫以楷主編之《道家與中國哲學》以為「『一』是由『道』開始產生的混沌未分之氣。」，見孫以楷主編，陳廣忠、梁宗華著：《道家與中國哲學》（漢代卷）（北京：人民 2004.6 初版一刷），頁 238。

〔註109〕〈素問‧陰陽應象大論〉，〔清〕張志聰校注；方春陽等校注：《黃帝內經集注》（杭州：浙江古籍 2001.12 初版一刷），頁 35。

109〕《黃帝內經·素問·陰陽應象大論》即有明確的說法，曰：「積陽爲天，
積陰爲地。」〔註110〕西漢初黃老家經典《淮南子》亦言：「清陽者薄靡而爲天，
重濁者凝滯而爲地。」〔註111〕是以天地之形成，蓋由升降之氣所形成，升者
爲天，降者爲地，氣之升降適構成天地上下之形位〔註112〕。泛泛的說，天與
陽氣內涵相當，地與陰氣內涵相當；但若仔細辨明其間的差異，則陰陽二氣
俱是氣，而天地已是實體。又陰陽二氣仍是稀薄化的氣體，而天地則是濃厚
化的實體，用西方本原論的說法來解釋，則陰陽二氣也許還停留在「基質」〔註
113〕的階段，然天地已是基質組合後的結果，以物理學來說，這兩者之間於密
度上有明顯的差異，蓋陰陽二氣密度小，而天地二氣密度高。

　　再者，陰陽二氣因其質量之不同，可以做無數的排列組合，五行之氣雖
名爲五種氣，然而究其實而言，能組合的氣豈止五種，於此林清祥先生作了
一個極妙的比喻，他把陰陽之組合，比喻成數線上之兩點之間，而兩點之間
恆有無限之點，一如陰陽之間恆有無數之組合。〔註114〕其實這個比喻即《黃
帝內經·素問·陰陽離合論》所云：

> 陰陽者，數之可十，推之可百，數之可千，推之可萬。萬之大不可
> 勝數，然其要一也。〔註115〕

陰陽二氣之相配可百可千可萬，甚至不可勝數、無窮無極的地步。蓋陰陽雖
然只有二，然陰陽之中又分別可出陰中之陰陽，陽中陰陽，陰中陰陽，陽中
之陰陽，又可進一步細分陰陽，如此陰陽如同樹枝的結構般，可以進行無窮
無盡的分裂，其結果當然不可勝數。且《黃帝內經》最後將陰陽不可勝數之
變，歸其要於「一」，即陰陽無論如何的氣變，一切都是一氣之變的結果，這
樣的結論用以說明《河上公注》之陰陽二氣以及五行之氣的變化，也很適宜。

〔註110〕〔清〕張志聰校注；方春陽等校注：《黃帝內經集注》（杭州：浙江古籍 2001.12
　　　　初版一刷），頁 35。
〔註111〕〈天文訓〉，劉安等編著；高誘 注：《淮南子》（上海：上海古籍 1991.4 初版
　　　　三刷），頁 26。
〔註112〕〈體道·第一〉言：「天地有形位」，〈去用·第四十〉亦言：「天地有形位。」
　　　　天地之形位，蓋「天常在上，……地常在下。」（〈象元·第二十五〉）之形位。
〔註113〕嚴格說來，《河上公注》中代表基質的是「一」，陰陽二氣已是此「基質」之
　　　　變，此處爲凸顯陰陽二氣與天地的差異，爲詮釋之方便，姑將陰陽二氣也視
　　　　作「基質」來看待。
〔註114〕林清祥：《老子河上公注研究》（輔大宗教所碩論 1994.5），頁 76。
〔註115〕〔清〕張志聰校注；方春陽等校注：《黃帝內經集注》（杭州：浙江古籍 2001.12
　　　　初版一刷），頁 54。

蓋陰陽、五行之氣變皆一氣之變的結果，不過，也正由於有陰陽、五行之「氣變」，於是才能「氣變而有形，形變而有生，今變而之死，是相與爲春夏秋冬四時行也。」〔註116〕

接著，《河上公注》曰：「陰陽生和、清、濁三氣，分爲天、地、人也。」就數字上來說，道生「一」，「一」是太和之精氣，「二」是陰陽清濁天地之氣，那「三」是什麼？，「三」應當是陰陽清濁天地之氣「二」，加上天氣降，地氣升，所交合之和氣，謂之「三」。〔註117〕以實體而論，清陽之氣爲天，濁陰

〔註116〕《莊子・至樂》，〔清〕郭慶藩編；王孝魚 整理：《莊子集釋》（台北：萬卷樓 1993.3 初版二刷），頁 614～615。

〔註117〕天地已成其形，陰陽已成其勢，天地陰陽之氣仍是恆動不已，是以，就天地的角度來說，天地欲化生萬物，勢必天氣下沉，而地氣又上揚，於是天地之氣得以遇合以生成天地萬物，於是這又是繼天地之成形後另一次的「氣」的升降。此種天地陰陽之氣相互交感以生成萬物的思想，起源得極早，早在《易經》中〈泰卦・象辭〉即言：

象曰：泰，小往大來，吉亨。則是天地交，而萬物通也。

泰卦之卦象，下爲乾，上爲坤。天，指下乾；地，指上坤。此據上下卦象，說明天地陰陽交合、萬物生養暢通之理。《集解》引何妥云：「此明天通也。」夫泰之爲道，本以「通」生萬物。蓋地氣受熱上升爲雲，雲氣冷卻下降爲雨，此正「天地相交」之象。《易經》象辭此明白指出萬物之生成是由天氣之下降，地氣之上騰，如此二者才得以相交。

反之，天氣不下降，地氣不上騰，天地之氣各執守一方，如此造化則無望；若天氣上騰，地氣下降，各自閉塞，不能相交，則萬物無由得生。於是與〈泰卦〉相對的卦是〈否卦〉，〈否卦〉地天否，乾上坤上，曰：

象曰：大往小來，則是天地不交，而萬物不通也。

象曰：天地不交，否。

天地之氣不能上下升降以感通，則萬物不能生成，萬物不能生成，天地一片死寂，是以不能通泰而爲否象。《黃帝內經・素問・六微旨大論》也說：「出入廢，則神機化滅；升降息，則氣立孤危。故非出入，則無以生、長、壯、老、已；非升降，則無以生、長、化、收、藏。」足證氣不能不動，不動則天地不交，萬物不化。氣勢必要動，於是有升降出入等種種運動。回到《河上公注》雖無明白指出天地造化氣運之形態，但由天地上下之形位，可以想見其造化之運當如《易經》泰卦所言，實當無誤。因此這種形態的生化運動順序，則是先有氣「位」的差異，而後有氣「交」的合和，於是在氣交之中產生變化，在氣「變」之中，「氣變而有形，形變而有生。」（《莊子・至樂》）陳德興先生於此剖析極爲深刻，曰：

氣交爲萬物生化之基，「位」則是氣化所憑依，「變」是氣化的總稱。

接著，當整個造化運動完成之後，整個生命經過「萬物壯極則枯老也，枯老則不得道矣，不得道者早死。」（〈玄符・第五十五〉）的歷程等，在生命能量消耗之時，抑或整個生命終結之時，原本內存於生命之中之「氣」消失到哪

之氣爲地，而天氣升降之所交合形成之和氣則爲人，正因人獨稟天地間至中和之氣，故爲萬物之中之最貴，則天地之二加以人即成三。

至於三生萬物，就氣言之，在三以後，和氣便充滿於天地之間，〈虛用‧第五〉曰：「天地之間空虛，和氣流行，故萬物自生。」〈象元‧第二十五〉亦言：

> 非若天常在上，非若地常在下，天大者，無所不蓋也；地大者，無所不載也。（〈象元‧第二十五〉）

天地是一個由天上地下的形位所形成的空間，從「天蓋地載」的說法，可以看出《河上公注》對於天地的宇宙結構，應該是承自於《周髀算經》的「蓋天說」，蓋「天象蓋笠，地法覆槃」〔註118〕。其次，在天地這個空虛的空間內，和氣得以流行，因而得以生長萬物，得以「種之得五穀，掘之得甘泉。」〔註119〕得以容納萬物於其間。以實體而言，則在「天施地化」的過程中，人得以從旁輔佐，贊天地之化育，長養萬物，於是萬物得以滋衍眾多。因此，試以圖表呈現，則其宇宙生成圖式爲：

> 道→一（精氣、元氣、和氣）→二（陰陽、清濁、天地）→三（陰陽和、天地人）→萬物。

然而這裡須輔以鄭燦山先生的說法：

> 「一」、「二」、「三」生出後即無所不在，並非「一」生出陰陽後自身便全化爲陰陽而消失了，陰陽生出三氣的情形亦同。所以，「一」或元氣、陰陽二氣、和清濁三氣，在宇宙萬有的生成過程中，無時不在，無時不扮演其生化的角色。〔註120〕

「一」、「二」、「三」雖隨著生成進程而向前推演，然隨著生成進程的向前推

裡去了？筆者以爲此生命過程之中所消耗的氣以及生命終結時所剩餘的陰陽之氣，應當「歸返」於天地之中，其中萬物中的陰氣當回歸於地，陽氣當回歸於天，等待造化之機，以便有下一次的生成活動。此不也是另一次的氣的「升降」嗎？如此可知，萬物之成形，乃得之於天地陰陽之氣的「升降」交通而成。

〔註118〕轉引自吳志鴻：〈兩漢的宇宙論思想〉，《哲學與文化》（第卅卷第九期2003.9），頁126～127。

〔註119〕《河上公注》之〈象元‧第二十五〉又曰：「人當法地安靜和柔，種之得五穀，掘之得甘泉，勞而不怨，有功而不置也。」

〔註120〕見鄭燦山：〈老子河上公注長生思想析論〉，《孔孟學報》（第七十七期1999.9），頁182。

演，前者並非完全爲後者取代而消失，相反地，「一」、「二」、「三」不但續存而扮演其生化角色，更內存於萬物之中，成爲萬物存在的根本。

（二）自然之氣

自然界，千變萬化，一言以蔽之，不過是一氣之所化耳。細言之，「氣」之運動流布，無所不至，無處不在，陰則爲月，陽則爲日；陰陽氣化爲五行之氣；陰陽消長循環即成春夏秋冬四時寒暑等。綜言之，自然界日月、五行、四時，無一不是「氣化」所成。

首先，談到日月五行，從〈反樸・第二十八〉觀之：

　　若道散則爲神明，流爲日月，分爲五行也。（〈反樸・第二十八〉）

從此生成理序分析，其生成順序爲：道生神明，神明生日月，日月又生五行。日月、五行皆「氣」所生，皆「氣」所化，因此日月、五行仍離不開「氣」的組織結構。以日月來說，由「萬物無不負陰而向陽，迴心而就日。」（〈道化・第四十二〉）可知，陰陽是對舉的觀點，而相對地日月也是相對的概念，由日月又可延伸出晝夜也是對舉的概念，在這三組相對舉的概念，可以區分出陰、月、夜是屬於同一組性質的概念，而陽、日、晝爲另一組同一性質的概念，如此可知日屬陽氣，月屬陰氣；晝屬陽氣，夜屬陰氣。又五行，實爲五氣——金、木、水、火、土——之氣，又爲王相囚死休廢之氣，〔註121〕故五行爲氣，那麼由五行進一步生化組合的其他自然事物，當然也是氣化的結果。

其次，談到「四時」也是氣化的結果。《管子・乘馬》言：「春秋冬夏，陰陽之推移也；時之短長，陰陽之利用也；日夜之易，陰陽之化也。」〔註122〕春夏秋冬是陰陽二氣的消長遞嬗，春則爲陽主陰輔；夏則以陽爲主；秋則陰主陽輔；冬則以陰爲主。時短則爲陰長；時長則爲陽長。日則以陽爲主；夜則以陰爲主。日夜、時序之長短、四時之交替，莫不是陰陽二氣之交替轉換、相代而生。《易・繫辭》也說：「剛柔相推而生變化」；「日月相推而明生焉」；「寒暑

〔註121〕 〈法本・第三十九〉解釋「神無靈將恐歇」爲：「言神當有王相囚死休廢，不可但欲靈無已時。」探究其中之「王相囚死休廢」之內涵，則「王相囚死休廢」實爲漢代五行說之重要內容之一。

〔註122〕 〔明〕凌汝亨輯評：陳立夫等編修：《中國子學名著集成——《管子》輯評》（明萬曆庚申吳興凌氏刊朱墨套印本）（中國子學名著編印基金會 1978 初版），頁 90。

相推而歲成焉」〔註 123〕。剛柔、日月、寒暑之相代、推移而有變化、有明、有歲月。《莊子・則陽》也說：「陰陽相照相蓋相治。」〔註 124〕陰陽二者乃相反相對之力量，這兩股力量一方面「相照」，「相照」者，相應也；一方面「相蓋」，「相蓋」者，「蓋」通「害」也，亦指陰陽相對峙，相衝突，也相抵銷彼此的力量；「相治」，一方面也相互互補。由於陰陽兩股力量的折衝變化，相互消長，於是產生事物的種種變遷與變化。同樣的道理，至於《河上公注》則曰：

> 勝，極也。春夏陽氣躁疾於上，……，極則寒，寒則零落，死亡
> 也。……。秋冬萬物靜於黃泉之下，極則熱，熱者生之源，能清靜
> 則為天下長，持正則無終已時也。(〈洪德・第四十五〉)

「春夏陽氣躁疾於上」，與此句相對舉而言的是：「秋冬萬物靜於黃泉之下。」春夏時陽氣「升」上地表，而在自然界極為活躍，隨著陽氣之活躍盛大，萬物則「應」之以盛大，萬物也因此而蓬勃生長，且隨著春夏陽氣之盛大於地表，陰氣則相對沉寂於地底。易言之，春夏時，所表現出來的陰陽二氣的活動是：陽氣「升」而陰氣「降」。盛夏之時，陽氣特盛，然凡是盛極而衰，陰極而陽至。因此時序漸入於秋。氣流的變化逐漸由陽升陰降，轉變為陰升陽降。反之，秋冬萬物靜寂於黃泉之下，相對於春夏陽氣之活躍，秋冬為陰氣之盛大，且隨著陰氣的日益盛大，陰氣不斷的由地底而「升」於地表，且隨著陰氣的不斷由地底「升」於地表，大地上的萬物也「應」之以凋零。相對於秋冬時陰氣之「升」而活躍；陽氣則「降」而潛藏於地底。易言之，秋冬之時，所表現出來的陰陽二氣的活動是：陰氣「升」而陽氣「降」。到了隆冬之時，陰氣盛極而衰，於是陽氣則由地底又逐漸的升至地表。如此可知，四時的遞嬗也是由陰陽二氣的「升降」所形成。四時狀況固然大抵如此，然而即便是同一個季節，同一天，也會因為時間之不同，晝夜之不同，而有陰陽二氣的相互消長變化，如《孟子》即言一日之中晝夜有所不同，有夜氣，有平旦之氣的分別，夜氣、平旦之氣互相交替轉換則成歲月。〔註 125〕又葛洪《抱

〔註 123〕張善文、黃壽祺：《周易譯注》（台北：頂淵文化 2002.12 初版第二版），頁 531、頁 581。

〔註 124〕〔清〕郭慶藩編；王孝魚 整理：《莊子集釋》（台北：萬卷樓 1993.3 初版二刷），頁 914。

〔註 125〕《孟子・告子上篇》：「其日夜之所息，平旦之氣，其好惡與人相近也者幾希，則其旦晝之所為，有牿亡之矣。牿亡之反覆，則其夜氣不足以存，則其違禽獸不遠矣。」見溫晉誠編注：《孟子會箋》（正中 1947.10 滬三版），頁 37～38。

朴子‧釋滯篇》亦提出有生氣、死氣之時的分別，生氣、死氣遞嬗回返。〔註126〕就《河上公注》之思想理路，就日夜的運化來說，晝夜也是以陰陽來說法，晝屬陽，夜屬陰。白晝陽氣「升」而陰氣「降」；黑夜陰氣「升」而陽氣「降」。隨著陰陽二氣的升降循環則構成晝夜。

（三）人身之氣

　　在《河上公注》中，於萬物中特標舉「人」的價值，曰：「天地生萬物，人最為貴。」（〈虛用‧第五〉）至於為什麼「人」是天地之間最貴者？《河上公注》並沒有提出明確的說法，但是試著探析《河上公注》之注句，可能的原因蓋有：

　　其一，〈道化‧第四十二〉言：「陰陽生和、清、濁三氣，分為天地人也。」雖然人與萬物同為天地所生，但是就「氣」的觀點觀之，「人」稟天地陰陽清濁之氣之「和」，其他萬物或稟天地陰陽之氣，但或偏至，而不能得「氣」之和。《河上公注》認為人與萬物皆稟和氣以生，此「和氣」對萬物來說，非但是一個「生成」的要素，同時也是一個「生存」的要素，《河上公注》曰：

> 和氣去於中，故形體日以剛強也。萬物壯極則枯老也，老不得道，
> 不得道者早已死也。（〈玄符‧第五十五〉）

> 和氣存也，和氣去也。（注「草木之生也柔弱，其死也堅強。」
> （〈戒強‧第七十六〉）

由此觀之，知人之生存要素為「和氣」，和氣存則柔弱，柔弱則生；和氣去則剛強，剛強則亡。王充《論衡‧講瑞篇》曰：「瑞物皆起和氣而生」〔註127〕，並依此進一步論瑞物、醴泉、朱草、鳳凰、麒麟等萬物不論其貴賤，皆由和氣所生，和氣同為它們生存的條件。此種講求陰陽均平的平衡觀，於《黃帝內經》有更明確的說法，《黃帝內經‧素問‧生氣通天論》曰：「凡陰陽之要，……兩者不和，若春無秋，若冬無夏。……陰平陽秘，精神乃治；陰陽離絕，精神不治。」〔註128〕意指陰陽若失去其平衡，於天地則時節紊亂，於人則病。

〔註126〕葛洪《抱朴子‧釋滯篇》言：「一日一夜有十二時，其從半夜以至日中六時為生氣，從日中至夜半六時為死氣。死氣之時，行無益也。」葛洪著；顧久譯注：《抱朴子內篇》（台北：台灣古籍 2000.4 初版一刷），頁 286。

〔註127〕〔清〕惠棟批校：《論衡》（台北：中國子學名著集成編印基金會 1978 初版），頁 731。

〔註128〕〔清〕張志聰校注：方春陽等校注：《黃帝內經集注》（杭州：浙江古籍 2001.12 初版一刷），頁 115。

其二，對於萬物之生化，春秋時代《國語·魯語》即載：「土發而社，助時也。」〔註129〕又：「古者大寒降，土蟄發，⋯⋯取名魚，登川禽，而嘗之寢廟，行諸國，助宣氣也。」〔註130〕言古人觀土氣興發，則知將有利於農耕，故行祭祀，以告祭上天，以助土氣之更加興發，使作物更加蓬勃，因此人知祭祀，以助萬物成長，正是贊天地之化育。又大寒之時，冬去春來，於是取牲品以祭祀，藉著祭典去促進自然豐沃的生殖能力，使農作物蓬勃成長，此名之「助宣氣」，此「助宣氣」乃《中庸》「參贊天地之化育」之前身。〔註131〕又醫家理論奠基之作——《黃帝內經·靈樞·經水》亦言：「人之所以參天地而應陰陽。」〔註132〕此言「人與天地相參也，與日月相應也。」又《春秋繁露·天地陰陽》亦曰：「人之超然萬物之上，而最為天下貴也。人，下長萬物，上參天地。」〔註133〕《春秋繁露》之說法較之於其他諸說又更明確，它明確將人為貴與人贊天地化與作一因果關係的繫聯，且《春秋繁露》的成書時間，比其他諸說又更接近《河上公注》，因此有合理的理由依此推判《河上公注》之人為貴的思想，其原因正是人能贊天地化育。且觀諸《河上公注》亦有類似描述的句子，曰：「天施地化，人長養之。」（〈道化·第四十二〉）

其三，人可以透過修養、修練的功夫，去作德性上的創發，《春秋繁露·天地陰陽》即曰：「人之超然萬物之上，而最為天下貴也。⋯⋯故其治亂之故，動靜順逆之氣，乃損益陰陽之化，而搖蕩四海之內。」〔註134〕人能損益陰陽之化，以後天的調整、修養，達到道德淳厚，超然於萬物之上。《河上公注》則言，人可以呼吸精氣，可以愛氣希言，可以內視存神，可以修養道德，而達到「精與天通」（〈顯德·第十五〉），「與道通神」（〈猒恥·第十三〉），「通天合道」（〈歸根·第十六〉）的境地。

〔註129〕《國語·魯語上》，〔周〕左丘明著：〔吳〕韋昭 注：《國語》（台北：漢京文化 1983.12.31），頁 153。

〔註130〕〔周〕左丘明著：〔吳〕韋昭 注：《國語》（台北：漢京文化 1983.12.31），頁 176。

〔註131〕楊儒賓 主編：《中國古代思想中的氣論極身體觀》（台北：巨流圖書公司 1993），頁 7～9。

〔註132〕楊維傑譯解：《黃帝內經靈樞譯解》（台北：樂群文化 1989.12 增訂十版），頁 156。

〔註133〕〔清〕蘇輿 撰：鍾哲 點校：《春秋繁露義證》（北京：中華書局 1992.12 第一版第一刷），頁 466。

〔註134〕〔清〕蘇輿 撰：鍾哲 點校：《春秋繁露義證》（北京：中華書局 1992.12 第一版第一刷），頁 466。

　　其四，人可以宰制萬物。《河上公注》又承《老子》「域中有四大，而王
居其一焉」(《老子·第二十五》) 之說，而言：

> 道大者，包羅天地，無所不容也；天大者，無所不蓋者；地大者，
> 無所不載也；王大者，無所不制也。八極之內有四大，王居其一也。
> (〈象元·第二十五〉)

「道」、「天」、「地」、「王」為域中之四大，為八極之內之四大。人為萬物之
中最具靈性者，而「王」又為人類組織中最具權力者，得以宰制萬民。尤其
《河上公注》中之「王」，又主張當由德行高尚之聖人來擔當，而德行高尚之
聖人又往往因為其德超凡入聖，而得以德配天地，德與道配，因此得以與道、
天、地匹配，而列為八極之中的「四大」。

　　其五，人為宇宙中唯一具有意識、思維之生物。《河上公注》言：「人乃
天下之神物也。」(〈無為·第二十九〉)「神」為五臟之神，即魂魄精神志五
者，人為天下唯一具備五神者，故謂之神物，故為萬物之靈。再者，就養生
修鍊的角度來說，「要真正得道成仙還必須具備另一個條件，這就是還必須具
備神性。而在天地萬物中，只有人才具備神性，所以只有人才能得道成仙。」
〔註135〕尋常生物僅有道性而無神性，而人俱有道性與神性，在此前提下，人
才具備修鍊成仙的可能性。

　　回到人身之氣的論述，人身之內又具備元氣，《河上公注》曰：

> 萬物中皆有元氣，得以和柔，若胸中有藏，骨中有髓，草木中有空
> 虛與氣通，故得久生也。(〈道化·第四十二〉)

萬物皆稟具「元氣」，「元氣」為最初原始之氣。當代思想家王充《論衡·言
毒篇》也說：「萬物之生，皆稟元氣」〔註136〕，可見「元氣」是萬物生命的一
個重要來源。再者，從「草木中有空虛與氣通，故得久生也」一句，可知氣
化萬物之後，氣能憑藉著「空虛」以溝通「內外」。合外內以作「氣」的循環，
外內之氣能相互循環，則氣有新陳代謝，如此便得以保持暢旺的生機活力。
故曰：「故得久生也。」

　　又人雖同為「天施地化」所成，但稟氣仍有些微個別化的差異，《河上公
注》說：

〔註135〕楊玉輝：《道教人學研究》(北京：人民 2004.12 初版一刷)，頁 139。
〔註136〕〔清〕惠棟批校：《論衡》(台北：中國子學名著集成編印基金會 1978 初版)，
　　　　頁 974。

> 有欲之人與無欲之人，同受氣於天。……稟氣有厚薄，中和滋液則
> 生聖賢，得錯亂污辱則生貪淫也。（〈體道‧第一〉）

此句言明：人不論有欲、無欲，聖賢或貪淫，都同受氣於天。從稟氣之厚薄，論人之賢或不肖，從稟氣之中和與否，亦可論賢與不肖，這是屬於性命論的範疇。

最後論《河上公注》中之呼吸之氣，人體之中透過鼻、口等空虛的結構器官，得以呼吸內外之氣，以養生。曰：「鼻口呼吸喘息，當綿綿微妙，……用氣當寬舒，……。」（〈成象‧第六〉）鼻口可以透過呼吸喘氣等動作，以流通內外氣息，以作氣體的新陳代謝。

（四）精氣相貫

以自然與人之關係來說，古代思想家普遍認爲其間存在某種關係與繫聯，如《莊子‧齊物論》的「天地與我並生，萬物與我爲一。」〔註137〕《淮南子‧泰族訓》則言：「萬物有以相連」〔註138〕上述二者皆以「道」爲天人萬物之間的繫連，《河上公注》則以爲天人之間以精氣相貫，曰：

> 天道與人道同，天人相通，精氣相貫。人君清靜，天氣自正；人君
> 多欲，天氣煩濁。吉凶利害，皆由於己。（〈鑒遠‧第四十七〉）

天人之所以能相通，是因爲天人同具「精氣」，因此能透過「氣」之介質相感、相應。此外，還有一個重要的理論根據，即是「物類相從，同聲相應」的觀念，所謂「物類相從」意思是說：相關的物類會有相「從隨」的關係，一個事物發生變化，與它相關的另一事物也會受到牽動。如《呂氏春秋‧召類》所言：「類同相召，……以龍致雨，以形逐影」〔註139〕即是。《易‧乾卦‧文言傳》亦有：「水流濕，火就燥，雲從龍，風從虎。」〔註140〕其次，所謂「同聲相應」，字面上的意思是說：一個聲音發出，一定會有相應的聲音出現。用現代科學來解釋，即是當一個聲波發出時，隨著聲波所傳遞之處必產生共鳴

〔註137〕《莊子‧齊物論》，〔清〕郭慶藩編：王孝魚 整理：《莊子集釋》（台北：萬卷樓 1993.3 初版二刷），頁 79。

〔註138〕〔漢〕劉安等編著：〔漢〕高誘 注：《淮南子》（上海：上海古籍 1991.4 初版三刷），頁 218。

〔註139〕〔宋〕陸游評；〔明〕凌稚隆批：陳立夫等編修：《中國子學名著集成——《呂氏春秋》》（明萬曆庚申吳興凌氏刊朱墨套印本）（中國子學名著集成編印基金會 1978 初版），頁 580。

〔註140〕黃壽祺、張善文：《周義譯註》（台北：頂淵 2000 初版），頁 15。

的另一個聲音。《呂氏春秋‧召類》舉例說：「故鼓宮而宮應，鼓角則角動。」
〔註141〕鼓宮聲而宮聲應，鼓角聲而角聲應，即是「同聲相應」。因此「同聲相
應」應引申作：一個事物出現，必有與之相應的現象出現，而相應的關鍵在
於「同」的概念，同則應，不同則不應。《河上公注》對「物類相從，同聲相
應」有如此的闡述，曰：

> 同於道者，所爲與道同也。……同於德者，所爲與德同也。……與
> 道同者，道亦樂得之也。與德同者，德亦樂得之也。與失同者，失
> 亦樂得之也。君信不足於下，下則應之君以不信也。此言物類相從，
> 同聲相應，（同氣相求），雲從龍，風從虎，水就濕，火就燥，自然
> 之數也。（〈虛無‧第二十三〉）

若以「道」、「德」等爲例，那麼先產生認同的認知後，所爲亦能漸趨於所認
同者，謂之「與道同也」、「與德同也」，最後又與認同的主體產生相得的感通
經驗，謂之「道亦樂得之」、「德亦樂得之」、「失亦樂得之」。將此三句中之「道」、
「德」與「失」的對象抽離，歸納出其理則，則凡是認同某事，進一步必能
因爲認同而在行爲上同於某事，最後因爲在思維、行爲之同上，達到與主體
之相得、感應的經驗，在這個理則之中，最重要的關鍵仍爲「同」，有「同」
則能一步步的推展以至於感應。再者，下面這個例子：「君信不足於下，下則
應之君以不信也。」這個例子乍看之下並未有「同」，何以仍能有應？似乎這
個句子倘若改成：君信於下，下則應之君以信。那麼君臣上下則得以因爲「同
信」而相應。以上所論應屬於「同聲相應」的範疇。至於「雲從龍，風從虎，
水就濕，火就燥。」則是「物類相從」的從屬關係。

　　因此，基於這樣的理論，來觀看天人感應，則同於天者，所爲則與天同，
天亦樂得之；反之，不同於天者，所爲則不與天同，天則不樂得之。又《河
上公注》之「天」乃具有宗教人格神的意味，具有賞善罰惡的力量，曰：

> 天道至明，司殺有常，猶春生夏長，秋收冬藏。（〈致惑‧第七十四〉）

基於此，天若樂得之，則賞善；天若不樂得之，則降下災禍。細言之，以人
影響天的部分，《河上公注》言：「人君清靜，天氣自正。」人君能清淨無爲，
無所造作，則政通人和，同於天道，道亦樂得之，道於是行其獎賞，降下正

〔註141〕《呂氏春秋‧召類》，〔宋〕陸游評；〔明〕凌稚隆批；陳立夫等編修：《中國
　　　　子學名著集成——《呂氏春秋》》（明萬曆庚申吳興凌氏刊朱墨套印本）（中國
　　　　子學名著集成編印基金會 1978 初版），頁 580。

氣，降下善氣，降下清氣，其氣正，其氣善，其氣清，則風調雨順，人和年
豐。又：

> 侯王動作能與天相應，天即（降）下甘露善瑞也。
>
> （〈聖德・第三十二〉）
>
> 天不言，萬物自動以應時。天不呼召，萬物皆負陰而向陽。
>
> （〈任爲。第七十三〉）

天道、自然有其規律，蓋春生夏長、秋收冬藏，人當順應四時之規律，無所
造作，如此可以常因自然而自蒙其利。細言之，據〈洪德・四十五〉所言，
「春夏陽氣躁疾於上」，因此爲順應躁疾之陽氣，應當積極進取，努力奮進，
以展現萬物生生不息之生機，使萬物因其勢而「盛大」；反之，秋冬陰氣靜
寂於下，因此爲順應此靜寂之氣，應當韜光潛藏，蘊蓄涵養，以待春回大地，
一元復始。又萬物負陰而抱陽，迴心而就日，此自然之規律，試觀植物無不
朝向陽光生長，故應當順服之。又《河上公注》曰：「應之如影響」，實有其
深義，意思是說：萬物之所爲，皆有其「應」，其間有極其嚴密的因果與呼
應的關係。譬如，萬物若能順應四時，「與天相應」，天則應之以「降下甘露
善瑞也。」又如〈修觀・第五十四〉言：「修道者昌，背道者亡。」又〈貴
生・第五十〉云：「（言人）所以動之死地，以其……違道忤天。」人能順道
以爲，天道則應之以善；人若逆道之所爲，而欲逞一己之能，則天道將應之
以惡。而且天人之間，報應不爽，因此站在人的立場，絕對要順天所爲，順
自然所爲。

反之，人君多欲，多有造作，則生靈塗炭，反於天道，道則不樂得之，
道於是行其刑罰，降下邪氣，降下惡氣，降下濁氣，其氣邪，其氣惡，其氣
濁，則風雨不調，連年欠收。〔註142〕因此〈鑒遠・第四十七〉作一個結論，
曰：「吉凶利害，皆由於己。」凡是順天則天降以吉兆，吉施及人。《春秋繁
露・王道》也有一段說法與《河上公注》相似，卻又更明確，曰：「王正則元
氣和順，風雨時，景星現，黃龍下；王不正，則上變天，賊氣並見。」〔註143〕
此言王之行正，則風調雨順，自然有序；王之不正，則天災地變，天地失序。
是以天人之間有極爲密切的感應關係，這也是漢人所一再重申的天人感應的

〔註142〕《河上公注》曰：「天應之以惡氣，即害五穀。」（〈儉武・第三十〉）

〔註143〕〔清〕蘇輿 撰：鍾哲 點校：《春秋繁露義證》（北京：中華書局 1992.12 第
一版第一刷），頁101。

關係，如董仲舒的「天人感應」說，可見天人相感的學說是當代的時代思潮，《河上公注》之所以有這樣的思想，乃是當代時代共同的呼聲。

三、《老子想爾注》氣論

在《老子》、《指歸》及《河上公注》中，道氣是屬於上下從屬之關係，道是第一因的，道生氣。到了《想爾注》，將道、一、氣、生、精、自然、太上老君等概念全部統合起來，趙中偉先生借用宋明理學的概念，將《想爾注》「道」、「一」、「氣」之關係，說成是「理一分殊」的關係，意指「道」爲宇宙機最高的理，而「一」爲「道」之分殊，而爲「道」的顯現。〔註 144〕而筆者寧可借用《想爾注》中「自然者，與道同號異體」（〈第二十五章〉）之「同號異體」概念，將「一」、「氣」、「太上老君」、「生」、「精」、「自然」等皆視作是道之「同號異體」，意即內涵本質相同，而存在形式不同。實際上，的確也可以從《想爾注》的措詞詮釋中找到印證，如《想爾注》言：「一，道也，……一散形爲氣，聚形爲太上老君。」（〈第十章〉）此表明氣、太上老君爲「形」散「形」聚之不同耳，其本質仍爲道，仍爲一。又「精者，道之別氣也。」（〈第二十一章〉）精，是道氣的別一種形式。又「生，道之別體」（〈第二十五章〉），此不正是「同號異體」嗎？

進一步探討，《想爾注》將道的概念擴大爲「一」、「氣」、「太上老君」、「生」、「精」、「自然」如此龐大的概念叢，其意義何在？顯然，《想爾注》將道義經此擴充以後，其功能性明顯大增，使「道」從原始高懸的無爲形上本體，擴充爲「一」，於是具備賦予萬物性命的功能；〔註 145〕擴充爲「氣」，於是具備氣化生物的功能；擴充爲「太上老君」，於是具備類似於基督教上帝創世的宗教意味；擴充爲生與精，則提供修道長生成仙的理論基礎……。從另一角度分析，道橫跨了有爲與無爲，物質與精神，乃至神學。不過，倘若以「道」爲核心，談「道」與「一」、「氣」、「太上老君」、「生」、「精」、「自然」的個別關係，或許還可以藉著將「道」的概念擴大，來作合理的詮解。但若抽離了「道」，把「生」與「自然」，或「生」與「太上老君」

〔註 144〕趙中偉：《道者，萬物之宗——兩漢道家形上思維研究》（台北：洪葉文化 2004.4 初版第一刷），頁 335。

〔註 145〕《老子·第三十九章》：「天得一以清，地得一以寧，神得一以靈，谷得一以盈。」

作一等同，可能在邏輯上會有無法解釋的窘境，因此，筆者推敲《想爾注》將道的概念叢擴大，其最大的意義應在實踐面，鼓勵信徒藉由信道、法道、修道、味道，而獲得精氣長生，以順乎自然。學者陳麗桂也做這樣的評論，曰：《想爾》將「道」、「一」、「氣」、「神明」，甚至誡律數者合一，在宗教神學的推闡上更方便了。……由於「道」、「一」、「氣」之統合為一，於是「道」於黃老養生，乃至道教神學中，運用更自在了，可以具體，可以抽象，可以形上，也可以形下，更可以是崇高的權威存在，真是無往而不靈便可用了。〔註146〕

若將焦點放在《想爾注》的「氣」概念上，由於今本《想爾注》殘缺不全，因此無法得知《想爾注》是如何詮釋《老子‧第四十二章》的「道生一，一生二，二生三，三生萬物。」且就今《想爾注》殘本看來，《想爾注》對宇宙生成的討論極少，於是以下僅就《想爾注》殘本所出現之氣思想略作討論。

（一）宇宙之氣

大略觀之，《想爾注》之氣有形上形下之分，形上之氣有宇宙之氣，形下之氣有人身之氣，〔註147〕且宇宙之氣與人身之氣是相互貫通的，宇宙之氣除了提供人身之氣之形上來源之外，也使養生之煉氣說有了形上超越之目標。

以宇宙之氣而言，《想爾注》一改《老子‧第四十二章》「道生一」之說法，言道即是一，一散形為氣，此氣既是「道」，因此在《想爾注》中多稱道氣，如：「道氣在間」（〈第十四章〉）「道氣常上下。」（〈第十四章〉）「道氣隱藏」（〈第十五章〉）「道氣歸根」（〈第十六章〉）「以中正度道氣。」（〈第二十一章〉）「道氣微弱」（〈第三十六章〉）至於「道氣」之性質，《想爾注》云：「道氣歸根，愈當清淨也。」（〈第十六章〉）「三道佈陽邪陰害，以中正度道氣。」（〈第二十一章〉）《想爾注》又云：

> 夷者，平且廣；希者，大度形；微者，道氣清：此三事欲歎道之德美耳。（〈第十四章〉）

> 道氣常上下，經營天地內外，所以不見，清微故也。上則不皦，下

〔註146〕陳麗桂：〈漢代道家思想的演變與轉化〉，國立台灣師範大學國文學系：《第二屆儒道國際學術研討會——兩漢論文集》（台北2005.8），頁803。

〔註147〕趙中偉：《道者，萬物之宗——兩漢道家形上思維研究》（台北：洪葉文化2004.4初版第一刷），頁360。

> 則不忽，忽有聲也。道氣在間，清微不見。含血之類，莫不欽仰。
> 愚者不信，故猶橐者治工排橐。籥者可吹竹，氣動有聲，不可見，
> 故以爲喻，以解愚心也。清氣不見，像如虛也，然呼吸不屈竭也，
> 動之愈益出。（〈第十四章〉）

道氣甚爲清微，甚爲空虛，故不可見，不可觸，不可狀，雖則空虛無形，無以掌握，然則如同氣之動管樂之器，氣動而顯其作用，甚者氣者動而愈出，無有窮盡。

又《老子》中道者隱微柔弱，正以其隱微，故玄之又玄；正以其柔弱，故勝剛強且能久。《想爾注》之「氣」亦復如是。《想爾注》云：

> 道氣微弱，故久在無所不伏。水法道柔弱，故能消穿崖石，道人當
> 法之。（〈第三十六章〉）

> 道氣隱藏，常不周處。人法天地，故不得燥處。常清靜爲務，晨暮
> 露上下，人身氣亦布至。（〈第十五章〉）

道氣若水，柔弱勝剛強，且可長可久。道氣隱微，故又名「微氣」，雖則隱微，卻能周遍，舉凡萬物，乃至人身，無不有氣之散逸寄存。從這些句子可看出道氣之性質爲清微、清淨、中和、隱微、柔弱，在宇宙之間來去自如，常不周處，可聚可散，終歸於「空虛」之處，《想爾注》言「道喻水喜歸空居惡處，便爲善，氣歸滿故盈。」（〈第二十二章〉）此外，道既等同於「一」與「氣」，因此性質也是一致的，相貫通的，於是前文所論《想爾注》之道性，如「或言虛無，或言自然，或言無名」諸句，亦可知氣之性質，實已承繼自先秦以來對「道」的諸種性質，或者說，道、氣既已等同，則過去用來描述道之性質的若干描述，已順理成章成對「氣」性質的描述。

再者，道氣爲始源之氣，亦即「元氣」。在《想爾注》中元氣僅一見，曰：「精白與元氣同。」（〈第二十八章〉）關於此句之詮釋，或將「精」解作「精液」，言精液與元氣同爲白色，[註148] 然《想爾注》既說「道氣在間，清微不見」（〈第五章〉），何以見得是白色？又《想爾注》言：「精者，道之別氣也。」（〈第二十一章〉）言道氣即精氣，故與元氣相同者應爲精氣，而非精液。因此，此處應是顧寶田、張忠利的詮解較適合，爲「先天精氣清明純淨與元氣

〔註148〕趙中偉：《道者，萬物之宗——兩漢道家形上思維研究》（台北：洪葉文化 2004.4 初版第一刷），頁 362。

相同。」〔註149〕所以《想爾注》也有「道精」之說，曰：「大除中也，有道精
分之與萬物。」（〈第二十一章〉）《想爾注》又言：

> 道微，獨能恍惚不可見也。不可以道不見故輕也，中有大神氣。
>
> （〈第二十一章〉）

依《想爾注》思想理路，道爲氣，故道氣連稱；道爲精，故道精連稱；因此
從「愚者得車，貪利而已，不念行道，不覺道神。」（〈第十一章〉）「道人行
備，道神歸之。」（〈第三十三章〉）中「道神」之連稱，則道爲神，即〈二十
一章〉注所說道「中有大神氣。」之義。

綜上所言，道爲元氣，爲精氣，爲神氣，精氣神三者皆道之別體，因此
彼此可以連通，這也就是爲什麼《想爾注》中言「神成氣來」、「精結爲神」、
「精結成神」的原因，《想爾注》此說也爲後世道教煉丹術中「煉精化氣，煉
氣化神，煉神還虛」，提供理論基礎。

顧寶田、張忠利又說元氣「指陰陽二氣未分的混沌狀態。」〔註150〕此說
顯然是用來詮解《老子》的「一生二」，然而事實上在《想爾注》中，並沒有
陰陽二氣的直接討論，《想爾注》中有陰陽的說法，如：「陰陽之道，以若結
精爲生。」（〈第六章〉）「男女陰陽孔也。」（〈第十章〉）「心應規製萬事，故
號明堂三道。佈陽邪陰害，以中正度道氣。」（〈第二十一章〉）「心三川，陽
邪陰害，悉當閉之勿用。中道爲正。」（〈第二十七章〉）這些說法，或以陰陽
指男女，或以陰陽指相反的事物，總之，皆與漢人所言宇宙間的陰陽之氣不
同，而文中唯一提及「陽氣」的地方，是：「精結成神，陽氣有餘。」（〈第六
章〉）此處陽氣是指人身之氣，亦非宇宙之氣。因此，在《想爾注》中，關於
其「二生三，三生萬物」的具體生化情形，在注本資料殘缺不全的情形下，
實在不得而知。

（二）人身之氣

《想爾注》以宇宙之氣爲基礎，進一步論宇宙之氣下貫人身而形成人身
之氣，關於宇宙之氣與人身之氣之關係，由《想爾注》中一段可見端倪，云：

> 天地湛然，則雲起露吐，萬物滋潤；迅雷風趣，則漢燥物疼，道氣

〔註149〕顧寶田、張忠利：《新譯老子想爾注》（台北：三民書局股份有限公司 1997.1
初版），頁 140。

〔註150〕顧寶田、張忠利：《新譯老子想爾注》（台北：三民書局股份有限公司 1997.1
初版），頁 140。

　　隱藏，常不周處。人法天地，故不得燥處。常清靜爲務，晨暮露上

　　下，人身氣亦布至。(〈第十五章〉)

道氣隱微，理論上可以無所不在，周至萬物，實則不然。原來，道氣之周至

萬物，需有其條件，萬物清靜，則道氣來歸；萬物燥動，則氣不周處。人身

爲萬物之一，情況亦然。人身清靜，則道氣布至。《想爾注》注「喘者不久。」

亦云：「用氣喘息，不合清靜，不可久也。」(〈第二十四章〉)呼吸當合於清

靜，道氣乃能歸之。此章一則明確提出「人身之氣」說法，二則指出道氣與

人身之氣之關係，在於人身之氣源於道氣，進一步論述，道氣歸於人身後，

於人身有其藏所，有其作用。

　　《想爾注》爲使道氣與萬物之氣能作接軌，使氣之類型與萬物乃至人身

之氣有等值的內容，而道氣與萬物之氣相同的內容有元氣、精氣與神氣，關

於元氣，《想爾注》云：「精白與元氣同。」(〈第二十八章〉)關於精氣，「精

氣」自《河上公注》以來，在概念上即有相當程度的複雜性，以名稱而言，

或云「精」，或云「精氣」，或有「精神」，就性質而言，有時似若精微物質，

有時卻又空虛如精神，其實用宏觀的角度來看，精氣神實在難以分辨，學者

杜正勝的說法，或許可以解決其間複雜的糾結，杜正勝先生以爲精、氣、神

的本來同一，「氣之精致就是神。分言之，日氣，日精，日神；合言之，日氣。」

〔註151〕到了《想爾注》，在言及房中術時，又把男女之精的概念融入「精」的

內涵中，因此對於「精」、「精氣」等意涵，實有必要作一釐清。大抵而言，「精」

屬於物質，較爲質實，流通性較差；而「精氣」屬於「氣」，較爲空虛，流通

性較佳。依此，則人身之中的「精氣」約有幾種：一是由道下貫於人身之先

天精氣。二是人身之內運行的精氣，三是食穀之後天精氣。關於由道下貫於

人身之先天精氣，爲：

　　所以精者，道之別氣也。分之與萬物，萬物精共一本。

　　(〈第二十一章〉)

　　萬物含道精，並作，初生起時也。吾，道也。觀其精復時，皆歸其

　　根。(〈第十六章〉)

「道精」生成萬物之後，即內存於萬物之中，成爲萬物先天之精，此精爲萬

物共同的本質，此精可以在萬物之內流通，也可以在萬物之外流通，也可以

〔註151〕杜正勝：〈形體、精氣與魂魄：中國傳統對「人」認識的形成〉，黃應貴編：《人
　　　　觀、意義與社會》(台北：中央研究院民族研究所 1993)，頁 42。

在萬物之間流通。萬物在生命結束之後，其先天之精則散入天地之間，復歸於道精，等待下一次的生成變化。

其次，就人身之內運行的道精而言，《想爾注》曰：

> 人之精氣滿藏中，苦無愛守之者。不肯自然閉心，而揣挩之，卽大迷矣。（〈第九章〉）

人身之中有「精」，亦有「精氣」，「精」以其流通性的局限，只能存於腎臟以及五臟，至於「精氣」以其流通性，可以透過人體的內在網絡，流通於人身各處，以滋養人身各處。當然，「精氣」可以流通於人身之內，自然也能流通到人身之外，精氣若是流通到人身之外，會引發精氣的逐漸耗竭，最後終至於死亡。

其三，關於食後天之精氣，《想爾注》云：

> 食母者，身也，於內為胃，主五藏氣。俗人食穀，穀絕便死。仙士有穀食之，無則食氣。氣歸胃，卽腸重囊也。（〈第二十章〉）

先天之精氣在嬰兒誕生之後即已斷絕，且隨生命之推移，將逐漸消耗，因此，為求生命之延續，人仍需後天精氣不斷的補充，先天精與後天精具有相輔相成之牽動關係，二者或有不同，然就養生角度言，對待先天精與後天精的態度都是一樣的，即要「實精」、「結精」、「寶精」。而後天精之來源有二：其一是透過飲食消化以汲取食穀之精，其二是直接吸取人身之外的精氣。

道中有神氣，人若透過寶精、實精的修煉，則可以精實神成，神成氣來，如此即可得此神氣，《想爾注》曰：

> 道人行備，道神歸之，避世託死，遇太陰中，復生去為不亡，故壽也。（〈第三十三章〉）

道神歸之，得以靈魂不死，甚至藉此不死之靈魂，使肉身起死回生。因此，若精氣為生命之源頭，與延續生命之根本；則神氣非但可以延續生命，甚至可以暫時轉換生命形式，而保有世世不死的神奇功效。且《想爾注》又云：「精結成神，陽炁有餘。」（〈第九章〉）炁，即氣也。此處之論述，與《指歸》之並論神明與陽氣的情形一樣，認為伴隨著神成則氣來，顧寶田先生解釋「炁」為先天之氣，元始祖氣，或煉精化氣後達到精氣神之炁，〔註152〕但他並無解釋為何是陽炁，筆者以為「陽炁」，或可能是後世道教所謂陽神，內丹家宣揚說：中關十月功成，點盡化為神，然後於上關煉神還虛，煉盡神（元神）中的陰滓，成就一純陽無陰的元神，名為「陽神」。

〔註152〕顧寶田、張忠利：《新譯老子想爾注》（台北：三民書局股份有限公司 1997.1 初版），頁 34。

《想爾注》以爲人身之中復有五行之氣，五行之氣寄存於五臟，五行之氣除卻影響五臟之安危，甚至牽動全身之安危。《想爾注》云：

> 五臟所以傷者，皆金木水火土氣不和也，和則相生，戰則相克。
> （〈第四章〉）

> 喜怒五行戰傷者，人病死，不復待罪滿也。今當和五行，令各安其
> 位勿相犯。（〈第三十三章〉）

五臟存有五氣，五氣者金木水火土之氣，至若五臟與五行之氣對應之情形，不得而知。只知五行之氣和合，則依金生水，水生木，木生火，火生土，土生金之理序，使五行之氣生生不已，之後連動五臟之生機盎然；反之，若五氣之調配失當，則金剋木，木剋土，土剋水，水剋火，火剋金，五行之氣在相剋之際，逐漸消亡，之後連動五臟之傷亡，人身之傷亡。依此，導引出養生之要在和五行之氣。

（三）氣與天通

《想爾注》受整個漢代「天人感應」思潮的影響，認爲人君之所作所爲亦會牽動天或道，並反應在氣的變化上，或者人事的變遷。不過，「天人感應」中，人君應迫切順應者爲天，在《想爾注》中，強調的卻往往是「道」，或云「道誡」，認爲人若遵道守誡，則蒙天所賞；反之，則遭受災禍。這種說法，將道誡凌駕於君權之上，也將道誡凌駕於天帝之上，將政治導入宗教的神秘主義，同時也強化宗教的神聖不得違背的權威性。

首先，就君位的由來論起，《想爾注》以爲君權「天」授，《想爾注》云：

> 國不可一日無君。五帝精生，河雒著名；七宿精見，五緯合同。明
> 受天任而令爲之，其不得已耳，非天下所任，不可妄庶幾也。
> （〈第二十九章〉）

國不能無國君，否則群龍無首。然國君的產生，須經權威認可，此權威即爲天，有此天命，始能當此君位，此明「君權天受」也，且伴隨著君權之天受，往往有河圖雒書的出現昭顯，北斗七星的明亮著見，五星運轉的和諧統一等祥瑞以徵其信，此說「對人間君位作了神學論證。」〔註153〕其次，君王自天取得君位的合法性之後，一言一行，一舉一動，尚需遵守道誡，云：

> 人君理國，常當法道爲政則致治。人等當欲事師，當求善能知眞道

〔註153〕顧寶田、張忠利：《新譯老子想爾注》（台北：三民書局股份有限公司 1997.1 初版），頁 148。

> 者，不當事邪僞伎巧耶知驕奢也。人欲舉動，勿違道誡，不可得傷
> 王氣。(〈第八章〉)

> 欲蒙天報，設君父知之，必賞以高官，報以意氣，如此功盡，天福
> 不至。是故默而行之，不欲見功。今之臣子，雖忠孝，皆欲以買君
> 父，求功名。過時不顯異之，便屏恕之，言無所知。此類外是內非，
> 無至誠感天之行，故令國難治。今欲復此疾，要在帝王當專心通道
> 誡也。(〈第十八章〉)

> 天子之軍稱師。兵不合道，所在淳見煞氣，不見人民，但見荊棘生。
> (〈第三十章〉)

人君須法道爲政，至誠專心遵守道誡，不得違背，如此則天福將至，自然諧暢，其氣興旺，政治清民，社會安定，百姓安樂，「五星順軌，客逆不曜，疾疫之氣，都悉止矣」(〈第三十五章〉)。百姓和樂；反之，若有違背，則有傷王氣，王氣，興旺之氣也。一旦王氣有傷，則見煞氣，甚者，從自然環境，以至社會環境等皆會動盪不安。

以常人而言，人若能遵道守誡，則精神得以與天相通，遭逢危險之時，天即能相救，曰：

> 是以人當積善功，其精神與天通。設欲侵害者，天卽救之。庸庸之
> 人，皆是芻苟之徒耳，精神不能通天。所以者，譬如盜賊懷惡，不
> 敢見部史也。精氣自然與天不親，生死之際，天不知也。(〈第五章〉)

就《想爾注》內容來說，「積善功」即是遵道守誡的內容之一，若能遵道守誡，亦能有助於養生，如此則精足氣滿神成，則精神、精氣能與天相通，產生感應，當危急存亡之際，天即能相救，使免於災禍。此外，〈第二十九章〉亦云：「自然相感也。行善，道隨之；行惡，害隨之也。」亦表明人除卻可與「天」通神，也可與「道」相感通。進一步說，天相救之方式，是使修道之人避禍於太陰中，繼續修煉，待災禍離去，即能出太陰，這也就是仙士得以不死的原因。是以《想爾注》又云：

> 古之仙士，能守信微妙，與天相通，深不可識。人行道奉誡，微氣
> 歸之，爲氣淵淵深也，故不可識也。(〈第十五章〉)

古之仙士，道德玄妙，故精氣歸之，神氣歸之，精氣神充沛，而得以與天相通，神妙不已。

第三節　小結

　　欲論兩漢《老子》注之養生思想，實有必要先就其道論與氣論談起，因為道論、氣論實為養生思想之基礎，以道論而言，道是宇宙本體、養生之方法，同時也是養生之目標與境界。以氣論而言，氣是宇宙生成的重要質素，也是人身重要質素，同時是養生過程中具體需要操作之物件。因此欲深刻探討兩漢《老子》注之養生思想，應先論述其道論與氣論。

　　以道論觀之，就道體而言，兩漢《老子》注皆以「道」為萬物生化之根源，然而《指歸》、《河上公注》皆以「道」為形上本體，而《想爾注》則以「道」為太上老君、道誡……，如此則將《老子》之道創生萬物，轉化為造物主（至上神）創生萬物。其次，就道、一、氣的關係，《指歸》明確的指出道與一在宇宙生成過程中分屬不同階層，二者無法混同。在《河上公注》中，道、一氣的概念上則有些模糊不清。到《想爾注》，道、一、氣則完全等同起來，如此可見道、一、氣概念範疇的轉變情形。就道性而言，兩漢《老子》注所論之道性，大致不離《老子》所指道性，然而仁者見仁，智者見志，三家注對於道性各有偏重，各有強調。

　　以氣論觀之，兩漢《老子》注大致皆以「氣」架構宇宙、自然、萬物、人身等，從宇宙生成過程觀之，漢代道家沿襲戰國以來黃老道家的傳統，以「氣」釋「道」，大談創生，完成了氣化宇宙的建構。〔註154〕不過，《指歸》雖論「氣」，關切重點卻不在「氣」，不大關切形、氣、神之間的關聯與調養問題，〔註155〕而在「道」之玄妙虛無以及如何虛無淡泊、體玄守一，而《河上公注》與《想爾注》也涉及「道」的氣化問題。不過，由於重在「養生」，因此創生之論較為支零瑣碎。〔註156〕而且從「氣化連通」、「精氣相貫」、「精氣與天相親」諸概念，可知兩漢《老子》注皆以「氣」的連續不斷，來連通宇宙、自然、萬物、人身諸部份，並以此論述天人之相感，萬物之相應。這種連動關係，究其實或可稱為「感應」，這種互動關係，「包含了人與他人，

〔註154〕陳麗桂：〈漢代道家思想的演變與轉化〉，國立台灣師範大學國文學系：《第二屆儒道國際學術研討會——兩漢論文集》（台北 2005.8），頁 799。
〔註155〕陳麗桂：〈漢代道家思想的演變與轉化〉，國立台灣師範大學國文學系：《第二屆儒道國際學術研討會——兩漢論文集》（台北 2005.8），頁 800～801。
〔註156〕陳麗桂：〈漢代道家思想的演變與轉化〉，國立台灣師範大學國文學系：《第二屆儒道國際學術研討會——兩漢論文集》（台北 2005.8），頁 801。

與外物，乃至物與物彼此之間含帶神祕意味的互動關係」〔註157〕。然而，此
處必須強調的是，相對於《指歸》與《河上公注》之氣自由來往於所有人身
中，《想爾注》之「精氣與天相親」，並非泛指所有人，而是指那些積善信道
之人，《想爾注》以爲只有他們才能透過精氣與天相親。

※本章結論列表：

表4-4：兩漢《老子》注之道論比較表

	道　　體	道　　性
指　歸	1.萬物所由 2.性命所以 3.道生一 4.道生氣	1.虛無 2.無爲 3.自然
河　注	1.萬物之母 2.道與一 3.道與氣	1.虛靜 2.無爲 3.樸、大、柔弱、眞
想　爾	1.至上神（造物主） 2.道即一、氣 3.眞道、僞道 4.生道合一 5.道誡	1.無限 2.隱微 3.清明 4.中和 5.質樸

表4-5：兩漢《老子》注之氣論比較表

	氣　　　論
指歸	1.宇宙之氣（德、神明、太和） 2.萬物之氣 3.人身之氣 3.氣化連通
河注	1.宇宙之氣（精氣、元氣、和氣、陰陽二氣） 2.自然之氣（天地之氣、四時之氣、五行之氣） 3.人身之氣（精氣、元氣、和氣、陰陽二氣） 4.精氣相貫

〔註157〕陳麗桂：〈《淮南子》的感應思想〉，收錄於陳鼓應、馮達主編：《道家與道教》
（第二屆國際學術研究會論文集）（道家卷）（廣東：廣東人民2001.9初版一
刷），頁240。

	氣　　　　　論
想爾	1.宇宙之氣（道氣、道精、道神） 2.人身之氣（精氣、元氣、陽氣） 3.（積善信道之人）精氣與天相親